深圳改革与发展的实践研究

夏晋祥　陈忠宁　主编

上海财经大学出版社

图书在版编目(CIP)数据

深圳改革与发展的实践研究/夏晋祥,陈忠宁主编. —上海:上海财经大学出版社,2021.6

ISBN 978-7-5642-3772-1/F·3772

Ⅰ.①深… Ⅱ.①夏…②陈… Ⅲ.①改革开放-成就-深圳 Ⅳ.①D619.653

中国版本图书馆 CIP 数据核字(2021)第 075889 号

□ 责任编辑　黄　荟

□ 封面设计　贺加贝

深圳改革与发展的实践研究

夏晋祥　陈忠宁　主编

上海财经大学出版社出版发行

(上海市中山北一路 369 号　邮编 200083)

网　址:http://www.sufep.com

电子邮箱:webmaster@sufep.com

全国新华书店经销

江苏凤凰数码印务有限公司印刷装订

2021 年 6 月第 1 版　2021 年 6 月第 1 次印刷

710mm×1000mm　1/16　15.5 印张(插页:2)　245 千字

定价:68.00 元

序　言

党的十八大以来，以习近平同志为核心的党中央紧紧围绕新时代坚持和发展什么样的中国特色社会主义、怎样坚持和发展中国特色社会主义这个重大时代课题，进行艰辛理论探索，创立了习近平新时代中国特色社会主义思想。在习近平新时代中国特色社会主义思想的指导下，中国共产党领导全国各族人民，实施"五位一体"总体布局和"四个全面"战略布局，推动中国特色社会主义进入了新时代，中华民族迎来了从站起来、富起来到强起来的伟大飞跃。

深圳，作为中国改革开放的排头兵，在过去 40 年的发展过程中，创造了世界奇迹，从一个边陲小渔村迅速成长为一个具有国际影响力的现代化大都市，为中国的改革开放事业做出了巨大贡献。2019 年 8 月，中共中央、国务院发布《中共中央　国务院关于支持深圳建设中国特色社会主义先行示范区的意见》，对深圳的未来发展进行了新的战略定位，要求深圳承担新的使命。由此，一方面，深圳为什么能创造奇迹、为什么能成功，这值得我们深入研究、总结经验，以利于未来更好地发展；另一方面，随着中国特色社会主义进入了新时代，随着新发展理念的确立和深入人心，随着中国社会主要矛盾的转变，随着党中央赋予深圳新的使命，深圳未来如何进一步推进改革开放，未来如何不辱使命承担起新的担当，这些更是值得我们加强研究和探索的问题。

本书在总体把握习近平新时代中国特色社会主义思想的价值诉求和内容体系、深圳改革开放历程和当前社会发展总体状况的基础上，重点突出习近平新时代中国特色社会主义思想中坚持以人民为中心的发展思想和创新、协调、绿色、开放、共享新发展理念，阐述深圳自党的十八大以来践行这些发展思想、发展理念的具体做法和取得的成效，以及未来如何进一步贯彻落实这些发展思想和发展理念。

本书为深圳市哲学社会科学规划2019年度重点课题“习近平新时代中国特色社会主义思想与深圳实践研究”(编号SZ2019A001)的研究成果。在本书即将出版之际,受课题主持人、深圳信息职业技术学院马克思主义学院院长夏晋祥教授的嘱托,写下了以上文字:一是对本书的出版表示祝贺;二是对课题组全体成员付出的辛勤劳动表示感谢;三是希望课题组的研究不要停止、接力接续,争取取得更大更优的成绩!

是为序!

王为理

(深圳市社会科学院副院长、研究员)

2021年1月29日

目　录

第一章　绪　论

概　要：自党的十八大以来，深圳以习近平新时代中国特色社会主义思想为指导，经济社会建设各方面取得了新的成就。在此基础上，2019 年 8 月，中共中央、国务院印发了《中共中央　国务院关于支持深圳建设中国特色社会主义先行示范区的意见》。深圳未来要完成新的使命、承担新的担当，有理由相信，在习近平新时代中国特色社会主义思想的指导下，深圳一定能不辱使命，创造新的、更大的奇迹。

深圳，作为中国改革开放的排头兵，在过去 40 年的发展过程中，创造了世界奇迹，从一个边陲小渔村迅速成长为一个具有国际影响力的现代化大都市，为中国的改革开放事业做出了巨大贡献。2019 年 2 月 18 日，中共中央、国务院印发了《粤港澳大湾区发展规划纲要》，并发出通知，要求各地区各部门结合实际认真贯彻落实。2019 年 8 月 18 日，中共中央、国务院又印发了《中共中央　国务院关于支持深圳建设中国特色社会主义先行示范区的意见》。未来的深圳，要在"粤港澳大湾区"建设中发挥核心引擎的作用，同时，建设"中国特色社会主义先行示范区"的任务要求深圳在新时代承担起新的使命、新的担当。一方面，深圳过去为什么能创造奇迹、为什么能成功，这需要我们深入研究、总结经验，以利于未来更好地发展；另一方面，随着中国特色社会主义进入了新时代，随着新发展理念的确立和深入人心，随着中国社会主要矛盾的转变，随着深圳被赋予新的使命、承载新的担当，深圳未来如何进一步推进改革开放，未来如何准确把握自己新的角色内涵并承担起新的担当，这些更是需要我们加强研究、探索并给出出色答案的问题。

深圳，在中国改革开放的历程中，在探索中国社会主义现代化建设道路的伟大征程中，取得了举世瞩目的成绩，也提供了非常宝贵的经验。从过去南海边陲的一个落后小渔村成长壮大为一个享誉全球的现代化国际大都市，这的确值得骄傲，然而，深圳不可能也绝不会仅靠着过去的辉煌过日子，它还要创造未来更大的辉煌。党和国家对深圳有着更大的期待，要求深圳承担新的、更艰巨也更光荣的担当和使命。

党的十八大之后，习近平总书记在国内考察的第一站就选定并来到了广东深圳，就是向世人宣示“改革不停顿，开放不止步”。在这次考察期间，习近平总书记指出：“现在我国改革已经进入攻坚期和深水区，我们必须以更大的政治勇气和智慧，不失时机深化重要领域改革。”他还指出：“我们要尊重人民的首创精神，在深入调查研究的基础上提出全面深化改革的顶层设计和总体规划，尊重实践、尊重创造，鼓励大胆探索、勇于开拓，聚合各项相关改革协调推进的正能量。”①2018 年 3 月 7 日，习近平总书记参加十三届全国人大一次会议广东代表团审议时发表重要讲话，期望广东“进一步解放思想、改革创新，真抓实干、奋发进取，以新的更大作为开创广东工作新局面，在构建推动经济高质量发展体制机制、建设现代化经济体系、形成全面开放新格局、营造共建共治共享社会治理格局上走在全国前列”。2018 年 10 月，习近平总书记再次来到广东考察，谈改革开放 40 周年，谈粤港澳大湾区建设，强调要不忘初心，在深圳参观“大潮起珠江——广东改革开放 40 周年展览”时再次向世界宣示：中国改革开放永不停步！下一个 40 年的中国，定当有让世界刮目相看的新成就！

在未来 40 年或更长的时期里，中国要有新的让世界刮目相看的成就，那么，深圳应该要有什么新的作为、做出什么样的新的贡献呢？无论是从理论上还是从实践中，我们仍然可以按照“目标＋条件”的逻辑进行回答和探索。令人骄傲而又催人奋进的是，以习近平为核心的党中央通过“顶层设计”对此已经给出了明确的初步回答，绘就了宏伟的蓝图。

2019 年 2 月，中共中央、国务院印发了《粤港澳大湾区发展规划纲要》(以下简称《规划纲要》)。建设粤港澳大湾区，既是新时代推动形成全面开放新格局的新尝试，也是推动“一国两制”事业发展的新实践。《规划纲要》明确指出，大湾区建设的指导思想是，“深入贯彻习近平新时代中国特色社会主义思想和党

---

① 习近平：《论坚持全面深化改革》，中央文献出版社 2018 年版，第 2 页。

的十九大精神，统筹推进‘五位一体’总体布局和协调推进‘四个全面’战略布局，全面准确贯彻‘一国两制’、‘港人治港’、‘澳人治澳’、高度自治的方针，严格依照宪法和基本法办事，坚持新发展理念，充分认识和利用‘一国两制’制度优势、港澳独特优势和广东改革开放先行先试优势，解放思想、大胆探索，不断深化粤港澳互利合作，进一步建立互利共赢的区域合作关系，推动区域经济协同发展，为港澳发展注入新动能，为全国推进供给侧结构性改革、实施创新驱动发展战略、构建开放型经济新体制提供支撑，建设富有活力和国际竞争力的一流湾区和世界级城市群，打造高质量发展的典范”。大湾区的发展目标是，“到2035年，大湾区形成以创新为主要支撑的经济体系和发展模式，经济实力、科技实力大幅跃升，国际竞争力、影响力进一步增强；大湾区内市场高水平互联互通基本实现，各类资源要素高效便捷流动；区域发展协调性显著增强，对周边地区的引领带动能力进一步提升；人民生活更加富裕；社会文明程度达到新高度，文化软实力显著增强，中华文化影响更加广泛深入，多元文化进一步交流融合；资源节约集约利用水平显著提高，生态环境得到有效保护，宜居宜业宜游的国际一流湾区全面建成”。对于深圳在大湾区建设中应承担什么角色、发挥什么作用，《规划纲要》有了非常详细的规定，尤其明确指出，深圳要“发挥作为经济特区、全国性经济中心城市和国家创新型城市的引领作用，加快建成现代化、国际化城市，努力成为具有世界影响力的创新创意之都”。①

2019年8月，中共中央、国务院又印发了《中共中央　国务院关于支持深圳建设中国特色社会主义先行示范区的意见》。要求深圳“紧紧围绕统筹推进‘五位一体’总体布局和协调推进‘四个全面’战略布局，坚持和加强党的全面领导，坚持新发展理念，坚持以供给侧结构性改革为主线，坚持全面深化改革，坚持全面扩大开放，坚持以人民为中心，践行高质量发展要求，深入实施创新驱动发展战略，抓住粤港澳大湾区建设重要机遇，增强核心引擎功能，朝着建设中国特色社会主义先行示范区的方向前行，努力创建社会主义现代化强国的城市范例”。此外，提出深圳未来发展的五大战略定位：高质量发展高地、法治城市示范、城市文明典范、民生幸福标杆、可持续发展先锋。深圳未来发展的目标是，“到2025年，深圳经济实力、发展质量跻身全球城市前列，研发投入强度、产业创新

① 参见中共中央、国务院：《粤港澳大湾区发展规划纲要》，人民出版社2019年版。

能力世界一流，文化软实力大幅提升，公共服务水平和生态环境质量达到国际先进水平，建成现代化、国际化创新型城市。到 2035 年，深圳高质量发展成为全国典范，城市综合经济竞争力世界领先，建成具有全球影响力的创新创业创意之都，成为我国建设社会主义现代化强国的城市范例。到本世纪中叶，深圳以更加昂扬的姿态屹立于世界先进城市之林，成为竞争力、创新力、影响力卓著的全球标杆城市”。①

建设“粤港澳大湾区”与“中国特色社会主义先行示范区”是习近平总书记亲自谋划、亲自部署、亲自推动的国家发展战略。深圳未来的发展目标已经有了明确的定位，接下来是要求我们进一步准确理解发展目标的内涵，正确认识并科学把握推动目标实现的各种条件，在这里，必须毫不动摇地高举马克思主义、中国特色社会主义伟大旗帜，必须毫不动摇地坚持习近平新时代中国特色社会主义思想的指导地位。我们也期待，在未来的实践中，在推进中华民族伟大复兴的征程中，在推动中国建成社会主义现代化强国的伟大事业中，深圳会再一次不负众望，做出她应有的重大历史贡献。

参考文献

[1]《马克思恩格斯选集》(第一卷)，人民出版社 2012 年版。

[2]中共中央宣传部:《习近平新时代中国特色社会主义思想学习纲要》，学习出版社、人民出版社 2019 年版。

[3]中共中央宣传部:《习近平新时代中国特色社会主义思想三十讲》，学习出版社 2018 年版。

[4]习近平:《在“不忘初心、牢记使命”主题教育工作会议上的讲话》，人民出版社 2019 年版。

[5]习近平:《论坚持全面深化改革》，中央文献出版社 2018 年版。

[6]中共中央、国务院:《粤港澳大湾区发展规划纲要》，人民出版社 2019 年版。

[7]《中共中央　国务院关于支持深圳建设中国特色社会主义先行示范区的意见》，人民出版社 2019 年版。

[8]黄克剑:《人韵—— 一种对马克思的读解》，东方出版社 1996 年版。

① 参见《中共中央　国务院关于支持深圳建设中国特色社会主义先行示范区的意见》，人民出版社 2019 年版。

第二章　深圳改革开放的历程及当前社会发展总体现状分析

概　要：珠江潮起见证历史，沧海桑田日新月异。大潮起珠江，作为改革开放精神的探索者，开拓进取、创新务实是深圳的鲜亮标识。深圳之所以能产生这样的精神动力并且取得这么大的成功，与广东设立深圳经济特区、进行改革开放的初心是分不开的。发展是为了人民，更好地为人民服务和满足人民群众对美好生活的向往。在这种精神指引下，深圳40多年来走过了她有条不紊改革开放的独特过程，分为草创、推进、发展、综合配套四个时期，取得了举世瞩目的成就。深圳的改革开放经验说明，改革开放的决策既是关乎国家整体经济腾飞的宏大叙事中最初和最鲜明的一个环节，更是关乎生活在这个地区整个时代每个人的幸福感、获得感与满足感的实现。这也是未来深圳作为先行示范区，继续推进改革开放需要重点发展和提升的方面。

深圳经济特区在改革开放的浪潮中适时而生。2010年以前，深圳市内有特区；2010年后，深圳全市是特区。40多年来，深圳作为中国的经济特区之一，充分发挥了试验基地、开放窗口、发展排头兵和全国示范区的作用，成为中国城市发展的先进案例。深圳也从昔日的小渔村发展成为交通发达、功能完善、设施先进、法制健全、环境优美的现代化、国际化大都市，创造了现代化、城市化、工业化发展史上的惊喜。她的发展奇迹值得我们去总结，一个城市的发展如何才能从重点突破覆盖全面。

一、深圳改革开放的历程与成就

特区之特，肯定是有原因的。深圳经济特区前身的宝安县历史悠久，但在改革开放之前，面临着与全国大多数地方同样的问题，人民的生活水平还是比较低。民生问题的解决成为特区之特的突破口。

(一)改革开放草创时期

特区建立之后，要全面开展新的工作，就需要向先进学习，打破旧有的各种体制，创立全新的市场体制下各项管理制度。

1. 特区在压力下应运而生

与深圳所在地一河之隔的香港地区，虽然在第二次世界大战中也遭受了严重损失，战前建立起来的工业大部分被破坏，外贸也处于停顿状态，港人纷纷逃港，香港资金、劳动力都是奇缺，经济曾经也处于萧条的状态，但这个自由港口借助世界上第三次新技术革命引发的发达国家产业结构由劳动密集型工业向资本密集型的机械工业、重化工业转化的契机，20 世纪 70 年代中后期，中国香港已基本上实现了工业化。完成工业化的香港，当时位列“亚洲四小龙”之首，被称为“东方之珠”。①

这么强大实力的社会在邻，对深圳乃至广东的居民是有致命吸引力的。逃港现象纷起，且很难禁绝。当时整个广东省委省政府应该都承受着内地民众来此大规模逃港的巨大政治压力。② 中央也高度重视。1977 年，中央有关部委和广东省多次组织工作组到与香港一河之隔的宝安县检查指导。1978 年 5 月，中央港澳经济贸易考察组返程途经广州时，与广东省委领导深入交换了意见。考察组返回北京后，于 5 月 31 日向中央提交了《港澳经济考察报告》，提出借鉴港澳经验，把宝安、珠海划为出口基地，力争 3—5 年建设成为具有相当水平的对外生产基地、加工基地和吸引港澳游客的游览区。6 月份，广东省委召开省委常委会议，集中研究宝安、珠海两县的建设问题。省革委会副主任李建安等人经过调研，向省委上报了《关于搞好宝安、珠海边防县建设和外贸出口的意见》。③

---

① 《广东改革开放史(1978～2018 年)》，社会科学文献出版社 2018 年版，第 25 页。“与广东宝安县隔深圳河相望的香港，第二次鸦片战争后被英国侵占。20 世纪 50 年代以后，香港抓住机遇，迅速跃升为亚洲重要的交通枢纽和贸易中心。香港的繁荣富裕与宝安的落后贫困形成强烈反差。”

② 《广东改革开放史(1978～2018 年)》，第 26 页。“巨大的经济落差导致广东出现‘逃港潮’，邻近香港的宝安、东莞等地出现大规模的群众‘外逃’。当时流行的民谣‘宝安只有三件宝：苍蝇、蚊子、沙井蚝；十室九空人离去，村里只剩老和小’，就是当时的真实写照。……广东地方党组织用很大的精力来解决‘逃港’问题，但收效甚微。”

③ 《广东改革开放史(1978～2018 年)》，第 50 页。

这样准备之后，1978 年 7 月上旬，习仲勋带队到宝安等地调研。他问一名群众："你为什么要外逃?"群众回答说："我在家里面苦啊，在香港能挣钱啊，还是那边好，所以我们就到那边去。"事实就是"人民生活欠账不少"。[①]

这样的情形还能怎么办？习仲勋等其他当时广东省委领导鼓励地方干部群众恢复边境小额贸易、吸收外资搞加工业。省委进一步调查，目标是"三至五年内把宝安、珠海两县建设成为具有相当水平的工农业结合的出口商品生产基地、吸引港澳游客的旅游区、新兴的边防城市"。这个设想 10 月上报中央，得到了中央的积极回应。1979 年 1 月 10 日，广东省革委会和交通部联名将《关于我驻香港招商局在广东宝安建立工业区的报告》上报国务院和党中央，正式提出在宝安蛇口建立工业区。1 月 13 日，广东省革命委员会向国务院请示，将宝安县改为深圳市，属直辖市建制；后又决定由省和惠阳地区双重领导。不管她的级别和管理层次，至少得先创办工业区。1 月 31 日，中央、国务院领导听取招商局关于蛇口工业区的汇报，并且由国务院副总理谷牧直接负责办理[②]，明确了工业区的方针是"立足港澳、领先国内、面向海外、多种经营、工商结合、买卖结合"。2 月 2 日，国务院批准由香港招商局投资开发在蛇口建立中国第一个出口工业区。2 月 8 日，广东省委已收到这一工作精神。2 月 14 日，国务院正式批复广东的建设设想，并且国家还做出了 1.5 亿元的预算。3 月 5 日，深圳市终于被正式批复成立，有 6 个区，总面积 2 020 平方公里，总人口 358 267 人。[③]

深圳市建立了，工业区也开始建了，广东省还支持深圳等地办"贸易合作区"，通过在中央工作会议上的汇报和疾呼，"贸易合作区"改为"出口特区"，并于当年得到了中央、国务院 50 号文件的肯定和宣传。国家领导人也直接到广东指导特区建设，主要是立法和实际行动，抓样板建设，注重城市规划。

草创之初，百废待兴。当时的困难主要有两点：外逃偷渡仍时有发生，经济建设基础薄弱，城建力不从心。[④] 而且，一旦开始建设，新的困难又接踵而至，例如走私贩私开始猖獗，经济特区刮起了"租界风波"。但一切都在"特事特办、新

---

① 《广东改革开放史(1978～2018 年)》，第 26 页。

② 《广东改革开放史(1978～2018 年)》，第 50 页。

③ 张黎明：《她的老街(1979—1983)》，深圳报业集团出版社 2016 年版，第 238—239 页。

④ 张黎明：《她的老街(1979—1983)》，第 245 页。

事新办、立场不变、方法全新”的指示下有条不紊地进行着。[①]

综上所述，深圳及经济特区的成立原因清晰，背景强大，具体过程非常繁复。

2. 蛇口开山炮带来了改变

40 多年过去了，谁是深圳特区建设首要的贡献者呢？当然还是与蛇口工业区的首发之炮分不开。

历史不容忘记。特区建设从蛇口工业区开始。从交通部到招商局的袁庚老先生功不可没。工业区的方针“立足港澳、领先国内、面向海外、多种经营、工商结合、买卖结合”就出自他的手笔，3 天就被批准，并且获得招商局常务副董事长的重任，全面主持招商局工作。这种开创之举是如何被想到的呢？因为香港地价昂贵，而广东的土地和劳动力相对低价，以此结合香港地区及外国的资金、技术、专利和全套设备。中央的答复其实是，生存或死亡，这是一个问题，自己解决（不给你们钱买船建港，你们自己去解决，生死存亡，你们自己管）。仅仅 4 个月，一个大胆的设想从构思到筹建，已然开始。革命者大无畏的精神给了深圳这片开发区改革开放的最初动力。几年时间，袁庚老前辈推出的定额超产奖励制度、以工程招标的方式管理工程、职工住宅商品化、全国招聘人才、率先实行全员合同制等，创造了 24 项全国制度变革第一的奇迹。这位革命者是个有经济头脑、按经济规律办事的开创者。为了挣脱当时僵化的计划经济体制带来的分配和管理弊端，摆脱当时体制中“吃大锅饭”的惯性，他曾经在各工程承包单位负责人会议上做过一个发言，说：“我们是先礼后兵，一切按经济规律办事，用经济手段去管理经济。诸位一定要记住，你们给我们订立的是工程合同，是招标承包的，提前有奖，大家皆大欢喜，但延期要罚，谁也逃不掉。”这种指示，这种制度的改变，大大提高了劳动者的生产效率。当工业区首个项目蛇口港进展缓慢时，工人的工作效率是每人每天 8 小时只能运泥 20—30 车，定额超产奖励制度率先实施后，每人每天的劳动定额被规定为运泥 40 车，完成这一定额者每车劳动者能获得 2 分钱奖励，超过这一定额者每超出一车能获得 4 分钱奖励。工人的积极性一下子被提高了，从此劳动效率提高到每人每天可运泥 80—90 车，干劲最大的甚至高达 131 车，是之前的 3—4 倍。分配领域的制度变革，大

① 《广东改革开放史(1978～2018年)》，第 53 页。

大提升了劳动者的积极性，但受到了制度的制约，一旦奖励被制止，人们又陷入了毫无斗志的工作状态中。制度变革必须得到中央批准，于是，1980 年 5 月 7 日，蛇口工业区建设指挥部向交通部、国务院进出口管理委员会、广东省委特区管理委员会递交了《关于蛇口工业区特区基本建设按经济规律办事实行定额付酬办法的请示报告》，并且附上了相关的调查报告。两个星期后，一份《关于深圳市蛇口工业区码头工程停止实行超产奖，造成延误工期，影响外商投资建厂》的新华社国内动态清样（第 20687 号）得到时任中共中央总书记胡耀邦的清样批字，定额超产奖励制度得以重生。中央的指示成为后来工资改革方案成功的前提条件。除了多劳多得提高了生产效率，自由竞争也加快了劳动效率。

1980 年，工程招标制度也在蛇口工业区中瑞机械工程公司实施了，凡参与投标的单位，均可享受自由竞争、公平评标和参加竞标的待遇。这一工程招标卓有成效后，工业区其他基建工程项目也多采用了招标方式，这种方式克服了工程建设中要价高、质量差和工期拖延的现象，达到了价平、质优、工期速度快的效果。

工程中劳动效率被分配制度的改革、工程承揽制度的改革大大提升了之后，稳定的制度需要相应配套。住房制度改革在蛇口率先实行“住者有其屋”，但是以住房商品化的形式实现的。多劳多得之后，劳动者有富裕的收入可以购买不同层次的住房，满足了劳动者幸福生活的需求。当然，住房从租到卖有一个过程，先是从低租金制改为按成本租金收租，房租也从福利型转向了商品型，既满足了劳动者的住房需求，同时也刺激了他们的生产积极性，获得了更多的收入。

什么样的劳动者会被拉动、被刺激、被激发奋斗的积极性呢？人才，全国的人才。工业区率先开启了人事制度改革先河，同时开始在各重点大学及各地公开招聘人才。1980 年 3 月，袁庚向中央报告关于蛇口工业区面向全国遴选人才的事宜，并建议专业人才应是在其本人自愿且所在单位给予支持的条件下应聘应考。1981 年 8 月，蛇口工业区开始在各重点大学及各地公开招聘人才，大批专业人才汇聚到了蛇口。自由竞争的各项制度更广泛地推展开了。打破干部职务终身制，取消干部等级制度，实行聘用制，每个劳动者不分身份、不分等级，职务随时可以调整变动。更刺激的是，自由竞争的干部管理制度还要受到群众的监督。1983 年，蛇口工业区首届管委会成立，受聘干部需要接受群众监督，每年由群众投一次信任票。这更加激发了蛇口发展的活力，所有的管理干部怎敢懈怠？

无论是收入也好，住房也好，还是人才的职务身份也好，都获得了自由发展的空间，还要更彻底地打破平均主义"大锅饭"体制。于是，"基本工资＋岗位职务工资＋浮动工资"的工资改革方案这一与市场经济相适应的分配制度被基本奠定下来。不仅仅是多劳多得，劳动领域合同制度的自由同时也给了劳动者平等的期待，劳动者与单位的关系从行政隶属转变为平等的合同关系，劳动者与工作单位可以双向选择，更增加了劳动者劳动选择的自由度，这对于当时被禁锢着的人们起到了极大的促进作用，也成为当时整个中国用工制度方面改革的重大举措。

所有的制度变革其实都是围绕着调动人的积极性来进行的，工业区已经尽了极大的可能往调动生产建设者的积极性方面努力了，但这还不够。

股份有限公司也开始在蛇口工业区孕育诞生。如何来建设工业区的深水港和石油后勤服务基地？南山开发股份有限公司应运而生，它有别于招商局全资开发蛇口工业区的模式，由六家中外企业合资而成，共同开发建设赤湾，袁庚担任董事长兼总经理。这实际上不仅仅是劳动者、管理层积极性提高的问题，而是所有权制度的变革问题。本来的国有企业开始尝试脱离公有制，成为股份制企业，这是石破天惊的变革。

制度变革有了，如何获得长久发展？思想观念的变革需要交锋明辨。于是，我们看到了"时间就是金钱，效率就是生命"这条被大大书写于指示牌上的口号，它不仅仅是福至心灵，也是工业区创建者们长期积累、长期思考的一个结果，并获得了中央的肯定。蛇口工业区也是为了改善贫穷落后、纷纷逃港的现象而创办。富裕是首要的目标，而富裕需要争分夺秒。在这片热土上，没有富裕梦想的人，很难坚持下来。不仅仅是民富还要国强，所以 20 世纪 90 年代初这个口号又有了更大的拓展，蛇口工业区入口处挂上了"空谈误国，实干兴邦"的新标语牌。国家的整个社会制度都开始朝着强大去变迁。

蛇口工业区，自由争取财富、平等的工作关系、民主的管理制度，一系列举措接连展开。首届管委会还只是接受群众监督投票，到 1985 年，管委会直接由投票选出。民主选举，让工人阶级更加体会到当家做主的观念之实施。这是当时中国管理体制的又一项重大变革。[①]

蛇口工业区的开创是深圳经济特区建设的一个非常重要的开场。

3. 深圳市的基建体制改革

有了特区建立的压力与动力，有了蛇口工业区的示范，深圳市从基础设施建立入手，推进体制机制的变革。

(1)基础设施建设制度改革

首先是以招标、投标为突破口，给承包单位以较大的自主权，大大激发了特区建设者的积极性和创造性，创造出了“三天一层楼”的深圳速度。深圳国贸大厦从 1982 年 10 月开始动工，至 1985 年 12 月仅历时 37 个月即宣告竣工，刷新了工程的全国纪录，也诞生了“深圳速度”这个热词，成为“创造奇迹”的代名词。这样的成功案例一诞生，激励了基础设施建设的工作者们。到 1985 年，全市招投标工程已占全部基础设施建设工程的 90%以上，取得了改革成功的关键一步。

(2)价格体制改革取得成功

特区建立之后，大量外来人口涌入特区，原有的计划分配体制遇到了很大的困难，农副产品的供应也很不足，影响了特区的建设发展。深圳市委市政府于 1982 年果断实施了价格体制改革，制定“调放结合，以调为主，分步理顺价格”[②]的物价改革方针，到 1984 年，除了粮油肉类等商品外，其他商品价格基本全部放开了。

(3)果断实施工资制度改革

有了蛇口的工资薪酬改革在前，深圳市委市政府以端掉“铁饭碗”为突破口，从企业到机关事业单位全部实施了工资制度的改革，调动了所有深圳建设者们的积极性。各项改革开全国工资制度改革风气之先。

(4)实施劳动用工制度改革

特区建立之后，大批外商进入深圳投资办厂。传统的劳动用工制度与他们

---

① 李成刚、张孔娟:《袁庚:蛇口风云》,《中国经济时报》,2015 年 1 月 12 日;赖丽敏编:《袁庚:“蛇口精神”缔造者　无畏无私改革家》,深窗网,2018 年 1 月 8 日。

② 李克华、黄赞强、豫夫:《培育和健全适应市场经济要求的价格调控机制——深圳市价格改革的回顾与前瞻》,《南方经济》,1993 年第 4 期,第 5 页。

的经营管理理念产生了矛盾。深圳市委市政府打破了传统“统包统分”和“铁饭碗”的就业制度，实行了“双向选择”[①]机制，建立起市场化就业机制，特区的劳动用工向劳动合同制过渡，适应了多种所有制企业的用工需求。随着劳动用工制度的改革，相应的劳务市场也应运而生。

从特区建立、蛇口工业区建立到深圳特区成立初期，所有制度的改革可谓是打破了中国长期实施计划经济体制下原有相对稳定的一系列链条，顶着全国各种压力，杀出了一条血路，“摸着石头过河”[②]，为后期的配套改革和全面推进市场经济体制改革及城市全面改革奠定了坚实、坚强的基础。

1984 年，邓小平视察深圳特区时的题词也说明，“深圳的发展和经验证明，我们建立经济特区的政策是正确的”[③]。

(二)改革开放推进时期

特区的改革开放取得了初步成功后，根据党中央、国务院的指示和要求，深圳特区开始了探索在计划经济体制外发展外向型经济和全面进行市场经济体制改革的新阶段。在这个时期，深圳改革从局部转向全面、从单项转向系统。

1. 国有企业股份制改革

无论是深圳本土还是外来的国有企业，都得到了深圳市委市政府的高度重视，在国有企业实施股份制改革，创新国有资产管理体制，实行企业承包制、股份制，推行产权转让和破产等体制变革。1986 年，深圳开始了全国最早的国有企业股份制改革试点，市政府出台了《国营企业股份制试点的暂行规定》，一些国有企业根据规定进行股份制改造，一些企业一开始就按照股份制的要求发起设立股份有限公司，有的还向社会公众发行了股份。20 世纪 80 年代，深圳曾与中国科学院合办了中国最早的科技工业园，试图把国家的科技成果以及把拥有先进技术的国有企业引进深圳，但不算太成功；80 年代末，深圳市委市政府又推动发展电子信息产业，把电子工业部的一大批技术先进的企业引入深圳，组建了当时全国最大规模的电子信息产业集团——赛格集团，这个集团当时为深圳电子产业的发展做出了重要的贡献；90 年代，深圳又把一批在电子、通信、精密

---

① 李音：《1996：从“统包统分”到“双向选择”》，《时代报告》，2017 年第 6 期，第 18 页。

② 王达阳：《“摸着石头过河”的来历》，《学习时报》，2018 年 4 月 9 日。

③ 李邦君：《我国建立经济特区的重大意义和作用》，《上海对外贸易学院学报》，1984 年第 5 期，第 1 页。

机器等领域技术先进的国有企业重组到市属国有企业规模最大的特发集团，还是想努力保留国有企业在高科技产业领域的一席之地。通过这段历史的回忆，我们可以看到，摸着石头过河的阶段，深圳最初是真心诚意地支持国有企业发展高科技产业，并且在市场经济中发挥其主导骨干作用。

2. 金融体制的大胆改革

市场要活跃，资金市场需要活跃。深圳通过引进外资银行、创办招商和深发展等区域性股份制银行、成立中国第一家外汇调剂中心、建立有色金属期货市场、公开发行股票、建立证券交易所等大胆改革措施，建立起一个多层次、开放型的金融市场。

走得更快，走得更远，银行也开始实施股份制改革。从企业内部结算中心的蛇口问世，到结算中心成立财务公司，经过一系列努力后，国家外汇局终于批准了蛇口财务公司有权开展外汇业务。招商银行成立，全国第一家企业法人股份制商业银行诞生了。这个银行采用了蛇口工业区开风气之先的各项管理体制，回避了一般国企受制约的条条框框，实际利润增长率和平均利润一路飘红。

招商还不够，平安开始诞生。第一家由企业创办的商业保险机构——平安保险——在蛇口开业。第一家商业保险公司是从周到细致的服务、周全有效的保障出发而成立的，对当时蛇口工业区乃至整个中国金融体制的发展起到带动作用。

深圳建立了外汇市场，即“外汇调剂中心”①。深圳市企业出口创汇可以不到中国银行结汇，直接到外汇调剂中心调剂，需要外汇也可以直接到调剂中心购买，这是外汇管制制度的重大突破，对于深圳这样一个外向型经济的大城市来说，是非常重要的。

深圳证券交易所的成立，带动了证券、基金、银行等金融机构和金融业的发展，不仅引领了深圳高端要素市场和高端服务业的迅速发展，奠定了深圳在全国资本市场体系中的重要地位，而且对深圳国有企业的改革、对深圳高新技术产业的发展，以及对深圳市民增加资本性收入、提高生活水平，也起到了积极重要的推动作用。1992 年 2 月，我国第一个产权交易机构“深圳市产权交易所”正

---

① 《勇立潮头敢为人先 先出生后领证 全国首家外汇调剂中心在深圳诞生》，《深圳特区报》，2019 年 7 月 23 日。

式开业，促进了深圳产权交易市场的发育和完善。

3. 国有土地的体制改革

1987年，深圳开始了土地拍卖。土地拍卖建了商品房，为发财致富的人们安居乐业奠定了基础。1988年七届全国人大一次会议的宪法修正案从法律上肯定了这种新生事物的产生，其中规定："土地使用权可以依照法律的规定转让。"①

4. 促进民营企业的发展

1987年，深圳还颁布了一个重要的通知，即《关于鼓励科技人员兴办民间科技企业的暂行规定》(深府〔1987〕18号)，这个通知是深圳市委市政府重要政策体制试验下的新鲜创举，影响深远。这个通知中提出，民间科技企业，不仅资金可以入股，商标、专利、技术等生产要素都可以入股，这种自改革开放以来首创的规定使得深圳一大批高新技术高科技产业体制机制得到创新，最终对能够诞生像华为这样的大企业具有极大的促进作用。事实证明，深圳市改革开放之所以能取得如此巨大的成就，成为一个全国领先的创新型城市，就在于市委市政府充分重视了民间力量在企业创办、社会发展中的作用。事实也证明，民间的力量一旦得到肯定，发展更为迅猛，涌现出华为等一大批民间科技企业。

1988年七届全国人大一次会议的宪法修正案再次在国家法律的层面上规定："国家允许私营经济在法律规定的范围内存在和发展，私营经济是社会主义公有制经济的必要补充。国家保护私营经济的合法权利和利益，对私营经济实行引导、监督和管理。"②新诞生的民间经济力量获得了国家法律的保护。

5. 深圳市住房制度改革

1980年初，深圳建设刚刚起步，特区拓荒者大胆打破计划经济束缚，建立市场，吸引了大量的生活物资、生产资料和各类人才涌入，创造了"深圳速度"，开创了深圳发展历史上的火红年代。此时，人口的急剧增加，对住房的需求日益扩大，大批参加特区建设的干部和职工的住房问题成为突出矛盾。现实住房需求与住房制度之间的尖锐矛盾，逼着深圳市开启了住房制度改革的探索之路。同时，邓小平在1980年4月2日发表了有关住房商品化改革的讲话，也为特区

---

① 《新中国宪法的历次修改》，《解放军报》，2004年3月8日。

② 《新中国宪法的历次修改》，《解放军报》，2004年3月8日。

改革提供了重要依据和外部环境。1985年初，深圳市常委会研究并出台《深圳经济特区行政事业单位干部职工住宅商品化试行办法》（以下简称《办法》），正式拉开了深圳住房制度改革的序幕。《办法》明确提出："改革干部职工住房制度，逐步以经济手段取代行政分配，加快住宅建设资金的回收与周转，实行住宅商品化，促进住宅产业的发展。"①在加快干部职工住房制度改革的同时，深圳也启动了商品房的开发建设，深圳在全国成立了第一个房地产公司——深圳特区房地产公司，开发了全国第一个商品房小区——东湖丽苑。深圳在发展商品房过程中，学习借鉴了香港地区很多商品房开发建设销售的经验，包括商品房预售、银行按揭贷款、市民分期付款等。

1988年6月，深圳正式发布并实施《深圳经济特区住房制度改革方案》。这个方案意义非凡，是中国从计划经济向社会主义市场经济转变过程中具有制度创新意义的、全国第一个系统的住房制度改革方案，成为深圳40年改革开放历史上标志性的重大改革之一。随后，深圳又组织有关力量，对改革方案进行修改完善，并于1989年发布《深圳经济特区居屋发展纲要》，最终形成"双轨三类多价制"的住房制度深圳模式。回顾历史，1980年初启动深圳住房制度改革的方向和基本政策是正确的，并取得了基本成功，为保障改善深圳居民的住房条件和促进房地产健康发展发挥了重要作用。住房制度改革使深圳普通市民第一次拥有自己的私人财产和不动产财富，从"无产阶级"变为"有产阶级"，不仅使市民安居乐业，更大大激发了社会大众创造财富的积极性，为深圳的经济发展注入了强大的动力。

6. 深圳法治建设的发展

法治化和市场化是深圳改革开放成功的双翼。1992年，深圳市人大及其常委会和深圳市人民政府被授予制定法律和法规的权力，深圳拥有了特区立法权，立即有计划、大规模地制定适合市场经济体制发展的各项法律和法规，如《国有资产管理条例》、《政府采购条例》、《股份有限公司条例》、《公民无偿献血和血液管理条例》、《土地使用权出让条例》等。为保证改革的顺利进行，深圳以经济立法为重点，积极以立法引导、促进社会主义市场经济体制的建立和完善。

---

① 《重启深圳住房制度改革之三：总结四十年得失，警惕房改偏向》，中国名师网，2019年11月26日。

这个时期，70％的法规是经济法规，集中体现在市场主体、市场行为、社会中介服务和市场保障等方面。这些适应特区发展需要的法律和法规，保障了深圳特区的改革开放与经济建设的高度发展，更为我国建立适应社会主义市场经济体制要求的法律体系提供了新鲜的经验和样本。深圳的法治建设与市场经济体制改革的良性互动表明：一方面，法治建设以市场经济的发展为基础，法治的实现和发达程度取决于市场经济体制的培育完善程度；另一方面，市场经济的培育过程从量和质的两个方面推动了深圳法治建设的发展。

7. 政府机构的内部改革

深圳学习先进管理经验，借鉴新加坡反贪局、中国香港廉政公署的经验，结合深圳的实际，在全国率先成立政府监察局，探索政府内部决策、执行、监督三者既分工协调又相互监管制约的政府运作新机制，加强对政府运作内部的监督，以保持政府的廉洁、高效，改善党风、政风，监督党和政府的路线、方针、政策的落实情况。

深圳率先成立投资管理公司，拉开了国有资产监督管理体制改革的序幕，探索了政资分开、政企分开，以产权为纽带加强国有资产管理的新路子。在20世纪90年代成立投资管理公司的基础上，深圳又成立国有资产管理委员会，逐步形成“国资委—投资管理公司—控股国有企业”三个层次的国有资产管理体制，把国有企业以政府的附属物推向市场，逐步成为独立经营、自负盈亏的市场竞争主体，为全国的国有企业和国有资产监管体制的改革提供了丰富经验。

8. 社会保障制度的改革

深圳作为最早的经济特区，经济发展速度非常迅猛，但社会保障制度的建设相对滞后。中国自1986年开启了国家社会保障制度的改革，深圳也在这一年紧锣密鼓地开始了社会保障制度改革的步伐。

1986年深圳作为全国社会保障体系改革的试点，借鉴新加坡等的经验，在蛇口探索企业社会保险制度改革的基础上，建立了社会统筹与个人账户制相结合、职工自我保障与社会共济相结合的涵盖养老、医疗、工伤的社会保障制度，先后出台《深圳市社会保险暂行规定》、《职工养老保险及住房公积金实施细则》、《职工医疗保险实施细则》等，为全国建立比较完善的社会保障制度做出了重要贡献。

总而言之，到1990年时，深圳改革开放的各项制度变革已经有了相对完整的配套措施，这也说明：创办经济特区的实践是成功的，实行改革开放的总方针是完全正确的。它从理论与实践的结合上，丰富了我们对建设中国特色社会主义的认识。

1992年，邓小平南方谈话，表明：特区无论叫什么，依然还是姓“社”不姓“资”。这种判断写进了党的十四大的工作报告，“兴办深圳、珠海、汕头、厦门四个经济特区是对外开放的重要步骤，是利用国外资金、技术、管理经验来发展社会主义经济的崭新试验，取得了很大成就。实践证明，经济特区姓‘社’不姓‘资’”①。

（三）改革开放发展时期

以邓小平同志南方谈话和党的十四大为主要标志，中国改革开放进入了新的发展时期。深圳经济特区也从之前主要依靠中央赋予特区的种种优惠政策，自觉转变成为依靠整体素质，增创新的发展优势。深圳已建立起社会主义市场经济体制的基本框架。

1. 现代企业制度

早在1986年，邓小平同志就明确指出，企业的改革主要是解决搞活国营大中型企业的问题。深圳市从1987年开始摸索建立现代企业制度。特区企业制度的改革，首先是扩大企业自主权。深圳特区建立之初，就颁布了一系列扩大企业自主权的规定。在生产经营权方面，特区无论是国有企业，还是合资、私营企业，本身都有权根据市场需求情况安排生产计划，组织产品销售，实行以销定产；在资金使用权方面，企业有权对其所留的生产发展基金、新产品试制基金、后备基金等自行支配，利用超额留成利润进行设备更新、技术改造、扩大再生产，经市政府批准有权发行股票和债券；在劳动工资权方面，企业可以根据生产经营的需要，聘用或辞退职工，有权在批准的合同范围内确定工资标准和工资形式；在对外活动经济权方面，企业有权引进先进技术设备，进行技术改造，国有企业经批准还有兼营进出口业务的权利；在企业定价权方面，除国家规定实行控制价格的商品外，企业有权自行决定产品的价格；在物资选购和产品销售方面，企业有权自行选择供货单位，购进经营所需要的商品。综上所述，深圳市

① 《邓小平两次视察为深圳经济特区发展指明了方向》，中国新闻网，2014年8月18日。

以产权制度改革为核心，以公司化改造为重点，建立产权明晰、权责明确、政企分开、管理科学的现代企业制度，进行了初步的实践。

2. 完善市场体系

深圳逐步建立由商品市场、生产要素市场和产权市场三个层次构成的市场体系。建立外汇调剂中心，建立产权交易市场，发展技术市场，培育创业投资市场，设立中小企业板，完善劳动力市场。

3. 转变政府职能

在推动政府职能转变中，深圳明确提出了“政府培育市场，市场解放政府，政府解放企业，企业解放生产力”[①]的指导思想。此外，深圳还提出“两转”，即政府转变职能和企业转变机制。在审批制度改革方面，深圳提出政府要从计划经济的管理方式向市场经济的管理方式转变。1997 年初，深圳在全国率先进行政府审批制度改革，随后市政府成立审批制度改革领导小组，正式发布并实施《深圳市政府审批制度改革方案》。1999 年 2 月还以政府令的形式发布并施行了《深圳市审批制度改革若干规定》，在这一轮改革中，深圳市政府部门和单位审批事项减少了 418 项，减幅达 57.8%。深圳进行的审批制度改革，拉开了全国以转变政府职能为主要内容的政府改革的序幕，为在全国进行的审批制度改革提供了成功的经验。

4. 完善社会保障

具体包括：建立起介于政府与企业之间为发展生产力服务的多层次、多功能的社会服务体系；建立包括离退休保障、待业保障、住房保障、医疗保障在内的社会保障体系；社会保险制度进行综合配套改革，相继实施了医疗、养老、工伤等各项保险制度改革。

5. 建立社会法治

具体包括：建立法律体系，提出要充分利用好深圳的立法权，利用法规和规章来保证市场经济健康发展；全面推进依法治市，以此为基础推进行政体制改革，开始全面实施国家公务员制度。

以上各项制度的深化改革，使得经济特区的发展实现了跨越式进步，经济年均增速保持在 20%左右，建立了现代金融业的三大支柱产业，综合经济实力

---

① 赖丽敏编：《厉有为：深圳市场经济新体制的完善者》，深窗网，2018 年 1 月 8 日。

跃居全国大中城市的前列。

(四)改革开放综合配套时期

在广东省委省政府的正确领导下，深圳综合配套改革试点工作进展顺利，重点领域和关键环节不断取得新突破。作为我国政府改革的先行区，综合配套改革试验区的大部制改革一定程度上引领了地方大部制改革的趋势与方向。继2009年大部制改革后，结合市委市政府中心工作，2010年深圳进一步明确政府部门的职责，理顺工作关系，完善运行机制，行政管理体制改革迈出实质性步伐。

1. 深化行政体制改革

完善大部门管理体制，推进城市区划及管理体制改革。继续实施公务员分类管理和聘用制改革，深化事业单位改革，严格依法行政，率先建成公共服务型政府。

2. 深化经济体制改革

全面深化经济体制改革，完善要素配置的市场机制和财税、金融、土地、投融资等制度，率先建立完善的社会主义市场经济体制。

3. 推进社会领域改革

积极推进社会领域改革，深化教育、医疗卫生、就业、社保、住房、文化制度改革，加快构建社会主义和谐社会。

4. 完善自主创新体系

完善自主创新体系机制，构建开放型创新体系，促进国家与地方创新资源的高效配置，完善创新服务体制和人才管理体制，深化知识产权管理体制，加快建设国家创新型城市。

5. 创新开放合作体制

以深港紧密合作为重点，全面创新对外开放和区域合作的体制机制。创新外经贸发展方式，主动应对开发风险，率先形成全方位、多层次、宽领域、高水平的开放型经济新格局。

6. 生态文明示范城市

围绕建立资源节约、环境友好的体制机制，探索建立环境资源的综合管理机制，促进资源节约、环境友好的激励机制和适应经济增长的生态发展模式，加快建设国家生态文明示范城市。

对国家深化改革、扩大开放的重大举措先行先试；对符合国际惯例和通行规则、符合我国未来发展方向、需要试点探索的制度设计先行先试；对深圳经济社会发展有重要影响、对全国具有重大示范带动作用的体制创新先行先试；对国家加强内地与香港经济合作的重要事项先行先试。目标是：建设成为全国经济中心城市、国家创新型城市、中国特色社会主义先行示范区、国际化城市。

二、深圳当前社会发展现状分析

纵观深圳改革开放 40 多年的历史，她已经在内部体制改革中发挥了“试验场”的作用，在对外开放的进程中起到了示范性的“窗口”作用，在自主创新的技术革新浪潮中起到了战斗“排头兵”的作用，在社会主义现代化各项建设中发挥了“先行示范区”的作用。深圳作为全国经济中心城市、国家创新型城市的定位已岿然挺立，但是，中国特色社会主义先行示范区和国际化大都市需要的是更加全面、更加具有丰富意义的内容。深圳在经济发展的同时，在政治建设、文化建设、社会领域建设以及生态文明建设等方面都需要百尺竿头，更进一步。深圳的发展优势毋庸置疑，同时也有新的重点需要认真关注和保护。

（一）深圳作为中国特色社会主义先行示范区建设的重难点

如果说在这个城市发展的早期，我们依靠的主要是物质刺激来激励更多的人包括各行各业、各个层次投入这场火热的建设中，而现今大多数人已小康富裕起来，深圳想要进一步开创奇迹，则需要在创造性劳动上下功夫，让人民感觉到更自由的工作和幸福；深圳也需要更好地消除城乡差别，让城市中的大多数人能接受到更好的教育；深圳还需要在“居者有其屋”方面向发达国家进一步学习，让改革的成果惠及每一个层级的民众。综上三个方面，深圳需要继续发展社会领域的制度创新，集中聚焦起来，我们应该更加注重基层社会工作的精细化与精准化服务，让民众有更多的获得感与民主感。社区管理制度井然有序，居民才能最终安居乐业。依靠居民，依法有序组织居民参与到基层社区的各项治理中，才可能实现人人参与、人人尽力、人人共享的未来社会良好样态。

1. 民众幸福感是城市发展的终极目标

城市是人们工作和居住的地方。城市的良性发展，最终依赖人的健康幸福感的获得。而无论是就整体还是就个体而言，幸福感都体现为人的物质财富和精神财富的共同增长所带来的获得感，尤其是在财富创造过程中人的精神生活的充实和道德素质的提升。“幸福悖论”[①]指的是人的财富收入与幸福感在某临界点所呈现的负相关关系，这类问题的出现，其实是在提醒我们，对物质财富的过度关注和对精神财富的相对忽视导致个体乃至整个社会在精神层面出现焦虑、烦躁、空虚、不安，已经在相当程度上影响到了个人幸福感和社会幸福感的获得。社会主义制度的创始人马克思先生认为，“生产劳动给每一个人提供全面发展和表现自己全部能力即体能和智能的机会，这样，生产劳动就不再是奴役人的手段，而成了解放人的手段，因此，生产劳动就从一种负担变成一种快乐”。这种幸福如何才能实现呢？在社会分工被消除的未来社会中，个人可以克服对物的依赖而相互自由地联系，每个人在全面的社会生产劳动中实现作为“社会关系的总和”的人的本质，由此，“各个个人在自己的联合中并通过这种联合获得自己的自由”。简而言之，劳动不仅仅是获得幸福的路径，而且是将个人幸福与社会幸福统一于一体的“人民的现实幸福”本身。[②]

当然，走向未来社会的基础就是人们越来越富裕，可以有选择地参加劳动，企业、社会和政府也都以更宽容的心态来接受富裕之后人们劳动的自由选择。全体社会成员日益富裕，享受到越来越多的物质财富之后，用在物质财富创造方面的劳动时间会越来越少。虽然人们为了满足自己的生存和需要还要参加物质生产劳动，但这种劳动不再是被迫的、强制性的，而是一件自由自觉自愿的事情。劳动成为生活的一种需要，从中给人带来愉悦感和幸福感。

问题是：人的发展与城市发展，在目前阶段还存在着矛盾。随着员工自觉性的增强和社会保障制度的完善，深圳中小企业经营成本也在提高，经营环境有所改变，一大批高新科技企业，尤其是中小型民营高新科技企业已经难以为继，部分企业已经把一些制造基地甚至整个企业搬离深圳，深圳这个城市也面临着产业空心化的风险和危机。[③]

2. 教育、医疗制度改革与居者有其屋

---

① 晏小华、刘振亮、王祥坤、沐守宽：《幸福悖论及其最新解释》，《心理科学进展》，2018 年第 1 期。

② 王露璐：《劳动何以创造幸福——从马克思的幸福观谈起》，《中国社会科学报》，2018 年 5 月 18 日。

③ 张思平：《深圳高科技产业崛起的制度创新密码》，澎湃新闻，2018 年 10 月 26 日。

深圳经济特区虽然早已消除了城乡差别，城中村也在改造中逐渐进化，但深圳的教育和医疗卫生等保证城市居民身心健康、幸福自由的民生基础还有待进一步完善。

人人接受高等教育，人人享受健康医疗。深圳的教育水平与她的经济发展水平远远不匹配，深圳每万人可以接受高等教育的比重相当低。现有的几所大学，加上虚拟大学园和大学城，都不足以支撑深圳加速向知识密集型经济转型。文理分科也是一种政策的偏失，“未来的教育不能是苏联模式，将我们培养成为大机器中的螺丝钉，我们要培养经济社会发展的引领型人才”。①

医疗健康的未来发展也决定了是否可以让更多的人才留在深圳。一个宜居留人的城市，这两方面是基础要件。缺少的就得补，不好的就得改。当然，当旧的体制存在很久的时候，再进行任何的改革和发展都是很难的，所以教育与医疗卫生体制的改革长期难以取得实质性的进展。

40年来，在改革过程中已经形成了各种各样的利益群体和利益格局，受到利益驱动，多元化的利益群体对很多改革难以形成共识，而每项改革都必然涉及对现有利益格局的调整，使得打破现有利益格局的改革难度加大，也使推进改革的部门和人员望而生畏。领导干部也都出生于改革受益的年代，缺乏改革的紧迫感、危机感，而这两项改革又最见改革功力。

当然，还有些改革在改革过程中出现过反复和失误，如住房保障制度改革，居者有其屋计划还得重新启动；有些改革没有得到应有的重视而启动，如分配制度改革；有些改革受现有既得利益群体的影响长期难以有明显进展，如户籍制度改革、社会保障和社会福利体制改革等。②

社会领域的改革涉及广大市民的切身利益和现有利益格局的调整，难度很大，见效也慢，但与政府职能转变有直接的关系。政府仍然坚持以经济增长为目标、以 GDP 为中心的传统执政理念。政府的关注力仍然在确保经济增长、扩大投资规模、追求城市形象和追求政府政绩上，仍迷恋行政审批的权力感，设立了分钱分资源的各类审批项目。市民关心且反映强烈的民生问题、公共服务问

---

① 新浪好书分享会：《深圳奇迹》，大湾区与深圳的未来高峰论坛，北京大学校务委员会副主任海闻演讲，新浪财经，2019年4月20日。

② 刘胜军：《深圳与中国改革开放四十年》，览潮精选，2018年9月26日。

题、公平正义问题、分配共享问题等本应由政府做的,但没有得到最认真的解决。如果政府职能转变无法根本解决,民生社会领域的改革会比较难以突破,公平共享、共同富裕的深圳乃至中国改革开放的初心也会难以进一步实现。

(二)深圳在粤港澳大湾区建设中的重要意义

2019 年 2 月 18 日,《粤港澳大湾区发展规划纲要》正式发布,明确提出“以香港、澳门、广州、深圳四大中心城市作为区域发展的核心引擎”[①],要求深圳发挥作为经济特区、全国性经济中心城市和国家创新型城市的引领作用。那么,在推动粤港澳大湾区建设中,深圳做过哪些工作?

深圳的营商环境算一流的。深圳改革开放几十年,一直坚持市场化、国际化、法治化的方向,主动对标一流城市,将打造公开、透明、可预期的国际一流营商环境作为新时期深化改革、扩大开放的重要抓手,作为积极参与粤港澳大湾区建设的有力支撑。

金融科技是粤港澳大湾区跻身世界级湾区的引擎推动力。深圳、香港、澳门三地金融监管部门共同携手,推行“深港澳金融科技师”专才计划,构建前瞻性、系统化的金融科技人才培养机制和生态体系,主动融入大湾区金融核心圈规划,在坚守“一国两制”基础上,力争实现三地金融人才标准一致,为大湾区建设国际科技创新中心注入强大动力。

科技合作是粤港澳大湾区建设的重要方面。一是强化深港澳科技创新合作。扩大“深港创新圈”计划项目类别,充分发挥香港优势的基础科研力量,促进深港创新主体深度融合发展,允许科研资金跨境使用;探索深澳科技合作机制,支持深澳两地创新主体开展科技合作。二是提升国际科技创新合作水平。拓展国际科技合作项目类别,支持在合作框架下实施重大科技项目联合攻关。

生态方面,深圳市将对标国际最先进水平,推动粤港澳大湾区大气污染治理工作高质量发展,推进粤港澳大湾区大气污染联防联治,将大气治理的“深圳标准”推广到大湾区;全面推进机动车、工业 VOC 和工地扬尘等大气污染治理;推动逐步扩大珠三角船舶排放控制区,力争 PM2.5 年均浓度 2020 年低于 25 微克/立方米,大气质量达到欧盟标准。[②]

---

① 《粤港澳大湾区发展规划纲要》,新华社,2019 年 2 月 18 日。

② 《发挥核心引擎作用! 深圳这样推动粤港澳大湾区建设》,《经济日报》,2019 年 7 月 14 日。

还有哪些需要加强的？当然还是教育、医疗等方面的短板。如何创办更多的高校？未来10年深圳计划投入超过1 500亿元创办更多的高水平大学，力争到2025年，深圳的高等学校数量能达到20所左右，在校学生人数超过25万人，成为全国高等教育强市之一。“深圳必须把优先发展高等教育摆在更加突出的位置，用改革的办法、创新的机制，加快补齐深圳高等教育的短板。”此外，基础教育紧抓不放，按照“扩大增量，优化存量”的原则，结合中考改革和新高考模式要求，督促各区各学校挖潜扩招，严格按照建设规模招生，增加全市高中招生计划。

在提升医疗水平上，深圳不仅兴建高校医学院及其附属医院的招牌，还做出要加快建设高水平医院的规划。①

深圳发展起来了，如今需要拿出更多务实创新的改革举措，探索更多可以复制和推广的经验，尤其要通过前海这个试验田来深化深港合作，相互借助、相得益彰，在共建“一带一路”、推进粤港澳大湾区建设和高水平参与国际合作方面发挥更大作用。

在深圳的一些短板方面能否更加开发开放，合理规划建设，促进深港、深澳合作，是值得进一步探索的。

深圳经济特区40多年改革开放的成就与现状表明，这条道路符合党的初心、人民的意志，顺应了历史发展和时代发展的潮流，是决定中国尤其是广东发展命运的抉择之路，也是建设中国特色社会主义、实现中华民族伟大复兴的必由之路。回顾历史，展望未来，我们必须一如既往地坚持以习近平新时代中国特色社会主义思想为指导，始终坚持解放思想、实事求是的思想路线，坚持社会主义市场经济的改革取向，勇于吸收和借鉴一切人类文明的优秀成果，立足本土资源，面向世界发展。

潮平两岸阔，风正一帆悬。海纳百川，有容乃大。多元化的社会需要包容，而包容的精神也将继续推动深圳这座城市持续、健康、快速地发展进步。

参考文献

[1]《广东改革开放史(1978～2018年)》，社会科学文献出版社2018年版。

---

① 《补齐教育短板　深圳“三步走”策略进行时》，《南方都市报》，2019年4月18日。

[2]张黎明:《她的老街(1979—1983)》,深圳报业集团出版社 2016 年版。

[3]李成刚、张孔娟:《袁庚:蛇口风云》,《中国经济时报》,2015 年 1 月 12 日。

[4]赖丽敏编:《袁庚:“蛇口精神”缔造者　无畏无私改革家》,深窗网,2018 年 1 月 8 日。

[5]李克华、黄赞强、豫夫:《培育和健全适应市场经济要求的价格调控机制——深圳市价格改革的回顾与前瞻》,《南方经济》,1993 年第 4 期。

[6]李音:《1996:从“统包统分”到“双向选择”》,《时代报告》,2017 年第 6 期。

[7]王达阳:《“摸着石头过河”的来历》,《学习时报》,2018 年 4 月 9 日。

[8]李邦君:《我国建立经济特区的重大意义和作用》,《上海对外贸易学院学报》,1984 年第 5 期。

[9]《勇立潮头敢为人先　先出生后领证　全国首家外汇调剂中心在深圳诞生》,《深圳特区报》,2019 年 7 月 23 日。

[10]《新中国宪法的历次修改》,《解放军报》,2004 年 3 月 8 日。

[11]《重启深圳住房制度改革之三:总结四十年得失,警惕房改偏向》,中国名师网,2019 年 11 月 26 日。

[12]《邓小平两次视察为深圳经济特区发展指明了方向》,中国新闻网,2014 年 8 月 18 日。

[13]赖丽敏编:《厉有为:深圳市场经济新体制的完善者》,深窗网,2018 年 1 月 8 日。

[14]晏小华、刘振亮、王祥坤、沐守宽:《幸福悖论及其最新解释》,《心理科学进展》,2018 年第 1 期。

[15]王露璐:《劳动何以创造幸福——从马克思的幸福观谈起》,《中国社会科学报》,2018 年 5 月 18 日。

[16]张思平:《深圳高科技产业崛起的制度创新密码》,澎湃新闻,2018 年 10 月 26 日。

[17]新浪好书分享会:《深圳奇迹》,大湾区与深圳的未来高峰论坛,北京大学校务委员会副主任海闻演讲,新浪财经,2019 年 4 月 20 日。

[18]刘胜军:《深圳与中国改革开放四十年》,览潮精选,2018 年 9 月 26 日。

[19]《粤港澳大湾区发展规划纲要》,新华社,2019 年 2 月 18 日。

[20]《发挥核心引擎作用！深圳这样推动粤港澳大湾区建设》,《经济日报》,2019 年 7 月 14 日。

[21]《补齐教育短板　深圳“三步走”策略进行时》,《南方都市报》,2019 年 4 月 18 日。

第三章　创新发展理念与深圳的创新发展

概　要:党的十八届五中全会鲜明提出了创新、协调、绿色、开放、共享的发展理念。把创新摆在第一位,因为创新是引领发展的第一动力。发展动力决定发展速度、效能、可持续性。对我国这么大体量的经济体来讲,如果动力问题解决不好,要实现经济持续健康发展和“两个翻番”是难以做到的。抓住了创新,就抓住了牵动经济社会发展全局的“牛鼻子”。习近平反复强调,抓创新就是抓发展,谋创新就是谋未来。

我国1978年将深圳定义为特区,至今已经42周年,深圳引领改革创新,然而一直是在“摸着石头过河”与“杀出一条血路”声中前行。深圳一直是中国改革开放建设社会主义市场经济体制实践中的“排头兵”、“试验田”、“窗口”,为全国改革开放和现代化建设起到了表率的作用,用实际行动创造了举世瞩目的奇迹,极大地促进了国家现代工业化、城市化的进程,是世界现代化建设史上的奇迹。2012年12月,党的十八大后,习近平总书记考察深圳前海,向世界郑重宣示坚持改革开放、继续发展中国特色社会主义的坚定决心,对深圳改革发展提出了新要求。总书记作出了“我国改革已经进入攻坚期与深水区”的判断,呼吁全党上下“敢于啃硬骨头,敢于涉险滩”,做到“改革不停顿,开放不止步”。习近平指出,我们要坚持改革开放正确方向,敢于啃硬骨头,敢于涉险滩,既勇于冲破思想观念的障碍,又勇于突破利益固化的藩篱。2018年10月22日至25日,在参观前海时习近平总书记又指出,实践证明,改革开放道路是正确的,必须一以贯之、锲而不舍、再接再厉。深圳要扎实推进前海建设,拿出更多务实创新的改革举措,探索更多可复制、可推广的经验。总书记希望深圳继续引领全国改革,鼓励深圳再造辉煌。这是总书记对深圳继续充当好改革开放“排头兵”的殷切期望，也是对深圳未来经济社会发展的再次定位。近年来，深圳把学习贯彻习近平新时代中国特色社会主义思想和党的十九大精神作为头等大事和首要政治任务，全面落实习近平总书记的重要讲话和对深圳的重要批示指示精神，坚持稳中求进的工作总基调，践行高质量发展要求，全面推动改革开放创新，取得了显著的成就。

一、习近平关于创新发展新思想

习近平总书记指出，创新始终是推动一个国家、一个民族向前发展的重要力量。我国是一个发展中大国，正在大力推进经济发展方式转变和经济结构调整，必须把创新驱动发展战略实施好。实施创新驱动发展战略，就是要推动以科技创新为核心的全面创新，坚持需求导向和产业化方向，坚持企业在创新中的主体地位，发挥市场在资源配置中的决定性作用和社会主义制度优势，增强科技进步对经济增长的贡献度，形成新的增长动力源泉，推动经济持续健康发展。习近平强调，只有不断推进科技创新，不断解放和发展社会生产力，不断提高劳动生产率，才能实现经济社会持续健康发展。

在 2014 年的中央财经领导小组第七次会议上，习近平阐述了实施创新驱动发展战略的基本要求，并提出四点意见：一是紧扣发展，牢牢把握正确方向；二是强化激励，大力集聚创新人才；三是深化改革，建立健全体制机制；四是扩大开放，全方位加强国际合作。习近平强调，要抓紧出台实施创新驱动发展的政策和部署，抓紧实施国家重大科技专项，再选择一批体现国家战略意图的重大科技项目和重大工程，集中力量、协同攻关；要加快研究提出创新驱动发展顶层设计方案，研究提出中央财政科技资金管理改革方案；要抓紧修改完善相关法律法规，实施更加积极的创新人才引进政策；要研究在一些省市区系统推进全面创新改革试验，形成几个具有创新示范和带动作用的区域性创新平台。

科技创新是提高社会生产力和综合国力的战略支撑。习近平敏锐地看到了即将出现的新一轮科技革命和产业变革与我国加快转变经济发展方式形成的历史性交汇，为我们实施创新驱动发展战略提供了难得的重大机遇。他指出：我们正面对着推进科技创新的重要历史机遇，机不可失，时不再来，必须紧紧抓住。我们在国际上腰杆能不能硬起来，能不能跨越“中等收入陷阱”，很大程度上取决于科技创新能力的提升。当前,全党全国各族人民正在为全面建成小康社会、实现中华民族伟大复兴的中国梦而团结奋斗。我们比以往任何时候都更加需要强大的科技创新力量。实施创新驱动发展战略决定着中华民族的前途命运。没有强大的科技,"两个翻番"、"两个一百年"的奋斗目标难以顺利达成,中国梦这篇大文章难以顺利写下去,我们也难以从大国走向强国。全党全社会都要充分认识科技创新的巨大作用,必须摆在国家发展全局的核心位置,常抓不懈,迈出实实在在的步伐。

2018 年 10 月 22 日至 25 日,习近平在广东考察时强调,进入新时代,国际、国内形势发生了广泛而深刻的变化,改革发展面临着新形势、新任务、新挑战,我们要抓住机遇、迎接挑战,关键在于高举新时代改革开放旗帜,继续全面深化改革、全面扩大开放。越是环境复杂,我们越是要以更坚定的信心、更有力的措施把改革开放不断推向深入。

二、深圳实践创新历程

(一)特区创新发展历史

特区建立之后,由"三来一补"的模仿再造开始,到自主创新,再到引领创新,深圳的创新发展至今经历了 41 年的历程。这里从改革创新发展历程的角度,将十八大之前的深圳创新发展分为初创阶段与自主创新阶段,十八大后深圳创新发展进入飞跃阶段。

1. 初创阶段即模仿再造阶段:1978—2002 年

此阶段主要通过"三来一补"加工贸易植入全球产业链。1979 年,交通部香港招商局率先在蛇口建立工业区,然后又通过吸引外资兴办企业,在较短的时间内建成了初具规模的工业城。以"三来一补"(来料加工、来件装配、来料制造和补偿贸易)和建设科技工业园区的方式,深圳拉开了工业化、城市化的序幕,从此深圳在"摸着石头过河"的探索中前行。1978—1985 年间,属于改革开放的启动阶段。1978 年开始启动市场经济体制改革,这个时期主要是为了突破计划经济的约束,坚持以市场为导向,力求摆脱阻碍生产力发展的落后经济体制。从 1984 年 10 月开始,深圳全面推进市场经济体制改革创新,十二届三中全会通过了《中共中央关于经济体制改革的决定》,阐明了经济体制改革的宏伟目标和基本决策，标志着我国经济体制改革进入了逐步全面展开的新时期。深圳率先推进国企股份制改革、金融市场化改革、土地市场化改革、住房商品化改革等市场经济体制在特区内先期试验，主要进行了五个方面的工作：一是国企股份制改革，民企稳步化发展；二是外汇规范化改革，证券市场化发展；三是土地市场化改革，住房商品化发展；四是劳动用工市场化，社保改革统筹化；五是对外开放扩大化，工业外向型发展。

邓小平两次视察深圳，给予了深圳高度评价，从1980年到1985年深圳经济特区成为我国发展最快的地区。这一阶段深圳GDP从1980年的2.7亿元提高到了1985年的33.24亿元，产业结构也有了明显的改变。从20世纪80年代中叶到90年代初，关于市场经济和特区是姓“社”还是姓“资”的问题的争论一直纠缠不清。面对经济特区建设和改革开放的各种争议及现实问题，邓小平同志在南方谈话中明确指出，要加快改革开放的步伐，不要纠缠于是姓“资”还是姓“社”的问题讨论。这标志着经济特区创办的启动经济体制改革创新阶段基本结束，开始进入确立社会主义市场经济体制改革创新阶段。根据党的十四大和十四届三中全会精神，1994年初深圳制定了《建立社会主义市场经济体制总体规划》，提出率先建立社会主义市场经济体制的目标。到1997年，初步形成以“十大体系”为主要内容的社会主义市场经济体制基本框架，围绕率先建立比较完善的社会主义市场经济体制这一目标，深圳大力推进国企改革，建立现代企业制度，培育和完善要素市场并建立现代市场体系，深化分配体制改革，完善社会保障制度，对标国际惯例，构建开放市场经济体系，切实简政放权，推进政府职能转变等多项创新改革。

这一阶段深圳特区经济实现跨越式发展，主要经济指标全面攀升，经济继续保持年均20%的增长速度。经济的快速增长带来财政收入的增长，从整体来看，深圳不仅实现了综合经济实力跃居全国各大城市前列，还实现了经济质量的提升和经济活力的增强。更为重要的是，通过一系列的经济制度改革，深圳率先确立了比较完善的社会主义市场经济体制。深圳经济特区已经探索出了一个从计划经济走向市场经济的发展模式和一条从计划经济体制转变为市场经济体制的转轨路径，这为中国经济转型提供了实践基础，为中国制度变革贡献了一个新体制。

2. 自主创新阶段:2003—2012年

从2006年初深圳发布《关于实施自主创新战略建设国家创新型城市的决定》,到2008年获批首个国家创新型城市试点,深圳创新型产业全面开花,文化创意、生产性服务业等产业多元发展;同时,在一批民营研究机构和民营企业的推动下,基础创新能力得到增强,深圳原特区内成为城市自主创新的高地。然而,进入21世纪,深圳经济特区面临发展"瓶颈",四个难以为继即土地、能源、人口、生态环境问题日益突出,这些问题促使深圳谋求新的改革创新思路,努力破解发展难题,走出一条科学发展新路,为全国提供新的示范和借鉴。这是中央赋予深圳的新的重大使命,也是深圳实现科学发展的内在要求。为了落实党的十六大和十七大精神,深圳重新确立发展目标和发展思路,提出了建设国际化城市的发展战略目标,确立了建设"和谐深圳"、"效益深圳"的发展思路,始终把体制改革和扩大开放作为重要使命,先后实施自主创新和特区扩容等战略,以此为标志,深圳进入实践科学发展的新阶段。这一阶段主要做了以下几方面的工作:第一,着力推动科技创新,建设国家创新型城市;第二,推进国资国企体制改革,加快民营经济发展;第三,特区外农村城市化,特区内城市现代化;第四,加强深港紧密合作,全面创新对外合作机制;第五,完善社会保障体系,提升民生福利水平。

在中国加入WTO后的十余年,围绕科学发展主题,深圳改革创新取得了巨大的经济成就。深圳实现了科学发展和经济转型的目标,探索了新的发展模式,实现了新的历史性跨越。深圳进一步完善了社会主义市场经济体制,通过国家综合配套改革试验区、前海深港现代服务业合作区等新的制度安排,赋予深圳经济特区新的使命,这是拓展经济特区的新形势。依托经济特区新形势,深圳进一步完善科学发展的体制机制,实现重点领域改革开放和区域合作新的突破,率先构建起富有活力的社会主义市场经济体制。从国家战略高度来看,探索经济特区的新形势就是要把经济特区打造成体制机制的创新区、区域合作的先导区、产业升级的先行区和经济结构调整的引领区,为推动整个经济体制改革的深入和突破发挥引领示范作用。可以说,这是深圳自20世纪90年代确立社会主义市场经济体制后迈向更加成熟的发展阶段,开始了由政策开放逐步走向制度开放的改革创新深化进程。同时,这也标志着中国社会进入了深化改革和完善社会主义市场经济体制的时期。从单向突破到综合配套整体推动，从侧重经济体制改革到经济社会效益全方位纵深推进，深圳经济特区成为我国改革创新的重要试验田，对完善社会主义市场经济体制发挥了引领示范作用。

3. 飞跃阶段——新时代全面深化改革创新：2013 年至今

党的十八大以来，以习近平同志为核心的党中央围绕中国梦这个总目标，逐步形成了以“五位一体”总体布局和“四个全面”战略布局为关键、以“五大发展理念”为引领、以增进人民福祉为根本的治国理政新理念、新思想、新战略。作为改革开放前沿的深圳，争当“四个坚持、三个支撑、两个走在前列”的尖兵，各项事业取得了新进展、新成就、新经验。在重点领域和关键环节推出一批具有重大影响力的改革项目，为全国的全面深化改革勇探新路。

2014 年，深圳成为首个以城市为基本单元的国家自主创新示范区。深圳坚持将创新作为城市发展主导战略，加快全面创新改革试验，率先提出并积极构建综合创新生态体系，形成了以创新为主要引领和支撑的经济体系和发展模式。在“率先建设社会主义现代化先行区”的指导下，深圳提出了分步走目标，具体包括：到 2020 年，深圳将基本建成现代化、国际化创新型城市，高质量全面建成小康社会；到 2035 年，建成可持续发展的全球创新之都，实现社会主义现代化；到 21 世纪中叶，建成代表社会主义现代化强国的国家经济特区，成为竞争力、影响力卓著的创新引领型全球城市。2018 年，习近平总书记亲临广东、深圳视察，并专门对深圳工作作出重要批示指示，要求深圳朝着建设中国特色社会主义先行示范区的方向前行，在新时代走在前列、新征程勇当尖兵。

2018 年，深圳生产总值突破 2.4 万亿元，同比增长 7.6%，经济总量居亚洲城市前五；辖区公共财政收入 9 102.4 亿元，增长 5.5%；地方一般公共预算收入 3 538.4 亿元，增长 6.2%；居民人均可支配收入增长 8.7%。深圳经济发展有速度、有质量、有效益。全社会研发投入占 GDP 比重、PCT 国际专利申请量全国领先，国家级高新技术企业数量居全国第二，数字经济发展走在全国前列。光明科学城、鹏城实验室、深圳湾实验室等重大创新平台启动建设。深圳获批国家可持续发展议程创新示范区，成为中国最具创新力的城市，在全球创新体系中的地位不断提升，积极构建“基础研究＋技术攻关＋成果产业化＋科技金融”的全过程创新生态链。

一是做强做大新经济。出台加快高新技术产业高质量发展决定，制订加快发展战略性新兴产业实施方案，设立全国首个 50 亿元天使投资引导基金，全社会研发投入超过 1 000 亿元，国家级高新技术企业预计新增 3 000 家以上，总量超过 1.4 万家，战略性新兴产业增加值增长 9.1%。此外，深圳获批建设海洋经济发展示范区。

二是加快提升自主创新能力。制定加强基础研究的实施办法，开展芯片、医疗器械等 10 项关键零部件重点技术攻关。开工建设合成生物研究、脑解析与脑模拟等重大科技基础设施，启动建设肿瘤化学基因组学国家重点实验室，新组建第三代半导体研究院等新型基础研究机构 10 家，新增各类创新载体 189 家。获科技进步一等奖等国家科技奖 16 项、中国专利金奖 4 项。专利授权量增长 48.8%。科技进步对经济增长的贡献率进一步提升。

三是持续优化创新环境。依法实施更严格的知识产权保护，中国(深圳)知识产权保护中心和南方运营中心正式挂牌。出台鹏城英才计划等政策，成立国家级人力资源服务产业园。全年新引进人才 28.5 万名，增长 8.4%；新增全职院士 12 名，总量增长 41%；新增高层次人才 2 678 名，增长 59%。

(二)深圳创新实践成果

这里从深圳的科技政策创新、管理创新与高科技产业创新发展来总结。

1. 科技政策创新

通过长期的实践探索，深圳出台了大量行之有效的科技政策，打造了涵盖加强科技工作、扶持高新技术产业及战略性新兴产业发展、完善区域创新体系、强化核心技术创新、加快国家自主创新示范区建设等方面的比较完整的科技政策内容体系。为了扶持战略性新兴产业的发展，深圳出台了包括生物产业、互联网产业、新能源产业等在内的战略性新兴产业振兴发展规划。通过一系列的科技政策，构建了科技规划、科技计划、财政税收、知识产权、技术标准、政府采购和技术转移较为完整的内容体系，发挥科技政策工具的积极作用。深圳科学行使行政指令和手段，简化优化政府职能，健全完善法规规章，尽量精准施策，保证科技政策的稳定性和明确的可预期性，营造良好的科技创新政策环境。具体举措主要体现在：一是突破传统科技计划体制的框架，积极发挥政府与市场各自的作用；二是科学运用科技政策工具，引导支持科技创新；三是深圳科技政策主动适应全球科技革命趋势，在全球化的时空坐标中前瞻性地部署科技创新工作。深圳注重借鉴吸收世界先进的科技创新政策做法，注重科技政策的可行性与可操作性；注重借鉴吸收世界科技知识前沿，注重将先进科技政策工具、前沿科技知识科研规划与区域创新体系的整体学习紧密结合，打造创新型城市。

2. 管理创新

科技创新管理战略的科学谋划是深圳创新管理的基本任务，科学设计科技创新运行模式，合理组织实施，严格落实科技政策，鼓励科技进步，促使经济社会协调发展。目前，深圳创新管理实践取得了不少有益经验。

通过长期的实践探索，深圳开展了以创新战略管理为引导、以创新主体建设为基本、以创新模式为基础、以创新体系为环境、以核心技术攻关能力为引领的不断优化整合科技创新活动的全面创新管理工作。一是重视战略管理。深圳长期坚持科技创新战略的科学规划，加强对科技工作的宏观指导，通过强化科技自主创新，积极推动思想观念创新、发展模式创新、体制机制创新、对外开放创新、企业管理创新和城市管理创新，使自主创新成为驱动经济社会高质量、可持续、全面协调发展的主导力量。二是引导支持企业成为创新主体。为了摆脱传统体制下产学研结合不力、源头创新不足的困境，深圳积极引导支持企业成为创新主体，增强科技创新主体面向经济建设的内生动力和活力。通过市场和政府的资源配置，推动企业成为研究开发和科技投入的主体，培育一批具有自主知识产权的高新技术企业，支持跨国公司制造业升级并本土化，不断强化企业在全市区域创新体系中的主体地位。三是以产学研一体化为技术创新模式，大力发展高新技术产业。为了充分发挥科技创新对于经济发展的驱动作用，深圳在构建企业作为创新主体的同时，积极支持产学研一体化、贯通化，扶持高新技术产业及战略性新兴产业大发展。深圳自主创新成为经济增长的内生动力。四是着力加强科技人才管理。为了发挥人才第一资源作用，打造创新型人才高地，深圳切实加强科技人才的开发、引进、使用和服务，为科技人才创造良好的工作条件，加大对创新人才的培训力度，建立健全科技创新成果评价体系和创新激励机制，从物质和精神两方面对科技人员进行激励。五是从宏观上组织领导区域创新体系建设。为了保障企业主体地位以及技术创新模式和高新技术产业的整体有序发展，深圳从宏观上组织调控区域创新体系建设，为创新型城市构建起系统的体制环境。深圳政府通过组织主导全市的区域创新体系建设工作,使得深圳逐步构建起以市场为导向、以产业化为目的、以企业为主体、以人才为核心、以公共研发体系为平台,科技与金融连接紧密,创新创业人文氛围比较浓厚,辐射周边、拓展海内外、官产学研资介相结合的区域创新体系。六是着力改善科技研发管理,不断提高科技自主创新能力。为了弥补深圳科技基础薄弱,增强核心技术攻关能力,以更多更好的科技研发成果支撑创新型城市建设,深圳长期以来狠抓科技研发管理,不断改进科技计划项目管理办法,不断加大财政支持科技研发力度。

3. 高科技产业创新发展

改革开放几十载,深圳高新技术产业从无到有成长起来,自党的十八大以来,深圳高科技获得了较快速度的发展,已成为推动深圳经济增长的第一支柱产业。目前,深圳市高新技术企业主要从事电子信息、新材料及新能源、光机电一体化、生物技术、环保等领域的高新技术及其产品的研发、生产和销售或者技术服务,其产品技术在国内处于先进水平。目前,深圳拥有华为、中兴、比亚迪、迈瑞、腾讯等一批具有国际竞争力的龙头企业以及一大批高成长性的创新型中小企业。经过 40 多年的发展,深圳建立了相对完整的高新技术产业体系。尤其是在 IT 领域,从集成电路设计、制造到集成电路的封装,从集成电路大规模的应用到大型行业软件的开发,都具有完整的产业体系。然而,虽然深圳大多数企业颇具规模,但由于核心技术仍掌握在国外厂商手里,深圳高新技术产业核心竞争力明显不足。许多核心技术及产品主要依赖进口,不仅技术上受制于人,国家信息安全也面临潜在威胁。

(三)践行新思想启示

近年来,深圳把学习贯彻习近平新时代中国特色社会主义思想和党的十九大精神作为头等大事和首要政治任务,全面落实习近平总书记的重要讲话和对深圳的重要批示指示精神,坚持稳中求进的工作总基调,践行高质量发展要求,全面推动改革开放创新。加快建设现代化、国际化创新型城市,推动经济社会发展,深圳取得了新的成绩。在践行新思想方面,主要有以下几方面经验:

1. 前瞻性部署科技创新战略

在习近平思想指引下,面对世界科技创新浪潮的冲击,深圳及时调整发展思路，科学部署促进科技创新战略，合理制定与修订科技创新的战略举措，鼓励社会资源向创新发展汇聚。近年来，深圳以战略管理作为关键性枢纽，全面带动了思想观念创新、发展模式创新、体制机制创新、对外开放创新、企业管理创新和城市管理创新。

2. 率先发挥市场的决定性作用

科学技术必须面向经济建设，这是科学技术发展的战略方针。创新管理的立足点是发展生产，深圳突破传统科技计划体制的制约，充分发挥市场的决定性作用，面向市场积极实施自主创新，通过产学研合作的方式实现创新的目标，突破了传统上从科研院所科研成果到企业应用转移的成果转化模式。

3. 积极发挥政府的公共保障作用

深圳在发挥市场作用的同时，加强宏观服务的保障作用。深圳积极发挥政府对于科技创新的公共保障服务作用。政府应积极作为，科学部署，实施公共科技经费资助政策，为创新主体的科技创新提供良好的保障条件，切实当好区域创新的“公共服务员”。深圳政府选择了符合市场经济规律、科技进步和创新规律要求的创新管理模式，有效保障了深圳创新型城市建设的成功实践探索。

4. 不断提高系统化科技管理水平

现代科学技术体系各学科领域的划分和专业技术分工越来越细，专业研究越来越深入，不同学科领域内容互相渗透，许多前沿核心科技研发项目需要综合运用各种学科的知识，需要区域创新体系的环境支撑。按照科技创新的发展趋势，在创新型城市的创新管理中，关键是要动员和组织更多创新主体进行创新，整合多层次的因素协调运作，把建立在多主体、多专业领域基础上的科技创新活动有机地结合起来，形成有序的系统。深圳在强化企业主体地位、构建产学研一体化模式和完善高新技术产业链的基础上，紧密结合自主创新的需要，大力建设高新技术公共平台，培育科技孵化体系，完善自主创新配套服务体系，推动区域创新体系不断完善、优化。

三、未来改革

（一）科技政策的未来改革

深圳科技政策发挥了巨大作用，但相对于世界新科技革命挑战的要求而言，还存在一些有待解决的问题：一是深圳科技政策覆盖面比较狭窄，还不能很好地满足世界新科技革命与经济社会相互融合的新要求；二是科技政策的公共性运行方面存在不足；三是国家创新型城市治理体系存在不足。

作为中国特色社会主义先行示范城市，深圳科技政策实践探索的成功经验将不仅对深圳本身具有巨大价值，而且对于其他省市建设也会具有重要借鉴意义。深圳必须牢牢把握世界新科技革命的特点和规律，不断完善科技政策，更好地促进科技进步与创新。

首先，应注重完善科技政策理念，提高科技政策体系总体设计水平。突破狭隘的科技政策理念，既注重促进科技创新与经济发展的政策设计，又重视促进科技创新与社会民生发展等方面的政策设计，还着力于回应科技政策形成过程内在的复杂性挑战。发展完善科技政策理念，有助于自觉提高科技政策体系总体设计水平。

其次，应着力完善重点领域科技政策内容，促进创新型城市经济社会全面发展。完善促进科技创新与经济发展的科技规划，进一步制定和完善支撑战略性新兴产业发展的前沿科技研究计划，加大财政投入，重视促进“互联网＋”和大数据领域包括大数据在军工领域应用的政策设计，调整充实经济商业领域的科技政策内容。

再次，应大力改进科技政策的外部运行框架，提高区域创新治理体系水平。当前，深圳还要按照中央关于加强协同创新的重大部署，大力改进和完善区域协同创新体系，支持引导各主体、各领域、各方面积极开展协同创新。建议以新型研发机构建设作为重要抓手，打破创新“瓶颈”，深入推进协同创新，形成更为完善的区域创新体系。

最后，还应大力改进科技政策的内部运行框架，深化国家创新型治理体系建设。大力解决科技政策主体的参与不足问题、科技政策形成的民主机制不完善问题，大力改进科技政策的执行、监督和评估制度。

（二）创新管理的未来改革

创新管理方面的问题主要体现在以下几个方面：高端科研资源不足；基础研究和应用研究能力不足；科技投入结构缺陷；科技宏观管理体制不合理；产学研合作机制有待健全完善；科研激励机制缺陷。此外，科学精神和科学方法不足也是创新管理值得重视的一个问题。建设创新城市还要大力提高市民科学素质。当前，全体市民尤其是一些企业管理人员、党政干部的科学精神不够，心态浮躁，不懂得或不重视科学方法，弘扬科学精神、普及科学知识、传播科学思想和科学方法的任务仍然长期而艰巨。

一是加强核心技术创新管理。深圳自主创新正处于源头创新的突破阶段，为了大力推进核心技术攻关和原始创新，政府应采取有助于创新的管理措施。以未来市场的潜在需求作为战略导向，以企业、大学、研究机构的实验室或工程（技术）中心作为创新核心载体，以政府作为关键性主导力量，以科技预见作为引领，以多学科交叉研究与新兴学科研究作为主要路径，以产学研合作作为攻关主要平台，完善高端创新人才引进管理。

二是深化开放式创新管理。创新主体仅仅依靠内部资源进行复杂化、高成本的创新活动，已经难以适应快速发展的创新需求以及日益激烈的市场竞争，开放式创新逐渐成为科技创新的主导模式。深圳应深化开放式创新管理，大力均衡协调内部和外部的资源进行创新。促进创新国际化，深化协同创新管理。

三是加强创新集群和产学研战略联盟建设与管理。创新集群是指在某一产业领域内，一组创新型企业和关联机构，为了实现创新的目的而趋于集聚并根植于某一特定地域所形成的一种地方性成簇组织。目前，深圳产业集群缺乏内生的核心技术、持续竞争力不强、创新环境有待提高，因此，深圳应采取措施促进产业集群向创新集群转变。

四是改进重大科技项目管理的内部运行框架。完善重大科技项目管理的实施体系，完善重大科技计划组织管理模式，完善重大科技项目经费管理模式，坚持从实际出发，体现多样化原则，实行分类管理。以监督体系的设计、监督制度的建立和监督系统的建设为基础，完善经费监督管理体系；建立健全科技信用管理制度，优化政府科技行政监督机制，引入现代项目管理模式，建立项目评估机制，设立“科技特邀监督员”监督机制，强化项目实施的监督及全过程管理。

五是完善知识产权制度和科技传播体系。完善知识产权制度，进行科学合理的制度规定，制定合理的知识产权利益分配原则；支持鼓励企业提高发明专利授权量，在专利法及其实施细则修改过程中，适当调整发明专利授权标准。改善知识产权实施机制，强化行政执法保护与司法保护的协调运作机制。建立知识产权涉外应对和维权援助机制，建立知识产权预警机制，监测和发布重点行业、重点企业和重点技术领域的境外知识产权状况、发展趋势和竞争态势。建立健全知识产权交易平台制度，不断改善创新管理的产权制度机制条件。

（三）高科技产业创新发展的未来改革

高科技产业发展目前存在的问题：第一，高新技术产业研发投入力度不够强。按国际通行标准，研发投入强度达到5%以上才具有竞争力。深圳的通信设备、计算机及其他电子设备制造业等主要高新技术产业的研发投入强度低于国际标准，不利于形成产业核心竞争力。第二，科技人员结构不合理。对在基础研究和应用研究、关键核心技术攻关中有突出贡献的人员的激励不够大，也严重限制了一些科研人员的积极性。高房价、高生活费用造成不同层次的科技人才都出现了紧缺现象。第三，关键技术攻关能力薄弱。尽管近年来深圳加大了对源头创新载体和科研项目的支持力度，但仍然存在核心技术欠缺、基础研发落后、关键领域自主创新能力不足等问题。深圳高新技术企业大多仍然处于国际产业链的低端环节，生产和销售一些低附加值的组装产品。第四，产学研弱结合。深圳高新技术企业虽然形成了一定规模的创新资源集聚，但企业的研发大多属于孤军深入，缺乏有力支撑，企业之间没有在专业化分工基础上形成良好的创新互动网络。以企业为主体的产学研合作，虽然在一定程度上促进了技术创新与价值创造的相互融合，但对于深圳高新技术产业自主创新推进所需的技术支撑来说，还远远不够。产学研平台的国际化进程还需大力推进。第五，高新技术产业的金融支持不足。第六，缺乏创新平台支持。深圳在支持企业技术创新上出台了一系列政策法规，为企业技术创新营造了良好的环境。然而，很多科技中介机构存在主营业务严重欠缺、同质竞争严重、缺乏高端服务平台等问题，这些问题严重影响了深圳高新技术产业核心竞争力的形成。

高科技产业创新发展的未来改革的对策建议：深圳应在发展壮大以电子信息业为主导的高新技术产业的同时，积极培育和发展新一代信息技术、新一代互联网、生物医药、新材料、新能源等高新技术产业群，大力打造以自主创新为特征的国家综合性高技术产业基地。

深圳是全球重要的IT产业基地。未来深圳新一代信息技术的主攻方向是使IT产业往研发和服务方向发展。深圳应进一步加强信息基础设施建设，完善互联网产业公共服务体系、信用服务体系和投融资体系，加快打造互联网产业新优势。生物医药产业是全球新兴的高技术产业领域，深圳未来要围绕生物医药产业发展的重点，发挥深圳在基因组学、生物治疗等领域的基础科研领先优势，提升生物医药产业源头创新能力，打造具有国际竞争力的生物医药产业体系。新材料是带动传统产业升级的重要力量，新材料技术的研发水平及其产业化发展规模，将直接决定深圳高新技术产业未来发展与转型升级。目前，深圳新材料产业问题较多，缺少核心竞争力，深圳应结合新材料中小企业集群的特点，一方面拓展自身的核心技术，另一方面提高研发能力，研发创新的新专利。此外，还应加大资金支持，构建产业发展的创新平台。新能源产业主要是源于新能源的发现和应用。深圳的新能源产业发展面临很大的不确定性，技术路线多样、市场需求多变、基础设施和服务体系不完善等因素严重制约了产业发展。针对新能源产业发展，深圳应加大政府扶持力度，支持企业（行业协会）参与制定行业标准和技术规范，完善行业标准，引领行业发展。

提升深圳高新技术产业核心竞争力：首先是培育创新主体的多元性。其次是提高知识技术的原创性。源头创新不足是制约深圳高新技术产业发展的一大“瓶颈”，尤其是生物、新能源、互联网等战略性新兴产业的发展壮大离不开基础性、原创性的研发支持和前瞻性引领，原创性的知识技术在提升产业核心竞争力的过程中具有重要作用。最后是增强制度创新的系统性。政策制定者仅仅依靠技术和创新政策是不够的，必须建立一种恰当的制度环境，使技术和创新政策能够得到其他政策的补充。

产业核心竞争力主要通过创新来提升，创新主体、知识技术以及制度变革是构成产业创新系统的基本要素。因此，加强创新主体建设、加强人才队伍建设、优化创新创业政策环境等政策措施将有利于提升深圳高新技术产业核心竞争力。

加强高新技术的创新主体建设包括：一是必须加强企业创新的基础设施建设。深圳市政府要根据产业发展重点，通过创新基础条件建设，加强企业研发机构建设，形成一批布局合理、对产业技术发展具有重要影响力和支撑作用的企业技术中心。二是必须提升科研院所、高等院校的创新能力。要整合科研院所、高等院校的创新资源，完善基础研究、应用研究平台，加强跨校研究中心、跨学科交叉研究机构建设，增强科研院所和高等院校创新人才培养能力、基础研究和前沿技术创新能力。大力推进企业与科研院所、专业促进机构的协同创新，促进研发机构与其他创新主体在更高层次上的科研合作，促进产业发展。鼓励高校、科研院所面向优势产业开展关键和共性技术研究、应用基础研究和高新技术应用研究，鼓励企业与高校、科研院所共建一批面向市场的开放式实验室，实现资源与信息共享，建立与产业、经济紧密结合的技术研发和成果转化机制，提升科研院所、高等院校服务高新技术产业发展需求的能力。三是必须增强科技中介机构创新服务能力。加强科技中介机构技术服务能力建设，引导科技中介服务机构向功能社会化、组织网络化、服务专业化方向发展。鼓励科技中介机构创新服务方式，应用现代科学技术推动业务向产品设计、技术集成、工艺配套等领域拓展，提升服务设备水平，培养高水平人才和从业人员。四是必须深化以企业为主体的产学研合作。充分发挥政府科技创新资源在引导产学研合作、促进科技创新战略联盟形成过程中的积极作用，大力引导企业和高校、科研院所结成产业技术创新战略联盟，完善产学研联盟机制，积极探索以企业为主体的产学研合作有效模式。鼓励企业与上下游企业、行业协会以及高等院校和科研院所共建产业共性技术创新平台，增强由企业主导的产业技术创新战略联盟的组织技术创新合作、创新平台建设以及技术转移扩散等能力。鼓励企业牵头组织科研院所和高等院校共同承担国家科技计划项目，探索企业选题、共同研发的新模式，通过产学研互动，提高核心技术产出效益。

同时，加强高新技术产业人才队伍建设还需完善高新技术人才管理体制。一是完善高新技术人才激励机制和政策，理顺分配关系，改进高新技术人才评价体系。建立企业、高校、科研院所人才交流和共同培育机制。企业应积极依托大型企业、博士后工作站以及各类创业中心、科技园区的培训资源，建立高层次企业经营管理人才、高级专业技术人才的培训和实践基地。二是完善高新技术人才引进培育政策。通过重点、特殊人才专项经费的支持，引进一批高层次科技创新领军人才和研发团体。加快建设海外高层次人才创新创业基地，贯彻落实“千人计划”、“孔雀计划”等引才引智计划，加强科技创新领军人才队伍建设。以科技计划和重大工程为平台，建设一批工程创新实训基地，实施专业技术人才知识更新工程，加快培养产业创新紧缺人才。以服务科研开发为目标，培养一批了解产业科技前沿和市场需求的信息分析专门人才，加强创新创业服务人才队伍建设。继续大力弘扬企业家精神，切实维护企业家的各项合法权益，强化企业家作为自主创新活动的核心地位，吸引和培育更多具有创新精神、创新意识的企业家，使深圳真正成为创业者的乐园。

此外，优化高新技术创新创业政策环境还需优化高新技术产业投融资环境。认真贯彻落实国家有关促进企业科技进步的优惠政策和措施，建立和完善财政引导、企业主体、金融支持、社会各界参与的多形式、多层次的技术创新投入机制，促进科技资源的优化配置和高效利用。一是推进高新技术产业知识产权服务。在知识经济发展全球化、信息化、专业化阶段，深圳要以全球视野加强科技计划的知识产权前瞻布局，大力实施知识产权与标准化战略，优化科技项目知识产权全过程管理，建立对技术转移的激励机制，落实完善政府资助开发的科研成果授权和利益分享机制，明确政府财政性资金形成的科技成果转移方式和转移后的奖励分成比例。探索知识产权质押融资新模式，探索建立前海科技银行。构建国际技术产权交易、知识产权运营平台，提高技术转移水平，奠定知识产权流动基础，为知识产权产业化提供市场化、国际化和专业化服务。二是加强高新技术创新资源有效整合。整合创新资源配置，促进创新资源有效共享，深化跨部门、跨行业开放合作。提升高新技术科技合作国际化水平，加大引进国际科技创新资源的力度，积极开展全方位、多层次、高水平的科技国际合作。三是加快高新技术产业集群的转型升级。围绕深圳战略性新兴产业创新集群，加快实现由产业集聚和生产基地向人才集聚和创新基地转变，通过促进结构优化提升产业层次，通过引进新型研究机构提升创新能级，通过实施知识产权与标准化战略提升企业核心竞争力，通过形成战略性新兴产业集群提升科技产业整体实力，通过推进城市更新提升园区产业承载力，通过挖掘存量资源提升园区可持续发展能力。

参考文献

[1]陶一桃、魏建漳等著：《深圳改革创新之路（1978－2018）》，中国社会科学出版社2018年版。

[2]王苏生、陈搏等著：《深圳科技创新之路》，中国社会科学出版社2018年版。

[3]深圳创新驱动发展研究课题组:《深圳市创新驱动发展模式、路径及对策研究》,2013年。

[4]辜胜阻、杨嵋、庄芹芹:《创新驱动发展战略中建设创新型城市的战略思考——基于深圳创新发展模式的经验启示》,《中国科技论坛》,2016 年第 9 期,第 31—37 页。

[5]胡彩梅、郭万达:《深圳转型升级和创新驱动:分析与借鉴》,《开放导报》,2015 年第 5 期,第 23—28 页。

[6]吴优、李文江、丁华、左新兵:《创新驱动发展评价指标体系构建》,《开放导报》,2014 年第 4 期,第 88—92 页。

[7]廖娟、付丙海、崔有祥等:《基于三螺旋理论的区域协同创新效率评价研究》,《科技与经济》,2015 年第 3 期,第 31—35 页。

[8]刘凤朝、冯婷婷:《国家创新能力形成的系统动力学模型及应用》,《科研管理》,2011 年第 8 期,第 17—25 页。

[9]程鹏、柳卸林:《对政府推进自主创新战略的一个评价》,《科学学与科学技术管理》,2010 年第 11 期,第 19—26 页。

[10]2012—2019 年深圳市人民政府工作报告, http://www.sz.gov.cn/zfbgt/zfgzbg/201803/t20180301_10805394.htm。

[11]刘晓朋:《习近平:加快实施创新驱动发展战略》,新华网,2014 年 8 月 18 日。

[12]杨亚澜、程宏毅:《深入理解新发展理念 习近平提出五个“着力”》,人民网—中国共产党新闻网,http://cpc.people.com.cn/n1/2019/0516/c164113-31088398.html,2019 年 5 月 16 日。

[13]何明:《习近平的创新观》,求是网,2018 年 8 月 10 日。

第四章　协调发展理念与深圳一体化建设

概　要:协调发展注重的是解决发展不平衡问题,要求发展过程更加体现全面性和整体性,更加体现平衡性特点和要求,更加体现可持续的目标和要求,主要体现在区域、城乡、物质文明和精神文明、经济建设和国防建设上的协调发展。深圳坚决贯彻落实协调发展理念,重点解决深圳区域协调发展、城乡协调发展,形成了具有深圳特色又可供借鉴的协调发展路径和做法,尤其在促进区域协调发展方面卓有成效。由于历史原因,深圳特区内外曾经发展极不平衡,为此,深圳市政府制订《深圳经济特区一体化发展总体思路和工作方案》,通过"三步走"计划,10年时间基本完成一体化的总体目标。基于深圳在发展过程中形成南重北轻、西密东疏的格局,深圳实施"东进、西协、南联、北拓、中优"协调发展战略,既深耕深圳区域协调发展,也携手周边共建世界级大都市圈。同时,深圳加大对贫困地区的帮扶,打造服务全国全省协调发展的先锋城市。成立深汕特别合作区,开创中国"飞地经济"发展模式,具有全国性的创新意义。《粤港澳大湾区发展规划纲要》、《中共中央　国务院关于支持深圳建设中国特色社会主义先行示范区的意见》,赋予了深圳尖兵、标杆、典范、示范区的定位和使命。新时代要有新担当,深圳在区域协调发展上还任重道远。在具体路径上,需推动深圳各区适度错位发展,加大深莞惠联动发展,完善、推广深汕特别合作"飞地模式",携手粤港澳大湾区城市共建世界级城市圈等。

在五大发展理念中,协调发展起着十分重要的作用,它是其他四大发展保持持续健康的内在要求和基本保障。党的十八届五中全会明确指出:"协调是持续健康发展的内在要求。必须牢牢把握中国特色社会主义事业的总体布局,正确处理发展中的重大关系，重点促进城乡区域协调发展，促进经济社会协调发展，促进新型工业化、信息化、城镇化、农业现代化同步发展，在增强国家硬实力的同时注重提升国家软实力，不断增强发展的整体性。”①

40 年高速发展，深圳从当年的小渔村变成今天的国际大都市，从当年开放的“窗口”、改革的“试验田”到今天中国特色社会主义先行示范区。但是，深圳同样面临着与全国一样的问题——发展的不平衡、不充分。为此，深圳认真贯彻学习习近平新时代中国特色社会主义思想，坚持协调发展理念，从自身发展特点入手，制定、探索了一条卓有成效的区域协调发展的路径和措施，促进深圳高质量一体化发展，加速粤港澳大湾区世界级城市群建设。

一、习近平协调发展思想和理念

（一）协调发展思想来源及发展

1. 马克思、恩格斯关于协调发展的思想

社会协调发展是马克思主义社会发展理论的重要组成部分，马克思和恩格斯主张在生产力发展基础上实现人、自然与社会的协调发展，其中，人的发展是社会协调发展的终极目的和最高价值取向。比如，马克思和恩格斯认识到了物质文明和精神文明需要协调发展。其中，物质生产是人生存和发展的基础，恩格斯曾高度评价了马克思这一伟大发现，“人们首先必须吃、喝、住、穿，然后才能从事政治、科学、艺术、宗教等”。另外，马克思认为，社会有机体是生产力和生产关系、经济基础和上层建筑的矛盾统一体，生产关系一定要与生产力的发展相协调，这是整个社会协调发展的基础。最后，恩格斯的“合力论”也极大地体现出协调发展的理念，历史的合力是由经济、政治、物质、精神等多种因素构成的，这些因素有机结合在一起，形成合力，促进社会的协调发展。总之，马克思、恩格斯极富创建性地论述了未来社会协调发展的思想，为我国协调发展的理念提供了坚实的理论根基。

2. 毛泽东关于协调发展的思想

毛泽东同志非常重视运用普遍联系的观点阐述社会主义建设规律，《论十大关系》就是毛泽东协调发展思想的鲜明体现。毛泽东认识到苏联片面发展重

---

① 《中国共产党第十八届中央委员会第五次全体会议公报》，人民出版社 2015 年版，第 6 页。

工业、忽视农业与轻工业发展的教训，强调农业、轻工业、重工业需要协调发展，并且进一步强调要处理好沿海与内地之间的经济关系，改变中国区域间发展的不平衡，促进区域之间的协调发展，处理好经济建设与国防建设之间的关系，兼顾个人、集体与国家之间的利益。

3. 中国特色社会主义理论体系中协调思想的发展

邓小平是改革开放的总设计师，提出了很多协调发展的理念。他创建性地提出了“让一部分地区先富起来”的理念，鼓励东部沿海地区利用国家的优惠政策及自身有利的条件先发展起来，然后通过辐射和示范作用带动中西部地区的发展，最终推动各地区协调发展，通过先富带后富，最终达到共同富裕。同时，邓小平还提出“两手抓，两手都要硬”、物质文明和精神文明“两手抓”的战略方针。“三个代表”重要思想强调，中国的发展必须是协调发展。鉴于东、西部区域发展的差距逐渐拉大，江泽民积极开展西部大开发战略，把缩小地区差距作为一项长期坚持的重要方针。胡锦涛同志提出“坚持以人为本，树立全面、协调、可持续的发展观，促进经济社会和人的全面发展”，他明确提出统筹五大关系，即“统筹城乡发展、统筹区域发展、统筹经济社会发展、统筹人与自然和谐发展、统筹国内发展和对外开放”。党的十八大以来，习近平更加强调“五位一体”总体布局的极端重要性，强调政治、经济、文化、社会、生态的协调发展，这是我们党对社会主义建设规律在实践和认识上不断深化的重要成果。面对“十三五”及今后相当长时期内我国经济发展进入以增长速度下调、增长方式转型、增长质量提升为特征的新常态，应积极推进协调发展战略，着力形成平衡发展结构，从推动区域协调发展、推动城乡协调发展、推动物质文明和精神文明协调发展、推动经济建设和国防建设融合发展四个方面展开。

（二）协调发展的实践要求

我国发展不协调是一个长期存在的问题，突出表现在区域、城乡、物质文明和精神文明、经济建设和国防建设等关系上。在经济发展水平落后的情况下，一段时间内的主要任务是要跑得快，但跑过一定路程后，就要注意调整关系，注重发展的整体效能，否则“木桶”效应就会愈加显现，一系列社会矛盾会不断加深。

目前地区之间发展水平的差距还比较大，仍然存在较大的优化空间；资源要素错配的情形依然存在，亟待消除；区域间同质化竞争依然存在，区域分工须进一步深化；发展高质量的开放型经济，需要提升各地参与全球价值链分工的程度；等等。破解这些难题，需要我们在注重统筹协调、促进国内空间优化、挖掘区域经济潜力上下功夫，在打造要素有序自由流动、主体功能约束有效、基本公共服务均等、资源环境可承载的区域发展新格局上做工作，用新思路、新办法推动区域协调发展。

城乡发展长期存在二元结构，差距明显，有的地方“城市像欧洲，农村像非洲”。20 世纪 80 年代中期，随着改革重点向城市转移，城乡差距开始逐渐扩大。2009 年城乡居民人均收入比为 3.33∶1，差距明显。城乡公共品供给高度失衡，基础设施建设和社会发展中的不公平问题尤其突出。农村教育文化经费支出和水平远远不如城市。从公共卫生看，投入的 80%集中在城市，其中 80%集中在大医院，而在县、乡、村三级农村公共卫生方面的投入严重短缺。农业、农村、农民在权益保护、发展机会和发展成果的分享上，往往处于被歧视的地位。

改革开放以来，我国经济快速发展，社会建设比较滞后，出现“一条腿长，一条腿短”的问题。在经济发展水平不高的情况下，集中精力把经济搞上去是必要的，但在经济总量做大以后，则要注意经济与社会之间的平衡，否则就会出现“中等收入陷阱”、“阿喀琉斯之踵”等病灶，引发一系列社会矛盾。这就要求在经济发展的同时，应投入更多的精力和资源做好教育、就业、社会保障、医疗和公共卫生、环境保护等工作，解决人民最关心、最直接、最现实的利益问题，让全体人民共享发展成果。[①] 邓小平同志早就提出“两手抓，两手都要硬”，但实际上物质文明抓得比较硬、精神文明抓得比较软的现象还在一定程度上存在。过去很长一段时间把 GDP 增长作为硬指标，把丰富人们精神世界作为软约束，在发展中只注重提升经济实力，忽视思想文化建设和社会文明程度提高。另外，经济建设和国防建设也存在不协调，军民融合程度低。

基于中国目前的这些重要问题和重大关系，党的十八大以来将协调发展作为指导经济社会发展全局的重要方法。发展协调性的增强将为我国开拓新的

---

① 任理轩：《坚持协调发展——“五大发展理念”解读之二》，《人民日报》，2015 年 12 月 21 日。

发展空间、注入新的发展动力。①

(三)协调发展的内涵特征

协调是持续健康发展的内在要求,注重的是解决发展不平衡问题。协调发展需要统筹推进“五位一体”总体布局、协调推进“四个全面”战略布局,正确处理发展中的重大关系,不断增强发展的整体性。协调发展理念与其他四大发展理念一样,是我国经济发展新常态背景下具有引领性的重要发展理念,内涵丰富、意义重大。习近平总书记在 2019 年《求是》杂志上发表重要文章《深入理解新发展理念》,再次强调:“协调既是发展手段,又是发展目标,同时还是评价发展的标准和尺度。协调不是搞平均主义,而是更注重发展机会公平、更注重资源配置均衡。下好‘十三五’时期发展的全国一盘棋,协调发展是制胜要诀。善于‘弹钢琴’,处理好局部和全局、当前和长远、重点和非重点的关系,在权衡利弊中趋利避害,作出最为有利的战略抉择。”协调发展必须处理好一系列重大的关系,至少体现了如下几方面的科学内涵:

1. 协调发展要求发展过程更加体现全面性和整体性

“不谋全局者,不足谋一域”,协调发展始终要求在发展的认识、推动和协调过程中贯穿全面性和整体性。协调发展必须明确“五位一体”总体布局是一个有机整体,“五大建设”之间互为支撑和保障,如果有所偏废,则会造成短板或强化原有短板,造成发展失衡、发展进程受阻。今天我们的协调发展就是要找出短板,在补齐短板上多用力,通过补齐短板挖掘发展潜力、增强发展后劲。

2. 协调发展要求发展过程更加体现平衡性特点和要求

中国的发展必须立足社会主义初级阶段基本国情,处理好发展中的各类平衡和关系问题,做到“两点论”和“重点论”相统一。正如习近平总书记所要求的,“善于‘弹钢琴’,处理好局部和全局、当前和长远、重点和非重点的关系,在权衡利弊中趋利避害,作出最为有利的战略抉择”。各地实际情况不同,优势和问题各异,需要运用辩证思维指导工作,既突出重点,也统筹兼顾,实事求是、因地制宜地把协调发展理念落到实处,才能取得实实在在的发展成果。

3. 协调发展要求发展过程更加体现可持续的目标和要求

① 《五大发展理念——创新　协调　绿色　开放　共享》,中共中央党校出版社 2016 年版,第 142 页。

中国实现崛起和现代化任务的长期性和艰巨性，从一开始就决定了中国的发展必须强调协调和可持续性，这就必须坚持以更长的时间维度和更广阔的空间维度进行规划，充分考虑当下与未来收益的最优化，综合规划各产业、各部门和各区域的发展蓝图。协调发展并不是部分产业、部门和区域在短时间内的退让和妥协，而应形成一种共同发展、全面发展、可持续发展的局面，从而获得长远的发展动力，避免再一次失衡的发生。①

(四)协调发展的主要方面

习近平总书记在党的十八届五中全会上指出，协调发展注重的是解决发展不平衡问题。我国发展不协调是一个长期存在的问题，突出表现在区域、城乡、物质文明和精神文明、经济建设和国防建设等关系上。我们必须牢牢把握中国特色社会主义事业总体布局，正确处理发展中的重大关系，不断增强发展整体性。② 新时期的协调发展主要处理以下几个方面：

1. 区域协调发展

实现区域协调发展，事关经济发展和社会稳定大局。区域经济发展不仅影响国民经济总量，也影响国民经济结构；不仅影响国民经济整体效率，也影响社会发展公平性；不仅影响经济社会发展，也影响人与自然关系。推动区域协调发展，不仅是全面建成小康社会的内在要求，更是增强发展动力的基础条件，对于实现新常态下的更好发展具有重大意义。十八大以来，党中央高度重视不同区域之间的协调发展，出台了一系列区域发展战略，有西部开发、东北振兴、中部崛起和东部率先的区域发展总体战略，还有“一带一路”建设、京津冀协同发展、长江经济带建设三大区域发展战略。党的十八大把“区域协调发展机制基本形成”作为到2020年全面建成小康社会的重要目标之一。“十三五”规划纲要提出，以区域发展总体战略为基础，形成沿海沿江沿线经济带为主的纵向横向经济轴带。这些都为区域协调发展的理论和实践赋予了新内涵、注入了新活力。

2. 城乡协调发展

---

① 权衡：《协调发展理念的丰富内涵与重大意义》，人民论坛网，http://www.rmlt.com.cn/2017/0731/486496.shtml，2017年7月31日。

② 习近平：《在党的十八届五中全会第二次全体会议上的讲话(节选)》，《求是》，2016年第1期。

城乡发展的不平衡和农业农村发展的不充分问题成为我国亟待解决的矛盾之一。党中央基于城乡发展的现实，早在本世纪初就着手对城乡关系做出重大调整。2002 年，党的十六大提出统筹城乡发展；2007 年，党的十七大提出城乡一体化；2012 年，党的十八大后城乡发展一体化成为党和国家的工作重心之一，指出“城乡发展一体化是解决‘三农’问题的根本途径”；2015 年，十八届五中全会要求“推动城乡协调发展，健全城乡发展一体化体制机制，健全农村基础设施投入长效机制，推动城镇公共服务向农村延伸，提高社会主义新农村建设水平”；2017 年，党的十九大明确提出建立健全城乡融合发展的体制机制和政策体系。从统筹城乡发展，到城乡发展一体化，再到城乡融合发展，本质上是一脉相承的，但是从内容上体现出党中央对于构建新型城乡关系的思路不断升华。习近平总书记还提出以“工业化、城市化、市场化”带动“三农”，实现城乡共繁荣，推进以人为核心的城镇化，推动城镇化和农业现代化相互协调，推动公共资源均衡配置和城乡要素平等交换，破除城乡二元结构的藩篱。

3. 物质文明和精神文明协调发展

当前，在增强以经济科技为核心的国家硬实力的同时，还要注重提升以精神文明建设引领的国家软实力，不断增强发展的整体性。党的十九大报告指出，中国特色社会主义新时代的主要矛盾是人民日益增长的美好生活需要和不平衡、不充分的发展之间的矛盾。这意味着当代中国在从站起来、富起来向强起来的转换中，中国人民的需求也在发生深刻变化，已经由主要满足物质需求转化为主要满足精神需求。正如习近平总书记所说，满足人民过上美好生活的新期待，必须提供丰富的精神食粮。

4. 经济建设和国防建设融合发展

实现中华民族的伟大复兴，既是强国梦，也是强军梦。要实现中华民族伟大复兴，必须坚持富国和强军相统一，努力建设巩固国防和强大军队。需要把国防建设深深根植于国家经济社会母体，加快形成全要素、多领域、高效益的军民深度融合发展格局，既使国防建设从经济建设、社会建设中获得更加深厚的物质支撑和发展后劲，也使经济建设、社会建设从国防建设中获得更加有力的安全保障和技术支持。

二、深圳在协调发展方面的做法以及成就

深圳全面贯彻落实“五大发展理念”，学习贯彻习近平总书记视察广东、深圳时的重要讲话精神，认真学习领会习近平总书记关于提高发展平衡性和协调性的重要论述，全面推动实现高质量特区一体化发展，携手周边共建世界级大都市圈。

本章主要详述深圳区域协调发展、城乡协调发展，深圳社会建设发展、文化精神发展在后面有专门的章节详述，经济建设和国防建设融合发展更多地体现在国家战略和规划上。

深圳区域协调发展、城乡协调发展主要包含三层含义：一是实现城市内部不同片区之间的协调发展，如原特区内与原特区外、东部片区与西部片区等；二是积极参与粤港澳大湾区建设，进一步加强与港、澳以及其他周边城市的联动和协调，共建世界级城市群；三是先富帮后富、同步奔小康，充分发挥引领示范、辐射带动作用，打造服务全国全省协调发展的先锋城市。

(一)深圳特区内、特区外一体化协调发展

40 年前，作为经济特区的深圳被边防管理线一分为二。一条“二线关”横穿深圳东西，从此盐田、福田、南山和罗湖属于特区内，而宝安、龙岗两区则变成了特区外。“二线关”在一定时期内曾发挥了重要作用，但随着经济社会的不断发展，由“二线”产生“关内”、“关外”之分，关内外经济的显著差异在生活实际中日益体现。在产业布局上，形成“二元经济”。关内是高端产业聚集，如金融、服务和高科技等；关外则以加工产业为主，属于劳动密集型，关外每平方公里的产值是关内的 1/5。从消费角度，关内房价也远高于关外。比如在布吉关关口内外，关外的二手房价格在 1.8 万元/平方米左右，关内则在 2.6 万元/平方米左右，位置上也只是 500 米的距离。从管理角度，“一市两法”的管理也体现出来，比如闯红灯，关外罚款 200 元，关内罚款 500 元。消防条例、土地管理条例以及一些抵押贷款条例等也有不同的地方。从社会保障角度，关内最低工资标准是每月 1 000 元，关外是每月 900 元。在基础市政设施和公共服务等方面，也都存在很大差距。一些深圳市民去关外办事，交通往往令人十分头疼，去的时候关内“红的”(红色出租车)师傅不熟悉关外的路况，回来的时候“绿的”(绿色出租车)

又不能进关内，必须打车到关口换上“红的”。可以说，特区内是高楼林立的现代城市，特区外则是非城非村的大工地。曾经流传“关内是欧洲，关外是非洲”的说法，更是道出了特区内外的显著差异。这些严重地阻碍了深圳市的整体协调发展。

2010 年 5 月，国务院批复深圳经济特区扩大到深圳全市，这直接加快了深圳特区内外一体化的速度。深圳经济特区的面积也由罗湖、福田、南山和盐田四区共 300 多平方公里，扩大到包括宝安、龙岗等在内的近 2 000 平方公里，深圳进入大特区时代。

虽然“二线关”已撤，但多年来形成的关内关外发展的不平衡、不协调，并不会随着一纸“撤关”就消失。为此，深圳市高度重视，以此为契机，实施深圳全市统一的城乡规划建设管理，进一步优化城市功能布局，完善交通基础设施，推进节约集约用地，强化环境保护和生态建设，有序提升公共产品和服务供给水平，实现更高质量的城市协调发展。2010 年 7 月，深圳市政府发布《深圳经济特区一体化发展总体思路和工作方案》，计划用 10 年时间基本完成一体化的总体目标。一体化实行“三步走”的计划。

第一步，当年初见成效。完成特区法规、规章的清理和发布，基本实现全市法规政策的一体化；完成国民经济和社会发展总体规划、城市规划和土地规划的调整及编制；主要关口交通堵塞得到有效疏导，部分地区“乘车难”有所缓解；加快推进原特区外地区交通路网、排污管网、环境卫生等基础设施建设，以及教育、卫生、文体等公用设施建设；实施全市统一的最低工资标准，完成全市数字电视的整体转换等工作，力争让广大市民感受到特区扩大带来的新变化。

第二步，5 年根本改观。理顺管理体制，初步实现城市管理、环境保护和基本公共服务的一体化；在原特区外地区完成一批重点基础设施和教育、卫生、文化等公用设施建设；形成比较完善的公共交通网络和初具规模的轨道交通网络；完成部分旧工业区、旧生活区的改造，城市面貌和市容环境有明显改善；排污管网和污水处理设施基本建成，环卫设施比较完善，环境保护和生态建设得到加强；“四大新城”初具规模，产业结构、人口结构不断优化，社会治安明显改善。

第三步，10 年基本完成。基本实现特区一体化的总体目标；原特区外地区的经济社会发展水平和城市建设管理水平基本达到全市平均水平，部分地区甚至超过全市平均水平；成为重要的先进制造业基地，高新技术产业聚集地，现代化综合交通枢纽和物流基地，环境优美、设施齐备、治安良好的现代化城区，以及主要的生态保护区。

《深圳经济特区一体化发展总体思路和工作方案》明确从六大方面落实特区一体化，要实现“六个一体化”，即法规政策一体化、规划布局一体化、基础设施一体化、城市管理一体化、环境保护一体化、基本公共服务一体化，还详细规定了近期需要完成的重点工作，各部门的分工也非常具体，制订了全面的专项方案，如《深圳市基础设施建设一体化方案》、《深圳市社会事业一体化发展方案》、《深圳市工业一体化布局和结构调整方案》、《深圳市公共交通一体化方案》、《深圳市环境保护和生态建设一体化方案》等 19 个专项。

两个月后，即 2010 年 12 月，深圳市政府编制并实施《深圳经济特区一体化建设三年实施计划(2010—2012 年)》，细化目标。这是经济特区一体化建设打基础的关键阶段，重点是加快基础设施建设、理顺相关管理体制、推进环境保护和基本公共服务的一体化。具体内容包括：在原经济特区外地区完成一批重点基础设施和教育、卫生、文体等公用设施建设；形成比较完善的公共交通网络；启动对部分旧工业区、旧生活区的改造，城市面貌和市容环境有较大改善；配套雨污管网、污水处理和污泥处置设施初步建成，环卫设施比较完善，环境保护和生态建设得到加强；“四大新城”和一体化先行示范区建设初具规模，产业结构和人口结构不断优化，社会治安明显改善。

三年后，推动法规政策一体化顺利实施，规划布局、城市管理、环境保护、基本公共服务等一体化水平大幅提升，原特区外地区基础设施大幅改善，市容市貌发生巨大变化，圆满完成了第一个三年实施计划所确定的主要目标和任务，特区一体化建设取得明显成效。在此基础上，2013 年 10 月，深圳市政府编制并实施第二个三年计划——《深圳经济特区一体化建设三年实施计划(2013—2015 年)》，并强调这个阶段三个突出的基本原则：一是突出一体化发展质量，坚持以深圳质量引领特区一体化发展，统筹协调政治、经济、文化、社会和生态文明建设，推动原特区外地区经济发展方式转变。二是突出一体化实施重点，以加强基础设施和基本公共服务等薄弱环节为切入点，继续完善原特区外城市功能，提升城市面貌，优化空间布局，基本形成与现代化城市目标定位相适应的城市发展新框架。三是突出一体化机制创新，继续加大重点领域和关键环节改革力度，形成有利于特区一体化的体制基础、利益导向、政策体系和强大动力，全面消除特区一体化发展的体制机制障碍，全面实现全市发展的“一盘棋”。

2015 年 10 月，党的十八届五中全会明确指出：“协调是持续健康发展的内在要求。”在五大发展理念中，协调发展起着十分重要的作用，它是其他四大发展保持持续健康的内在要求和基本保障。深圳坚定不移地贯彻创新、协调、绿色、开放、共享的新发展理念，以协调发展理念加快推动深圳经济特区一体化协调发展。2017 年 2 月，深圳市政府六届六十九次常务会议通过《深圳经济特区一体化建设攻坚计划（2017－2020 年）》，这是特区一体化建设的第三个三年计划。深圳在计划的制订中根据宏观形势变化和深圳自身发展特点，对有关的目标、部署和要求做了调校，紧密贴合深圳的突出优势和薄弱环节，着力于“补短板、促均衡、强管理、惠民生、保安全”，展现了特区在谋发展、抓落实方面的不俗能力。推进特区一体化，是一项庞大而且精细的综合性、系统性工程，在最后的攻坚阶段，深圳必须紧紧围绕落实“五位一体”总体布局和“四个全面”战略布局，从供给侧发力，进一步加大政策、资源等向原特区外地区的倾斜力度，加快提升原特区外地区城市建设软硬件水平，确保 2020 年基本实现特区一体化目标的顺利达成。[①] 2018 年 1 月，国务院正式同意撤销特区管理线。经过多年的深圳特区一体化发展，“二线关”已渐渐看不到痕迹，深圳基本上已无关内、关外之分，关内外已经逐渐融合。所以大家都说这次管理线的撤销，象征意义大于实际意义。

在交通上，原有的“红的”、“绿的”已被统一的新能源出租车取代。截至 2017 年 6 月 30 日，深圳地铁已开通运营线共有 8 条，构成覆盖深圳市罗湖区、福田区、南山区、宝安区、龙华区、龙岗区 6 个市辖行政区的城市轨道网络。在龙岗布吉有火车东站、龙华有深圳北站等，深圳交通已逐渐一体化。

在经济上，关内、关外经济水平差距变得越来越小。2016 年，宝安区的 GDP 位居全市第一；2018 年，龙岗区 GDP 超过 4 200 亿元，增长 11%，在 GDP

---

① 《推进特区一体化促进深圳发展更协调》，深圳新闻网，http://www.sznews.com/news/content/2017-02/15/content_15285411.htm，2017 年 2 月 15 日。

上已经位居全市第二，增速也成为全市第一；2018 年，龙华区 GDP 增长 10%以上，规模以上工业增加值增长 15%以上，进出口总额增长 37%，这三项指标增速均创历史新高。

此外，原关外地区也成为深圳乃至中国的创新高地。成长于原关外龙岗的华为，如今已成为中国创新的代表。比亚迪、富士康等一大批制造业巨头落地龙岗。位于原关外大鹏新区的生物谷，更是入选广深科技创新走廊十大核心平台之一。宝安区近前海，还规划有大空港经济带，深中通道通车后连接珠江西岸，也连着前途更好的南沙。

（二）深圳实施“东进、西协、南联、北拓、中优”协调发展战略，带动全市高质量一体化发展

经过 40 年的快速发展，深圳创造了世界工业化、城市化和现代化史上的奇迹，但同时也率先遇到了区域发展不平衡、不充分的突出问题。从 2015 年的 GDP 数据可以看出，深圳西部的南山、宝安和光明新区 GDP 总计 7 026 亿元，占全市 40.1%。然而，东部盐田、龙岗、坪山和大鹏新区的 GDP 合计 3 857 亿元，占比仅为 22%。从人口密度看，东部四区人口密度为 2 874 人/平方公里，为西部地区的 48.5%。深圳发展重心始于距离香港地区最近的中部罗湖区和西部蛇口工业区，然后沿着深南大道、广深高速、107 国道等重要交通走廊，按照“先原特区内、后原特区外”和“先西部、后东部”的顺序向全市域外溢发展。城市建设发展“西强东弱”的“偏心”结构问题日益浮现。推动区域非均衡发展格局向均衡协调发展格局转变，具有越来越重大的现实意义。

深圳市委六届十一次全会强调，要“优化城市品质和现代化功能，提高发展的平衡性和协调性”，要深入实施“东进、西协、南联、北拓、中优”的发展战略。鼓励各区产业相对错位发展，加快重点区域、战略通道建设，带动全市域高质量一体化发展。同时，这个战略也是深圳主动谋划融入粤港澳大湾区建设发展的路径。

深圳市各区围绕“东进、西协、南联、北拓、中优”发展战略，抓落实，促发展，以更大的投入和更精准的措施，着力优化城市品质和现代化功能，推动全市域高质量一体化协调发展。

1. 东进：项目带动，五区发力

这是深圳区域协调发展的关键一招。近年来，深圳东部各区开足马力推进落实“东进”战略，推动城区高质量一体化发展。

“改革、土地、干部是龙岗区的‘三大优势’，龙岗区将充分利用好既有的优势，坚持‘双核引领、多轮驱动’，努力打造高水平的东部中心！”龙岗区委书记张勇表示，在新一轮的高质量发展中，龙岗区要从三个方面用好用足改革、土地、干部“三大优势”。同时，将充分发挥两个重要的平台和抓手：一个是香港中文大学（深圳），龙岗将充分发挥其“智核”作用，加快引进更多的高端产业、教育、医疗项目和创新人才；另一个是深港国际中心，龙岗将充分发挥该平台的作用，更多地对接引进香港地区的高端人才、项目等资源，将之打造为粤港澳大湾区合作的样本和标杆。

坪山发展的关键词是“创新”，坪山高新区的建设则是“创新坪山”的重中之重。坪山区将围绕新能源、生物医药、新一代信息技术及智能制造三大产业核心定位，完善相适应的创新链条，对标世界一流，引进高端研发、技术转移机构和科技团队，制订国家生物产业基地创新链提升计划。2019 年，坪山区加快建设坪山高新区，加快完善“基础研究＋技术创新＋成果转化＋科技金融”全过程创新生态链，布局建设一批高水平实验室、技术中心、研发中心，推动应用基础研究；推动与高校深化合作，共建一批公共服务平台，促进技术创新；建立产学研科技信息服务系统，完善“首购首用”制度，推动成果转化；出台科技金融扶持政策，构建科技金融体系。

深圳国际生物谷坝光核心启动区的规划发展，是大鹏新区融入粤港澳大湾区建设的见证。大鹏新区将以坝光为龙头构建生物产业新高地，发挥国家基因库、中国农科院深圳基因组研究所等创新平台作用，争取中以科技产业创新合作示范区落户。大鹏新区党工委书记王京东说，新区紧抓粤港澳大湾区和全球海洋中心城市建设重大机遇，充分发挥新区资源禀赋优势，加快将生物、旅游、海洋三大新兴产业打造成支柱产业，推动经济量质齐升。

盐田区加快推动中英街国际知名旅游消费平台建设、盐田综保区沙头角片区转型升级、盐田河临港产业带打造、小梅沙整体改造等重点工作。

同样处于“东进”版图内的罗湖区正在规划建设“一校三谷”东部高新技术区。其核心是打造“东进”战略重要科技创新走廊——大梧桐新兴产业带，融入全市新兴产业发展体系，提升基础创新能力、产业创新能力，推动大项目、大企业、大空间战略。

2. 西协：互联互通，交通先行

位处深圳湾区西翼的南山区、宝安区是落实“西协”战略的主力军。

2019年，南山将着力构建“一轴一带三组团”城区发展新格局。对标世界先进城区，推动城区由规模扩张、形态建设向功能提升、内涵发展转变，形成“一轴一带三组团”的城区发展新格局。

“一轴”，即连接高新区、留仙洞、大学城等片区，形成南北走向的科技创新轴。“一带”，即贯通深圳湾、后海、蛇口和前海等片区，形成东西走向的湾区总部经济带。“三组团”，即北部、中部和南部三组团。北部组团以“西丽湖国际科教城＋西丽高铁新城”为核心，打造集科研教育、高铁枢纽、生态涵养于一体的协调发展示范街区。中部组团以“高新区＋华侨城片区＋南头古城”为核心，打造集高新技术、文化创意、文脉传承于一体的综合发展示范街区。南部组团以“自贸区＋国际化”为核心，打造集对外交流、自由贸易、滨海休闲于一体的国际交往典范街区。①

作为“西协”的战略核心区，宝安区的粤港澳大湾区枢纽地位渐趋强化。宝安区委书记姚任说，宝安2019年将高质量开展45公里黄金海岸线、宝安中心区、会展新城、机场东、新桥东及茅洲河“一河两岸”等重点区域、重要节点城市设计。同时，还将加强区内骨干路网与湾区大通道的有机衔接，打造珠江东岸最具竞争力的湾区交通引擎。宝安区将通过打造湾区“交通核心引擎”，进一步拉动经济发展，迅速缩小同原关内行政区的差距，进而推动全市乃至整个大湾区经济社会协调发展。

3. 南联：深港携手，协同发展

实施“南联”战略，重在提升深港协同发展水平。

福田全力打造深港科技创新合作区战略平台，加快编制合作区总体发展规划，探索人员出入境便利、科研物资便利流动、新兴科技产业监管、税制法制协调与知识产权保护等政策创新，打造离岸、跨境、国际化的创新高地。

---

① 《深圳全力提高发展平衡性和协调性》，人民网深圳频道，http://sz.people.com.cn/n2/2019/0307/c202846-32713791.html，2019年3月7日。

罗湖在追求高质量发展要求和创新驱动战略上，要以红岭创新金融产业带、国际消费中心核心区、大梧桐新兴产业带建设为平台载体，在巩固金融业支柱地位、提升传统优势产业、拓展新兴产业等方面下功夫，加快构建现代产业体系。

南山区则要以高水平规划西丽高铁新城为契机，争当粤港澳大湾区交通枢纽中心。推动西丽高铁新城纳入全市重点开发区域，打造北部高质量发展的龙头和引擎。按照“产城融合、站城一体”思路，以西丽高铁枢纽为核心，统筹周边1.68平方公里土地规划建设，启动核心区土地整备。

盐田区大力推进中英街第二关口建设、沙头角口岸改造等项目，高起点规划建设中英街特色步行街区，推动中英街与盐田综合保税区沙头角片区联动发展，加快建设沙头角深港国际旅游消费合作区，打造宜居宜业宜游城区。

目前，深港合作在深圳自西向东逐步推开，未来有望形成西有“前海合作示范区”、中有“深港科技创新合作区”、东有“沙头角罗湖深港国际旅游消费合作区”的战略新格局，整个口岸经济带有望成为粤港澳大湾区的重要发展极。

4. 北拓：打造深圳北部中心

“北拓”的视野异常开阔。位处深圳西北部的光明区提出建设“四城两区”：“四城”，即全力打造高端业态集聚的产业新城、引领源头创新的科学新城、人与自然和谐的美丽新城、共建共治共享的幸福新城；“两区”，即加快建设质量型、创新型智造强区，以及现代化、国际化绿色城区，成为广深科技创新走廊上的国家级科学城、珠三角重要的创新策源地、深圳北部中心。

建设光明科学城，将其打造成为支撑深圳原始创新的重要载体、综合性国家创新中心的重要节点、广深港澳科技创新走廊的重要引擎以及深圳北部中心发展的重要动力源。

与此同时，光明区将坚持“科学”与“城”深度融合，高标准、高质量、高水平打造科学城综合配套体系，营造世界一流科技和生活环境。作为光明科学城的重要配套区域，光明中心区、光明云谷、光明小镇正紧锣密鼓地加快规划建设。

5. 中优：打造城市之芯

深圳中轴，南连香港，北接东莞，是深圳南联北拓、连贯西东的重要通道，对深圳推动区域协调发展、提升发展能级、增强辐射带动能力意义重大。

“中优”是福田区的新一轮战略机遇。福田区委书记吕玉印表示，“中优”就是要打造中心区的新时代城市之芯。福田区聚焦中心城区功能提升，重点提升中心城区的金融集聚、创新融合、文化教育、对外交流“四大功能”优化版，打造国际金融、科技创新、文化教育、服务交流“四大中心”创新版。“中优”要优在科技创新，打造深港科技创新的核心引领区；“中优”要优在空间布局，大力推动中心区空间优化拓展。

“南联、北拓、中优”，龙华区都是重要的战略支撑点。龙华区充分发挥深圳北站门户枢纽的优势，深化与香港在科技、产业、金融、商贸、人才、教育、文体等各领域的交流合作，吸引港澳人才来龙华工作生活，探索在北站片区建设大湾区国际人才驿站、港澳技术转移转化产业园、港澳青年创新创业实践基地，打造深港合作示范区域和超级总部基地。大力发展高铁经济，加快集聚大湾区客流、物流、资金流和信息流。加大龙华北部片区开发建设力度，推动“观塘凤”深莞协同发展试验区尽快落地。推动与周边城市优势互补，探索环境保护、基础设施、公共服务等领域的互利合作。①

（三）深圳打造服务全国全省协调发展的先锋城市

深圳不仅要特区内精耕细作，更要立足全国全省大局和区域协作谋划发展，充分发挥引领示范和辐射带动作用。2018 年 7 月，深圳市委六届十次全会审议通过了《中共深圳市委关于深入贯彻落实习近平总书记重要讲话精神　加快高新技术产业高质量发展　更好发挥示范带动作用的决定》，其中第七项工程就是“实施区域合作示范带动工程，打造服务全国全省协调发展的先锋城市”。

1. 深汕特别合作区——区域协调发展的新模式

在区域协调发展的大棋局中，作为全国首个特别合作区，深汕特别合作区肩负着为全国全省先行探路的使命与荣光。作为一个独特的、完整的“飞地模式”——深汕特别合作区，正力争打造成为中国“飞地经济”发展模式、飞地治理模式和飞地农村城市化的首创者，创造一个独特的“深汕样本”，具有全国性的创新意义。

① 《深圳推动高质量一体化协调发展》，人民网深圳频道，http://sz.people.com.cn/n2/2019/0223/c202846-32674473.html，2019 年 2 月 23 日。

深汕特别合作区距离深圳市中心向东100公里，是一块总面积468.3平方公里的土地，涵盖汕尾市海丰县鹅埠、小漠、鲘门、赤石四镇。2011年，广东省委省政府在此处圈地，设立深汕特别合作区，开始探索“飞地经济”的发展模式，以期解决区域协调发展的问题。成立之初的深汕特别合作区由深圳、汕尾两市共同管理，而受制于两地体制机制方面的障碍，长时间在曲折中前行。2018年12月，深汕特别合作区挂牌“深圳市深汕特别合作区党工委”和“深圳市深汕特别合作区管委会”，重新理顺体制机制障碍，深圳全面负责建设管理，正式成为深圳的第“10＋1”区，参照深圳市一个经济功能区的标准和要求定位，即按照深圳政策、深圳标准、深圳质量、深圳速度和深圳精神推动建设。这是在顶层设计上突破条条框框，真正构建起务实管用的体制机制，从而解决利益分享、跨界治理、行政区域等深层次的问题。

2018年，深汕特别合作区拉开基础设施建设的大幕，这一年被定为“基层基础全面建设年”。高楼在日夜流转间拔地而起，昔日的浅滩变成现代化的良港。2019年3月，深汕特别合作区召开工作会议，发布了《深汕特别合作区2019年工作要点》和《深汕特别合作区高质量发展三年行动计划（2019－2021年）》，工作纲领和行动指南已经绘就，全面开启“城市质量提升年”和“全面履职建设年”。

深汕特别合作区坚持以“总部＋基地、研发＋生产、智慧＋运用”为发展模式，以“规划引领、基础先行、平台带动、产城融合”为发展思路①。在产业规划上，统筹合作区产业基础和资源禀赋，充分利用汕尾比较优势，紧紧抓住汕尾融入深莞惠一体化的重大机遇，立足为深圳主导产业配套，积极参与区域产业分工，着力优化投资环境，引导产业集聚，逐步形成以先进制造业、优势传统产业、现代旅游业、现代服务业、生态农业为重点的产业体系。作为广东省区域协调发展的试验田、深圳东进战略的尖兵和深圳第“10＋1”区，深汕特别合作区这片沉寂已久的土地已蝶变为创新创业的一方沃土。截至2019年9月，深汕特别合作区已供地产业项目76个，其中69个来自深圳，全部达产后预计年产值654.8亿元。挂牌半年多来，新注册企业超过300家。电子设备及电子产品制造、大数据、新材料、新能源、机器人等产业集群初步成型。

---

① 《深汕特别合作区：高质量书写区域协调发展新答卷》，《深圳特区报》，2019年9月9日。

深汕特别合作区重点从实体经济、城市建设、社会治理、生态建设、发展惠民和党的建设等方面实施六大工程。根据《深汕特别合作区高质量发展三年行动计划（2019－2021 年）》，到 2021 年，要实现深汕特别合作区地区生产总值 150 亿元以上，全社会固定资产投资 250 亿元以上，规模以上工业总产值 300 亿元以上，地方一般公共预算收入 20 亿元以上；人均 GDP 和居民人均可支配收入增速显著高于全省平均水平，单位 GDP 能耗、水耗、碳排放显著低于全省平均水平；工业增加值率保持在 30%以上，全区经济发展的质量、效率、动力明显提升。[①]

目前，深汕特别合作区正日夜兼程、风雨无阻，奋笔书写提高发展平衡性和协调性的新答卷，这也是深圳打造区域协调发展的生动创新典范。

2. 对口帮扶河源——区域协调发展的特区力量

2013 年 7 月和 2016 年 3 月，广东省委省政府先后作出了关于进一步促进粤东西北地区振兴发展以及新时期精准扶贫精准脱贫 3 年攻坚战的决定，由深圳等珠三角地区 6 市与河源等粤东西北地区 8 市进行新一轮结对帮扶，将河源“五县一区”全部列为深圳对口帮扶对象。河源成为深圳在全国对口帮扶（支援、协作）的区域之一，河源是深圳支持力度最大、帮扶时间最长、投资项目最多、派出干部最多的一个市。

由对口帮扶走向合作共赢，两市打通“深圳东进”、“河源南融”战略，以“三大抓手”推动区域协调一体化发展；以创新驱动力推动产业共建，以“深圳总部＋河源基地”模式引导重大项目落地，再造粤北优势产业集群。资源融通、优势互补、合作共赢的创新机制和革新理念打造振兴粤东西北对口帮扶的“深圳样本”和“深圳质量”。

对口帮扶，着眼长远，规划先行。深圳市委市政府对对口帮扶河源工作高度重视，将其作为“分内事”和“家里事”摆在重要位置。两市在招商引资、园区共建、民生发展、城市开发、机制创新等方面，逐步推进从“输血”到“造血”、从“单向扶贫”到“合作共赢”的转变。

资金是帮扶的关键所在。到 2019 年初，深圳共投入财政预算帮扶资金 74.83 亿元，注入河源五县两区 83 个镇 214 个省级贫困村，并打造深河金地创

---

① 《探索“飞地经济”发展模式新路径》，《南方都市报》，2019 年 8 月 30 日。

谷、深河创智产业园、南山产业园等一系列标杆项目。同时,加大招商引资的帮扶,深圳利用河源“一区六园”的产业基础和对口帮扶优势,点面结合开展“大招商”、“招大商”,建立了联合招商引资工作机制。

产业帮扶,园区共建。深圳“东进”,河源“南融”,两市提出“建立深河两市电子信息产业协调合作发展机制”等 9 项重点合作事项,助推两市在新兴产业、交通物流、生态农业、环境保护、社会事业方面的“五个一体化”发展。

深圳将产业共建作为对口帮扶河源的核心,两市强力推进首批 28 个园区共建重点项目建设。其中包括中兴通讯(河源)基地、巴伐利亚庄园二期等重大项目,也有河源市高新区科技企业孵化基地等“创新引擎”,更有着眼长远发展的深河产业城基础设施、土地整备项目等。

两市着力探索共建模式创新,采取“1＋N”一园多点方式进行园区合作共建,其中深河公司直接投资 19.71 亿元,这批项目由深圳以全资、部分出资或与社会资本合作等方式合作共建,最大限度发挥帮扶资金的引导和杠杆作用。

帮扶着力引导产业的有序迁移,打造粤东西北创新发展的引领地区。以中兴通讯、西可、美晨为代表的创新龙头企业开始抢滩布局河源,目前河源“一区六园”超七成企业来自深圳。

深圳对口帮扶指挥部总指挥钟荫腾说,两市通过政府推动和市场驱动,不断推动同城化谋划、联动式合作和一体化发展。“深圳总部＋河源基地”模式让深圳创新产业链向河源延伸,推动河源再造优势产业集群。中兴通讯百亿项目预计带动关联产业产值 2 000 亿元,推动河源加速成为珠江东岸重要的电子信息产业集聚区。

业内专家认为,不同于以往的生产基地外迁模式,深圳创新企业正探索“生产制造＋技术＋创新资源”同步向河源转移,尝试以产业新城为载体激发城市创新辐射力的最大化,共同构筑开放高效的创新生态网络。

另外,加大河源交通基础设施建设,合力打好交通会战,助推河源加快融入珠三角“2 小时经济生活圈”。同时,注重将特区经验理念输入河源,协助河源完成新一轮政府机构改革、行政审批制度改革、工商登记制度改革、社会管理体制改革四大改革任务。[①]

深圳对口帮扶河源，打开了一个优势互补、互利共赢的区域协调发展大格局。

三、深圳协调发展的未来之路

2019 年 2 月 18 日，中共中央、国务院印发了《粤港澳大湾区发展规划纲要》，2019 年 8 月 18 日，中共中央、国务院印发了《中共中央　国务院关于支持深圳建设中国特色社会主义先行示范区的意见》，这是以习近平同志为核心的党中央作出的重大决策，是习近平总书记亲自谋划、亲自部署、亲自推动的粤港澳大湾区战略和中国特色社会主义先行示范区战略。深圳在两区驱动下，被赋予了尖兵、标杆、典范、示范区的定位和使命。新时代要有新担当，深圳的发展需要在区域协调发展上有新的突破，深圳也有条件、有责任在探索区域协调发展上做出更大的贡献。

(一)深圳推进区域协调发展的思路及对策

1. 进一步促进制度创新，充分发挥市场机制的决定性作用

在市场经济条件下，生产要素的跨区域自由流动是促进区域协调与一体化发展的关键。要进一步加快市场经济体制改革，促进生产要素的合理流动，破除限制要素自由流动的各种体制机制障碍，打破地区封锁和垄断，建立统一开放、竞争有序的市场体系，促进资源在各区域间的优化配置。

2. 有效发挥政府的作用

在市场经济条件下实现区域协调发展，不但要发挥市场机制的决定性作用，还应有效发挥政府的积极作用，实现市场与政府作用的有机结合。首先，有效实施区域发展重大战略。深圳自 2010 年起实施深圳一体化发展的十年规划、3 个三年计划，现在实施“东进、西协、南联、北拓、中优”协调发展战略、深汕特别合作区等，这些重大区域发展战略与规划的实施，将有效促进深圳区域经济协调发展。为此，政府应完善重大区域发展战略与规划的实施机制，协调各区域、各部门利益及关系，有效推进区域发展战略与规划的实施。其次，大力推

① 《解码区域协调发展新局下“深圳—河源”模式》，新浪新闻中心，http://news.sina.com.cn/c/2016-10-23/doc-ifxwzpsa8417297.shtml，2016 年 10 月 23 日。

进基本公共服务均等化。区域差距除了表现为经济差距外，还突出表现为地区间的基本公共服务不均衡。促进基本公共服务均等化，政府具有不可推卸的责任。

3. 充分利用粤港澳大湾区的规划建设，更加注重城市群在区域协调发展中的重要作用

未来区域之间的竞争已不再是单个城市的竞争，而是以城市群和都市圈为基础的区域间的整体竞争。大城市群的形成及其分工、合作与竞争，将形成多极化、辐射带动力强的区域增长极，主导区域经济的发展格局。为此，深圳应高度重视城市群的作用，积极主动并带动粤港澳大湾区的发展，加强与粤港澳大湾区其他10城的分工协作、城市产业定位，提升各城市功能，完善基础设施，积极打造充满活力的世界级城市群，建设国际一流湾区。

4. 注重利用新一轮产业革命物质、技术成果加快区域经济协调发展

当今世界，一场新产业革命正在孕育发生，必将对区域协调产生全方位的影响。应积极把握新产业革命发展进程，注重利用新产业革命物质、技术成果加快推进区域协调发展。较突出的方面：一是有效利用互联网、大数据、云计算、物联网等新一代信息技术，强化深圳与周边城市等基础设施网络的建设和完善，加快推进高铁、城际铁路、港珠澳大桥、深中通道等连接的交通体系朝快速化、网络化方向发展，更高效地促进要素在不同区域间的流动。二是通过互联网、大数据、云计算、物联网等新一代信息技术的广泛应用，将创新链、要素链、产业链、价值链等连接成为跨区域和城际联动发展的纽带，进一步强化不同区域经济、技术联系，为区域协调发展提供强有力的技术支撑。

(二)深圳推进区域协调发展的具体路径

1. 推进基本公共服务均等化，推动深圳各区错位发展，继续改变深圳南重北轻、西密东疏的格局

首先，原特区外地区的协调发展。经过两轮特区一体化建设三年实施计划，原特区外的发展逐步赶上，但仍然有差距。如特区外城市建设欠账、大量城中村改造、城市规划较为滞后、市民文明素质有待提升等问题，特区一体化建设还有不少路要走。深圳还需要推进基本公共服务均等化，对原特区外地区实施一定的政策和财政的倾斜，加快补足原特区外的建设，同时也要统筹全市资源，

科学规划、合理布局，实现百花齐放的局面。其次，各区利用各自优势、各自强手，明晰各区定位，提升深圳一体化发展质量，拓宽深圳发展空间。2018 年深圳 10 区目标定位已经出炉：福田建设总部经济集聚区和国际创新金融中心；罗湖打造国际消费中心核心城区、现代服务业集聚基地、粤港澳大湾区核心枢纽；南山建设世界级创新型滨海中心城区；盐田建成现代化、国际化先进滨海城区；宝安建成湾区核心、智创高地、共享家园；龙岗高水平建设深圳东部中心；龙华打造现代化、国际化创新型中轴新城；坪山合力建设深圳东部中心；光明加快建设质量型、创新型智造强区，现代化、国际化绿色城区；大鹏打造粤港澳大湾区最亮丽的名片。各区适度错位发展，避免同质竞争、浪费资源，强化协同发展，把各自优势充分发挥出来，把各方积极性调动起来。同时，各区要全面瞄准各自工作领域的"堵点"和"痛点"，拿出真招、实招、硬招，努力推动实现更高质量、更有效率、更加公平、更可持续的发展。①

2. 推动深莞惠联动发展，打造深汕特别合作"飞地模式"，突破深圳发展"瓶颈"，拓宽深圳发展空间

深圳面积不到 2 000 平方公里，是典型的经济人口大市、土地面积小市，在急速发展过程中早已面临空间不足问题的困境。通过行政区划调整解决发展空间不足的可能性长期存在，但受制于广东省发展大局。未来，可参照深汕特别合作区的有关做法，推动在东莞、惠州邻近深圳地区划出一定区域，规划建设跨行政边界的功能协调、产业互补、成果共享的区域协同发展实验区。当然，行政区域的挑战仍然不少，但可充分利用市场机制，让深莞惠经济圈的经济活动连为一体，积极探索创新合作机制、合作模式。

深汕特别合作区成为深圳第"10＋1"个区，被视作区域合作模式的创新，对于探索区域合作协调发展新路径具有重要意义。这几年，体制机制调整后的深汕特别合作区将大概率迎来快速增长，但发展不会一蹴而就。目前，深汕特别合作区基础设施、公共配套、营商环境、产业生态的蜕变还需要更多时间，这些因素将影响企业和人才的选择。此外，深汕特别合作区为实现高质量发展，也将适度把控发展的节奏，对于产业和企业有相应考量。总之，深汕特别合作区

① 《中共深圳市委六届八次全会召开》，深圳政府在线，http://www.sz.gov.cn/cn/xxgk/zfxxgj/zwdt/201712/t20171211_10335729.htm，2017 年 12 月 11 日。

需要谋定而后动，坚持一流标准，走高质量发展的路子。

3. 把握粤港澳大湾区建设的契机，推动深圳与湾区城市群的协调发展

粤港澳大湾区建设不仅对全国、全省的区域协调发展有着全局意义，对深圳与周边城市的协同发展也有着重要意义。但粤港澳大湾区建设也面临着区域内部发展过程中的种种挑战。目前，在大湾区内部，两种体制、三种法律、三种关税，还有深圳、珠海两个经济特区，南沙、前海蛇口和横琴三个自由贸易试验区，以及广州、深圳等核心城市。区域协调发展合作处在一个国家、不同制度、不同货币区、不同关税区所构成的复杂制度环境之中，使得区域协调的难度超过了国内外所有的城市群。

但是，对于粤港澳大湾区而言，区域协调的种种挑战同时也是巨大的发展机遇：不同制度的存在给更加灵活的制度安排提供了可能；大湾区存在不同发展水平的多元主体，有利于推动实现合作互补；竞争激烈的发展现状，更加有必要加强协调，以降低竞争带来的高昂成本，并分享合作红利。为此，必须坚持把区域协调发展这根主线贯穿粤港澳大湾区建设的全过程。在具体路径上：一是继续加强综合交通网络建设，加速“硬联通”；二是加快推进三地体制机制的“软连接”，全面启动“直通车”服务模式，推动规则衔接、制度创新，深化“心相通”，助力要素便捷高效流动；三是推动城市合理分工，建设世界级城市群，11 城形成新的功能定位，实现差异化、特色化发展；四是作为“创新创意之都”的深圳，要超前布局未来产业研发体系，促进创新要素自由流动，聚集全球高端科技要素资源，打造科技创新高地。

4. 转变帮扶思想理念，继续在全省“一核一带一区”协调发展中发挥先锋城市作用

在推动欠发达地区发展这场攻坚战中，处理好“输血”与“造血”、“外部援助”与“内生动力”的关系至关重要。但是，仅仅依靠财政投入“输血”是不可能彻底改变欠发达地区落后面貌的。“输血”只能救一时之急，“造血”才能斩断穷根。只有帮助欠发达地区建立起“造血”机制，才能调动其内生动力，使其真正实现可持续的长远发展：一要注重农民职业培训，提升劳动力技能化水平。收入贫困与知识贫困总是并存。知识水平的提升对低技能劳动者有明显的挤出效应，并带来了中高技能劳动力需求上升，这直接导致劳动力技能结构升级，从

而促进劳动生产率的提高。当前人力资源就业问题上的一个突出现象，就是高技能人才就业供不应求，工资水平逐年增加。因此，提升劳动力技能化水平已经成为解决农民收入贫困的一条重要途径。二要加强对特色农业产业的扶持，鼓励规模化经营，提升农业竞争力，吸引更多年轻人从事农业。在产业扶持问题上，产业规划要先行。制定总体性区域协调发展战略规划，这是第一步，只有做好整体宏观层面的产业布局，才能形成与深圳优势互补的产业特色，同时还要注重打造品牌。三要促进乡村旅游，提升农村地区的吸引力，防止出现“绿色贫困人口”。打造优质乡村旅游品牌，需要连接前期规划、特色美食、亲子活动、旅游设施配套等多个环节要素共同开发，并依托网络营销策划来完成。比如，河源巴伐利亚庄园就是充分利用河源的自然资源，将河源连上深圳，庄园的游客一半以上来自深圳，为深圳及珠三角民众打造休闲度假的后花园。

参考文献

[1]中央党校哲学教研部：《五大发展理念——创新　协调　绿色　开放　共享》，中共中央党校出版社 2016 年版。

[2]胡鞍钢、鄢一龙：《中国新理念：五大发展》，浙江人民出版社 2016 年版。

[3]辛向阳：《新发展理念 型变中国》，浙江人民出版社 2018 年版。

[4]蒋伏心：《协调发展》，江苏人民出版社 2016 年版。

[5]斯培森：《我们深圳四十年》，江苏人民出版社 2018 年版。

[6]陈少兵：《深圳蓝皮书：深圳经济发展报告(2018)》，社会科学文献出版社 2018 年版。

[7]李凡：《深圳湾区经济发展报告——基于区域经济协调发展的角度》，《中国经济特区发展报告(2018)》，社会科学文献出版社 2019 年版，第 380—394、460 页。

[8]孙飞：《深圳撤“二线”，从此“关内”“关外”成历史》，《小康》，2018 年第 5 期，第 54—55 页。

[9]《深入理解新发展理念　习近平提出五个“着力”》，求是网，http://www.qstheory.cn/2019-05/21/c_1124518674.htm。

[10]《深圳对口帮扶河源三年“统考”得分 92.96 分排名全省第二》，《深圳特区报》，2017 年 1 月 9 日。

第五章　绿色发展理念与深圳的生态文明建设

概　要：改革开放40多年来，我国经济社会发展取得了举世瞩目的巨大成就，综合国力跻身世界前列。与此同时，也导致了环境恶化不断加剧。面对资源约束趋紧、环境污染严重、生态系统退化的严峻形势，以习近平为核心的党中央提出了创新、协调、绿色、开放、共享的新发展理念，将生态文明纳入了“五位一体”总体布局，为新时代我国经济社会发展理念和发展方式的深刻变革，推动美丽中国、实现人与自然和谐共生的现代化建设提供了方向指引和根本遵循。作为中国改革开放经济特区和中国特色社会主义先行示范区的深圳，在贯彻落实习近平总书记系列重要讲话及对深圳工作重要批示精神的过程中，秉承“敢为天下先”的精神，从观念、制度、科技、管理、文化等方面探索生态文明体制机制改革，将绿色发展理念融入政治、经济、社会发展的各个领域，全面实施大气环境、水环境和绿化美化三大工程，逐步形成了政府主导、市场驱动、社会广泛参与的工作机制，强化质量引领、创新驱动、绿色低碳，加速实现深圳由经济大市、产业大市向质量强市、绿色都市转型，力争把深圳建设成为美丽中国的典范城市。目前，深圳正以建设世界级粤港澳大湾区为契机，进一步加强与湾区城市群的环保合作，构建以政府为主导、企业为主体、社会组织和公众共同参与的环境治理体系，携手推动大湾区建成宜居、宜业、宜游的国家绿色发展示范区。

全球气候变化已经是不争的事实，成为21世纪人类发展最大的挑战之一。所谓气候变化，是指由于人类活动排放温室气体造成大气成分的变化，引起以变暖为主要特征的全球气候变化。几百年来，西方资本主义国家实施的“无节制地消耗资源、无限度地污染环境”的发展模式，给自然生态系统带来了巨大破坏。伴随着对传统工业化和城市化模式所存在问题的不断质疑，绿色理念的提出已经有 50 多年。这是人类对自身生产、生活方式的反省。1962 年，美国人卡逊发表了《寂静的春天》，对传统工业文明造成环境破坏作了反思，引起各界对环境保护的重视。1972 年，罗马俱乐部发表了《增长的极限》，对西方工业化国家高消耗、高污染增长模式的可持续性提出了严重质疑。1987 年，世界环境和发展委员会发表《我们共同的未来》，在报告中正式提出了可持续发展的概念，强调通过新资源的开发和有效利用，提高现有资源的利用效率，同时降低污染排放。1989 年，英国环境经济学家皮尔斯等人在《绿色经济蓝图》中首次提出了绿色经济的概念，强调通过对资源环境产品和服务进行适当的估价，实现经济发展与环境保护的统一，从而实现可持续发展。1992 年，联合国环境与发展大会通过的《21 世纪议程》进一步深化了对可持续发展的认识。当今世界资源耗竭、环境污染、生态退化等一系列生态环境问题，乃至出现了全球性生态环境危机，在实现经济复苏和应对气候变化的双重压力下，美国、欧盟、日本、韩国纷纷提出了绿色发展战略，实施“绿色新政”，绿色经济发展迅速，代表着国际经济发展的新趋势。

20 世纪 80 年代以来，随着我国工业化和城镇化的快速推进，我国经济社会发展取得了举世瞩目的巨大成就，综合国力跻身世界前列。与此同时，也因传统发展观念的偏差，片面追求 GDP 增速，导致“环境掠夺式”的经济增长方式，进一步提高了对自然资源索取的速度和强度，水土流失、沙漠化、环境恶化等生态问题不断加剧。面对资源约束趋紧、环境污染严重、生态系统退化的严峻形势，拥有 14 亿人口的中国社会主义现代化建设，绝不能重复“先污染后治理”、“边污染边治理”的老路，绝不容许“吃祖宗饭、断子孙路”，必须高度重视生态文明建设，走一条绿色、低碳、可持续发展之路。2007 年党的十七大报告提出了建设生态文明的要求。2012 年党的十八大报告进一步提出，建设生态文明是关系人民福祉、关乎民族未来的长远大计，要树立尊重自然、顺应自然、保护自然的生态文明理念，并形成了经济建设、政治建设、文化建设、社会建设、生态文明建设“五位一体”总体布局。2015 年，习近平总书记在党的十八届五中全会上提出了创新、协调、绿色、开放、共享的新发展理念。《十三五规划建议》提出，坚持绿色惠民，为人民提供更多优质生态产品，推动形成绿色发展方式和生活方式。党的十九大把“绿水青山就是金山银山”写入党代会报告。生态文明建设具备了丰富的内涵，旨在形成节约资源和保护环境的空间格局、产业结构、生产方式、生活方式。党的十八大以来，习近平总书记多次指出，“生态兴则文明兴，生态衰则文明衰”[①]，“纵观世界发展史，保护生态环境就是保护生产力，改善生态环境就是发展生产力”[②]，“必须树立和践行绿水青山就是金山银山的理念，坚持节约资源和保护环境的基本国策，像对待生命一样对待生态环境，统筹山水林田湖草系统治理，实行最严格的生态环境保护制度，形成绿色发展方式和生活方式，坚定走生产发展、生活富裕、生态良好的文明发展道路，建设美丽中国，为人民创造良好生产生活环境，为全球生态安全作出贡献”[③]。强调建设生态文明是中华民族永续发展的千年大计，将人与自然和谐共生的绿色发展理念作为新时代中国特色社会主义基本方略的重要内容。生态文明建设的推进、绿色发展理念的提出，体现了以习近平同志为核心的党中央对环境问题的高度重视和深刻认识。生态文明是绿色文明，凝结了绿色发展的深刻内涵。绿色发展理念与其他四大发展理念相互贯通、相互促进，是我们党关于生态文明建设、社会主义现代化建设规律性认识的最新成果。将“生态文明建设”、“绿色发展”、“美丽中国”写进党章和宪法，成为全党的意志、国家的意志和全民的共同行动，进一步彰显了生态文明建设的战略地位，为新时代我国经济社会发展理念和发展方式的深刻变革，推动美丽中国、实现人与自然和谐共生的现代化建设提供了方向指引和根本遵循。

一、绿色发展理念的科学内涵及重要意义

绿色发展是指以效率、和谐、持续为目标的经济增长和社会发展方式，强调以人与自然和谐为价值取向。近年来，绿色发展成为全球发展趋势。习近平总书记深刻指出：“绿色发展，就其要义来讲，是要解决好人与自然和谐共生问题。人类发展活动必须尊重自然、顺应自然、保护自然，否则就会遭到大自然的报

① 中共中央宣传部：《习近平新时代中国特色社会主义思想学习纲要》，学习出版社、人民出版社2019年版，第167页。

② 习近平：《在海南考察工作结束时的讲话》，https://www.sohu.com/a/321570682_99914211，2013年4月10日。

③ 习近平：《决胜全面建成小康社会　夺取新时代中国特色社会主义伟大胜利》，http://www.china.com.cn/19da/2017-10/27/content_41805113_2.htm，2017年10月18日。

复，这个规律谁也无法抗拒。”[①]这里所强调的“人与自然和谐共生”，是在反思传统发展方式基础上关于生产方式、生活方式、思维方式和价值观念的变革，深刻揭示了绿色发展理念的核心是正确认识和处理人与自然、经济发展与生态环境保护的关系，建立健全绿色低碳循环发展的经济体系，实现经济社会与资源环境可持续的协调发展和人的全面发展。绿色发展理念的提出，创造性地继承和发展了中国传统文化中的生态理念与历史智慧，体现了以人民为中心的发展思想，开辟了马克思主义中国化的新境界，对加快建设资源节约型、环境友好型的美丽中国，形成人与自然和谐发展的中国特色社会主义生态文明具有重大的理论意义和现实意义。

(一)揭示人与自然和谐共生的客观规律，继承和发展了马克思主义生产力理论

人与自然的关系是人类社会最基本的关系。人的自由而全面的发展是马克思主义的重要命题，良好的自然生态环境和自然资源是其实现的条件和基础。马克思主义辩证自然观揭示的人与自然的关系，人因自然而生，人与自然是一种共生关系，“感性世界的一切部分的和谐，特别是人与自然界的和谐”[②]。生态文明的价值追求，是在敬畏自然、尊重自然、顺应自然、保护自然的基础上达到人与自然和谐共生共存共荣。人与自然的“同源性”和“一体性”决定了人与自然的内在统一性。只有协调好人与自然界结成的共生关系，人类社会才能真正实现可持续的良好发展态势。如果人类盲目而不加节制地对待自然，对自然的伤害最终会伤及人类自身。恩格斯早在1886年已告诫我们，“不应过分陶醉于我们对自然界的胜利，对于每一次这样的胜利，自然界都报复了我们”[③]。资本主义国家曾长期实施的“先发展、后治理”的经济发展模式，在今天已经难以为继。习近平总书记指出：“我们应该坚持人与自然共生共存的理念，像对待生命一样对待生态环境，对自然心存敬畏，尊重自然、顺应自然、保护自然，共同保护不可替代的地球家园，共同医治生态环境的累累伤痕，共同营造和谐宜居

---

① 杨艳秋：《准确把握绿色发展理念的要义》，http://theory.people.com.cn/n1/2017/0807/c40531-29453500.html，2017年8月7日。

② 马克思、恩格斯：《马克思恩格斯文集》(第1卷)，人民出版社2009年版，第528页。

③ 马克思、恩格斯：《马克思恩格斯文集》(第9卷)，人民出版社2009年版，第559页。

的人类家园，让自然生态休养生息，让人人都享有绿水青山。”[①]这揭示了生态环境保护与经济发展之间的辩证统一关系。自然生态系统各要素之间具有相互依存、相互制约、相互影响的内在关联，决定了人类发展活动必须尊重自然、顺应自然、保护自然，要像保护眼睛一样保护生态环境，像对待生命一样对待生态环境，这是人类必须遵循的基本原则。“人与自然是生命共同体”的绿色发展理念，揭示了建设生态文明与增进民生福祉的关系，回应了人民对良好生态环境的渴望和诉求，既是对中国传统文化“天人合一”自然观的时代发展，也是马克思主义关于人与自然关系、生产力论述的理论创新。

（二）正确处理好生态环境保护和经济发展的关系，是实现可持续发展的内在要求

中国资源总量虽然比较丰富，但人均资源占有量低，水资源、耕地人均拥有量仅分别为世界平均水平的28％、43％，石油、天然气人均储量不到世界平均水平的10％。随着改革开放的推进，中国经济在飞速发展的同时，能源的使用和二氧化碳的排放也在急剧增加。工业废水、废气和固体废弃物排放量保持较高的增长，给生态环境造成很大压力。主要江河湖泊水质恶化，水土流失、荒漠化严重，大规模矿产资源开采造成土地沉陷、水位下降、植被破坏等，各类环境恶化呈高发态势，已经成为全面建设小康社会的突出短板。扭转环境恶化、提高环境质量，已成为广大人民群众的热切期盼。正是基于这种客观现实和突出问题的倒逼，党确立的绿色发展理念倡导绿色生活方式和生产方式。绿色发展的首要任务在于，控制能源消费、用水、建设用地、碳排放以及污染物排放总量。为此，国家先后颁布了《森林法》、《水污染防治法》、《大气污染防治法》、《水法》等专门法律，在《刑法》中增加“破坏环境资源保护罪”，在《环境保护法》中正式确立环境影响评价制度，让环境治理有法可依。习近平总书记强调，要坚定推进绿色发展，推动自然资本大量增值，让良好生态环境成为人民生活的增长点，成为展现我国良好形象的发力点，让老百姓呼吸上新鲜的空气、喝上干净的水、吃上放心的食物，生活在宜居的环境中，切实感受到经济发展带来的实实在在的环境效益，让中华大地天更蓝、山更绿、水更清、环境更优美。

---

①　习近平：《携手建设更加美好的世界——在中国共产党与世界政党高层对话会上的主旨讲话》，人民出版社2017年版，第6页。

（三）加快经济发展方式转变、提高国际竞争力的必然要求

世界主要国家纷纷把新能源、新材料、生物医药、节能环保作为新一轮产业发展的重点，抢占未来经济发展制高点。我国经济已由高速增长阶段转向高质量发展阶段，正处在转变发展方式、优化经济结构、转换增长动力的攻关期，建设现代化经济体系是跨越关口的迫切要求和我国发展的战略目标。国际金融危机之后，全球经济结构面临着重大而深刻的调整，中国经济增长高度依赖国际市场、投资率偏高而消费率偏低的格局必将难以持续，这就要求我们努力开拓国内市场，扩大内需，增强抵御国际市场风险的能力。如果我们不及时转变经济发展方式，走绿色发展道路，我们的资源承载能力、生态环境容量将无法支持这种高速增长。也正因为如此，绿色发展理念无疑是新一轮产能变革中的指导性思想，为建立健全生态文明安全观、推动产业结构优化升级开发新的经济增长点，形成与发达国家相比具有成本优势、与发展中国家相比具有技术优势的独特竞争力，在国际经济技术竞争中赢得主动。最近10年，我国生态文明建设取得了举世瞩目的成就，为中国特色社会主义建设打下了全方位的坚实基础，为全球生态环境事业发展做出了卓越的贡献。2018年，我国单位GDP能源消费量比2005年累计下降超过40％，非化石能源占一次能源消费比重从2010年的8.3％提升至14.3％；单位GDP二氧化碳排放量比2005年累计下降超过45％，提前2年超额完成“到2020年下降40％－45％”的目标。“十五”以来，主要污染物排放总量以每5年超过10％的幅度下降；2018年与2014年相比，京津冀、长三角、珠三角主要城市空气质量指数分别实现约24％、15％、7％的降幅。改革开放40多年以来的森林资源清查结果显示，中国森林覆盖率从12.7％上升至22.96％。2004年以来的监测结果表明，全国荒漠化和沙化土地面积持续减少。美国国家航空航天局的研究报告显示，2000－2017年中国以仅占全球6.6％的植被面积贡献了25％的绿化面积净增长。

（四）深度参与全球环境治理、应对气候变化的必然要求

建设绿色家园是世界各国人民的共同梦想。如今，生态环境危机已经成为人类面临的最大威胁，环境问题、气候问题在全球发展过程中愈加凸显。保护生态环境、应对气候变化需要世界各国同舟共济、共同努力，任何一国都无法置身事外、独善其身。中国政府高度重视应对气候变化问题，引导建立国际绿色低碳循环发展合作机制，率先发布《中国落实2030年可持续发展议程国别方案》，实施《国家应对气候变化规划（2014－2020年）》，在推动全球气候谈判，以及促进《巴黎气候协定》的通过、生效和落实上发挥着积极的建设性作用。我们从自身实际出发，借鉴国际经验，把节能减排作为国民经济和社会发展的约束性指标，以建设节约资源、环境友好型社会作为重大任务，将可持续发展作为国家战略，大力调整经济结构和能源结构，加快发展战略性新兴产业和现代服务业，使经济发展由主要依靠增加物质资源消耗向主要依靠科技进步、劳动者素质提高、管理创新转变，力促经济低碳、循环、可持续发展。目前，我国消耗臭氧层物质的淘汰量占发展中国家总量的50％以上，成为对全球臭氧层保护贡献最大的国家。中国单位GDP二氧化碳排放量比2005年下降约50％，提前实现“到2020年碳强度下降40％－45％”的承诺。中国对全球植被增量的贡献比例居世界首位，成为全球最大的可再生能源生产国和消费国，创造了让世界刮目相看的“绿色奇迹”。河北塞罕坝林场建设者、浙江“千村示范、万村整治”工程分别获得了联合国环保最高荣誉“地球卫士奖”，库布齐沙漠绿化成果获联合国“土地生命奖”。中国为世界持续增“绿”，为维护全球生态安全做出了重要贡献。

（五）推动全球环境治理，彰显了中国对全球生态安全的责任和担当

当今时代，“环球同此凉热”，各国已成为唇齿相依的生态命运共同体。一个时期以来，全球温室气体排放、臭氧层破坏、化学污染、总悬浮微粒超标以及生物多样性减少等问题日益严重，全球生态安全遭遇前所未有的威胁。随着气候变化影响的加剧，建设生态文明成为发展潮流所向，成为越来越多国家和人民的共识。世界各国已经面临日益严峻的减排压力。自20世纪90年代以来，以“气候谈判”为标志，绿色低碳发展成为国际大趋势。2008年，联合国环境署发出了《绿色倡议》，绿色发展和可持续发展作为当今世界的时代潮流。中国虽然正处于全面建成小康社会的关键时期，是工业化、城镇化加快发展的重要阶段，发展经济、改善民生任务十分繁重，但仍然以最大决心和最积极态度参与全球应对气候变化，毫不动摇实施可持续发展战略，坚持节约资源和保护环境的基本国策，加强在绿色金融、可再生能源、绿色科技等领域的国际合作，探索区域环境合作和南南环境合作新模式，加强与大国之间的生态合作，促进平等对话，为推动全球可持续发展做出了重要贡献。习近平总书记提出“保护地球家园、促进可持续发展，需要全人类的共同努力”，并倡议“国际社会应该携手同行，共谋全球生态文明建设之路，牢固树立尊重自然、顺应自然、保护自然的意识，坚持走绿色、低碳、循环、可持续发展之路”。党的十八届五中全会在提出“推进美丽中国建设”的同时，还提出要“为全球生态安全做出新贡献”。这是中国积极响应国际社会的绿色发展潮流的郑重承诺，表明将与各国一起，携手推进全球绿色、可持续发展，自觉对全球生态文明建设负起应有的责任，为全球生态文明建设展现了美好蓝图，给世界人民以信心和希望。

二、深圳探索“源头严防、过程严管、损害严惩、责任追究”的绿色发展模式

绿色是大自然的底色、生命的象征，如今，绿色更代表了天蓝水净美好生活的希望、人民群众的期盼。“环境就是民生，青山就是美丽，蓝天也是幸福。”深圳是典型的经济大市、人口大市，却是资源和环境容量小市，经过40年改革开放不断发展，资源短缺、土地面积狭小，给城市可持续发展带来巨大压力。创新生态环境管理制度，提高生态环境监管质量和效率，成为深圳可持续发展的必然选择。为此，深圳秉承“敢为天下先”的精神，从观念、制度、科技、管理、文化等方面深化生态文明体制机制改革，作为加快推动生态文明建设的强大动力。党的十八大以来，深圳贯彻落实习近平总书记系列重要讲话及对深圳工作重要批示精神，树立环境就是生产力、环境就是竞争力的理念，强化质量引领、创新驱动、绿色低碳，先后出台了一系列生态文明创建规划，将绿色发展理念融入政治、经济、社会发展的各个领域，全面实施大气环境、水环境和绿化美化三大工程，逐步形成了政府主导、市场驱动、社会广泛参与的工作机制，加快深圳由经济大市、产业大市迈向质量强市、绿色都市的步伐，推动生态文明建设再上新台阶，力争把深圳建设成为美丽中国的典范城市。

（一）实施铁线管理，优化绿色空间格局

作为全国一线超大城市，深圳的土地面积、资源、环境容量在北、上、广、深中是最小的。面对诸多资源环境约束条件，正积极探索生态文明建设的深圳模式。2005年，深圳在全国率先出台了《深圳市基本生态控制线管理规定》，将49%的土地划入基本生态控制线，除重大交通设施、市政公用设施、旅游设施和

公园以外，严禁在“红线”内进行建设，为确保城市生态格局稳定、保障城市生态安全打下良好基础。2006 年，深圳印发并实施《深圳生态市建设规划》。2007 年则以一号文件印发了《关于加强环境保护建设生态市的决定》，确定了“生态立市”城市发展战略，开展城市环境品质提升行动，打造世界著名花城。2008 年，深圳率先出台了《深圳生态文明建设行动纲领（2008－2010）》和 9 个配套文件及生态文明建设系列工程，指导全市生态文明建设。2014 年，深圳市委市政府出台《关于推进生态文明、建设美丽深圳的决定》及其实施方案，明确了深圳市建设国家生态文明示范城市、美丽中国典范城市的奋斗目标。近几年来，深圳出台的《城市林业发展“十三五”规划》，加速创建“国家森林城市”、“世界著名花城”进程，推动生态线规范化、精细化管理，持续优化绿道网络。将自然山体、海岸建成森林公园，形成城市自然基底；以综合公园为基干，打造特色的城市综合公园；完善社区公园设施，使其作为民生基础设施，形成“自然公园—城市公园—社区公园”三级公园体系。在全市构建 9 条生态走廊，这些生态走廊就是为野生动物迁徙所用的“专属通道”。公园与公园之间通过绿廊、绿带和绿道的串联，形成深圳城市的绿色生态带。自 2010 年启动建设以来，深圳已经建成 30 条花卉景观大道、74 个花漾街区、110 个街心花园，382 条绿道形成约 2 448 公里的绿道网络，绿道密度超过 1.2 公里/平方公里，总长度和密度居珠三角城市首位。建成生态景观林带 8.36 万亩，公园总数 973 个，公园 500 米绿地服务半径覆盖率达到 91%，人均公园绿地面积 16.45 平方米。绿道网络串起城市的山、林、城、海、河，给市民生活提供绿色福利，也为城市构筑绿色休闲体系提供重要基础，深圳湾公园、盐田海滨栈道等成为市民休闲新胜地。此外，还建成了多个国家生态示范区和市级自然保护区。计划到 2020 年，全市公园总数超过 1 000 个，成为名副其实的“千园之城”。

（二）构建绿色经济体系，实现经济发展质量和可持续发展能力双提升

实行质量引领，经济发展方式不断转变。生态红线不仅是深圳生态环境的生命线，也是经济发展的指挥棒，促进深圳向绿色、循环、低碳、节能的方向发展。深圳综合运用行政、经济、法律等手段，从绿色工厂、绿色园区、绿色供应链等领域推动全市产业实现智能化、网络化、融合化、绿色化发展，建立健全环保信用管理、绿色保险等市场机制，完善环境监管模式和长效机制。自 2009 年起，深圳坚定不移地走质量引领、创新驱动、转型升级、绿色低碳的发展道路，大力发展资源节约型、环境友好型产业，先后出台了生物、互联网、新能源、新材料、文化创意、新一代信息技术、节能环保七大战略性新兴产业规划政策，大力培育海洋、航空航天、生命健康及机器人、可穿戴设备和智能装备等未来产业，加快建设节能环保产业基地和集聚区，形成配套齐全、特色鲜明的绿色产业链和产业集群，以结构优化提高产业的“绿色含量”。

1. 以高附加值、绿色、低能耗为导向，在工业、交通、建筑等重点领域推进节能减排

深圳在全国率先开展碳排放交易试点，推行公共领域合同能源管理。以财政补贴、价格激励、征收二氧化碳税等方式推动绿色能源在深圳的推广和普及，生命健康、机器人、新一代移动通信等产业蓬勃成长。目前，深圳节能环保产业发展已初具规模，在高效节能领域、先进环保领域、资源循环利用领域均居全国领先水平。新兴产业对深圳 GDP 增长贡献率已超过一半。2017 年，深圳从事节能环保产业的相关企业超过 2 000 家，规模以上节能环保企业超过 490 家，产业增加值 671.1 亿元，增长 12.7%。万元 GDP 碳排放水平处于全国大城市最低水平，人均碳排放强度已低于新加坡和中国台湾。2019 年 11 月 15 日，第二十届高交会发布《2019 中国战略性新兴产业发展报告》显示，作为创新资源富集、产业基础深厚的城市，深圳的新一轮数字创意产业正在向尖端化、跨界化、国际化迈进，深圳成为数字创意制造业城市典范。

2. 绿色产品认证体系试点工作顺利推进

深圳出台了《建立统一的绿色产品标准、认证、标识体系的实施方案》和《深圳市质量基础设施建设发展规划（2018－2020）》。深圳积极推荐家具、纺织等优势产品纳入国家首批绿色产品认证目录，建立国家环保产品检测中心。全市 5 家绿色工厂、23 种绿色设计产品、1 家绿色供应链管理示范企业入选工信部绿色制造名单。与此同时，深化建设项目环保审批制度改革，进一步优化环境影响评价审批的办理流程、办理条件、管理模式等，修订《深圳经济特区建设项目环境保护条例》，在前海试点“区域环评＋清单管理＋告知承诺”改革。

3. 推行高风险领域环境污染责任保险制度，建立环保税风险管理合作机制

深圳通过率先试点环境污染强制责任保险和碳排放权交易，以市场化、法

治化途径解决环境污染损害赔偿问题，促使企业加强环境风险管理和节能减排。生态环境部门和银保监部门统一制定10个行业的966家企业名单及强制环责险的有关条款。全市投保774家企业，保费近2 000万元，保额11.48亿元，居全国前列。2018年前三个季度，深圳共有4 791户次纳税人申报缴纳了环保税，缴纳税款3 865万元。

（三）加强重点领域污染防治，营造天蓝地绿水清的优美生态环境

深圳建立资源环境保护和监控机制，形成了一套适合不同类型、不同主体功能定位的资源环境承载力监测预警指标体系和技术方法，实现资源环境承载能力监测预警规范化、常态化、制度化，提高资源环境承载力预警的科学性。山水林田湖草是一个生命共同体。深圳坚持系统思维，加强山水林田湖草和陆地海洋的整体保护、系统修复、综合治理。围绕空气、水、土地等污染防治问题，深圳坚定不移地深化生态环境领域改革，重点推进决战决胜水污染治理、深入实施“深圳蓝”等十大行动，形成“深圳市典型区域资源环境承载力现状图”等成果，持续推进自然资源资产离任审计和生态环境损害赔偿制度改革，推行海域污染物总量控制制度，建立健全生态保护红线监管体系，探索建立适合深圳的GEP核算体系。力争在生态环境领域创建一批具有示范引领性的标志性成果，为全市环境治理攻坚提供体制机制保障。

1. 推广应用新能源汽车，实施低碳交通和绿色出行

作为全国首批新能源汽车示范推广试点城市和首批私人购买新能源汽车补贴试点城市，自2009年以来，深圳率先出台了《深圳市新能源汽车推广应用若干政策措施》等文件，确定给予新能源汽车1∶1配套地方补贴且不退坡，新能源汽车实施免限行限购，纯电动物流车全天候、全路段通行，新能源乘用车在公共停车场停车首两小时免费。2012年起，更新、新增公交大巴为纯电动汽车，构建城市分级公交线路结构及绿色路网系统。2013—2015年期间，深圳推广应用新能源汽车3.4万辆。2015年、2016年分别推广纯电动公交大巴3 616辆、9 638辆。截至2017年底，深圳已累计推广新能源汽车超过12万辆，其中纯电动公交车1.6万辆，成为全球首个实现公交全部纯电动化的特大城市；纯电动出租车1.3万辆，出租车纯电动化率超过90%，纯电动出租车运营规模全球最大，预计到2020年，出租车纯电动化率达100%。在物流领域，通过建立第三方

深圳市绿色货运公共服务平台，帮助物流企业筛选优质新能源物流车产品，逐步提高新能源物流车、环卫车、港口场内拖车等使用比例。目前，全市纯电动物流车辆保有量达 1.2 万辆，小型物流车纯电动化率超过 50%，保有量和使用量居全国城市首位。新能源私家车 4.9 万辆，全市累计淘汰黄标车 39.2 万辆。深圳拥有全国最全的大气治理地方标准，在全国率先开展 PM2.5 源解析、最早实施黄标车限行，全市禁燃高污染燃料，电厂排放水平达到世界最优水平。深圳生态环境局公布的数据显示，2019 年 1—7 月，深圳全市生态环境质量总体保持良好，PM2.5 平均浓度 21.1 微克/立方米，同比下降 4.6 微克/立方米，空气质量综合指数在全国 168 个重点城市中排名第三。

深圳超前规划充电设施建设，率先在全国颁布并实施《深圳市电动汽车充电系统技术规范》等充电设施地方性技术规范。深圳新能源汽车财政支持政策重点向充电设施倾斜，对其集中式充电设备(站、桩、装置)投资给予 30%财政补贴，已形成快充为主、慢充结合的充电设施网络基础，有集约式柔性充电堆技术、无线充电设施、移动补电车等多种充电方式。同时，积极推进新能源汽车充电设施公共服务平台建设，编制大功率交流充电、无线充电、柔性充电等领域地方标准，有住宅区和社会公共停车场按照 10%比例配建充电桩，引导更多社会资本参与充电设施建设。截至 2017 年底，累计建设公交综合车场(充电站)13 个，建设各类快慢充电桩约 12 万个；城市中心区域社会公共充电站服务半径小于 0.9 公里。

2. 实施“全收集、全处理、全回用”治污模式，水环境改善取得突破性进展

相比大气环境质量，水环境质量尤其是河流水环境质量是深圳环境的一大短板。遍布全市的 310 条河流中，有 133 条为黑臭水体。2016 年 12 月，中共中央办公厅、国务院办公厅印发了《关于全面推行河长制的意见》，要求各地区、各部门结合实际认真贯彻落实，我国将在 2018 年底前全面建立河长制。为实现水清岸绿，深圳全面建立并落实河长制，市委书记和市长分别担任深圳市正、副总河长，并亲自担任污染最重、治理难度最大的茅洲河和深圳河河长。深圳加大治污投入，开展挂图作战，实施“全流域治理、大兵团作战”，探索实施“地方+大企业”合作治水管理模式。

一是补齐污水收集和污水处理效能“两大短板”。2016 年至今，累计新增污

水管网 6 107 公里，完成 10 312 个小区正本清源改造，新扩建沙井二期等 6 座水质净化厂，提标改造横岭一期等 12 座水质净化厂，新增污水处理能力 103 万吨/日，总处理能力达 622.5 万吨/日，基本满足全市污水处理需求。二是推行“全流域治理、大兵团作战”。依托中电建、中交建等大型央企，引入 EPC 模式，在茅洲河流域共计投入人力 1.5 万人、设备 4 135 台，施工作业面共计 1 250 个，最高单日敷设管网 4.18 公里、单周敷设 24.1 公里，均创全国纪录。三是积极推进跨界河流治理。在省生态环境厅的支持下，主导制订深惠跨界河流交接断面水质达标方案，加快推进龙岗河箱涵溢流整改及跨界小流域整治，推动建立深莞茅洲河、深惠龙岗河“每月一会”工作机制，及时协调推进解决支流整治、界河清淤、底泥处置等问题。经过两年的集中整治，2018 年底，159 个黑臭水体中，146 个基本消除黑臭。2019 年 1—6 月，观澜河、坪山河持续达到地表水Ⅳ类，深圳河旱季稳定达到地表水Ⅳ类，茅洲河氨氮、总磷同比改善 50%。深圳在全国地表水考核断面水质变化中排名第十，成功入选全国“无废城市”建设试点。因重点区域大气、重点流域水环境质量改善明显，深圳成为广东省唯一因 2018 年度落实重大政策措施真抓实干成效明显被国务院予以督查激励的城市。

3. 实施“集中分类投放＋定时定点督导”的住宅区垃圾分类模式

垃圾处理不仅是民生问题，也事关一座城市的可持续发展。作为全国首批 8 个生活垃圾分类试点城市之一，历年来，深圳市委市政府一直将垃圾分类作为践行绿色发展理念、推动城市可持续发展的重要工作。2015 年 8 月 1 日，《深圳市生活垃圾分类和减量管理办法》施行，深圳开始全面推行生活垃圾分类。随后，相继出台国内首个垃圾分类专项规划、3 个地方标准和 7 个规范性文件，自推行生活垃圾分类以来，市、区、街道上下联动，形成合力。为科学系统地推进垃圾分类，破解垃圾分类难题，市城管和综合执法局不断强化顶层设计和机构保障；为让垃圾分类有效运转，各区政府（新区管委会）、职能局积极搭建九大生活垃圾分类收运和处理平台。此外，为提高生活垃圾分类参与率、准确率，各街道（办事处）充分发动党员干部、志愿者、社工、物业管理人员等，引导居民参与垃圾分类，形成了“集中分类投放＋定时定点督导”较为规范的住宅区垃圾分类模式，减少了大量分散的垃圾收集点（污染源），居民楼层的环境卫生大为改善。

第一，建立了覆盖全市的九大分流分类收运处理系统，逐步培育了分流分类体系的产业链。居民楼层不设垃圾桶,在楼下集中设置分类投放点。安排督导员每晚 7—9 时在小区垃圾分类集中投放点进行现场督导,引导居民参与分类、准确分类。为了更精准地进行生活垃圾分类,市城管和综合执法局、市生活垃圾分类管理事务中心将厨余垃圾纳入分类体系,并重新编制了《深圳家庭生活垃圾分类投放指引(2018 版)》。根据家庭生活垃圾的性质和回收利用情况,要求居民对废弃玻璃、金属、塑料、纸张和有害垃圾、厨余垃圾、废旧家具、废旧织物、年花年桔进行分类。目前,全市住宅区和城中村已配备了 7 000 多组垃圾分类投放设施,全市日均分流分类处理生活垃圾 2 700 吨。深圳每天分流分类和再生资源回收约 6 400 吨,回收利用率为 27%。随着分流体系不断完善和分类垃圾应收尽收,2020 年回收利用率要达到 35%以上。市城管和综合执法局正在积极配合推进立法工作,加强生活垃圾分类工作的刚性约束和强制保障。未来还计划推行垃圾处理费随袋征收,以此不断提升居民参与率,2020 年居民分类参与率要达到 80%以上。

第二,建立了以社会力量为主的宣传督导体系。通过实施蒲公英计划,聘请推广环保大使、招募志愿讲师、建立科普教育基地和微课堂,实现垃圾分类公众教育的规模化和常态化。此外,组织编印中小学和幼儿园垃圾分类知识读本,在校园开展垃圾分类实践活动,创建垃圾分类示范学校 650 所。从 2018 年开始,通过在部分住宅区建立垃圾分类集中投放点,安排志愿者定时定点督导,小区居民的参与率持续提升。

第三,深化生态环境监管制度改革,建立责任落实体系。为保障制度有效实施,深圳将生活垃圾分类工作纳入对各区政府的绩效考核,以及民生实事、治污保洁、生态文明考核,并运用信息化手段,对生活垃圾分类进行全过程监管。该体系围绕压实"六个责任"展开,即区、街道、社区开展辖区垃圾分类工作的责任,机关企事业单位开展垃圾分类的主体责任,物业服务企业在住宅区开展垃圾分类的责任,餐饮企业开展餐厨垃圾分类的责任,集贸市场开展果蔬垃圾分类的责任,收运、处理企业分类收运和处理垃圾的责任,从制度上确保垃圾分类工作层层落实。同时,加快推进智慧环保建设。深圳结合新型智慧城市建设,打造领先的智慧环保系统,运用信息化的平台、大数据的手段、智能化的设备,对所有工业企业、餐饮企业等进行污染排放实时、动态监测,不断提升工作的精细化、科学化水平，从而实现了生态质量、环境质量“双提升”和资源消耗强度、污染排放强度“双下降”。另外，深圳市还在全国率先对所有新建建筑执行绿色建筑标准，目前全市累计绿色建筑标识面积达 6 655 万平方米，规模居全国城市前列。“半城绿色半城蓝”的生态文明城市，PM2.5 年均浓度，生活垃圾、危险废物、医疗废物安全处置率，以及饮用水源地水质达标率等生态环境主要指标，均位居全国大中城市前列，深圳经济效益和生态效益实现“双提升”。2018 年，在住建部第二、三、四季度对全国 46 个重点城市生活垃圾分类工作检查考核中，深圳连续排名第二。

(四)实施“源头严防、过程严管、损害严惩、责任追究”环境监管机制，引导党政干部树立绿色政绩观

为推动环保责任落实，2013 年以来，深圳实施《深圳市生态环境保护工作责任清单》和《深圳市党政领导干部生态环境损害责任追究制度》的生态文明建设考核，将生态文明建设列为全市干部七项中的“一票否决”考核，以刚性的制度设计，引导各级干部树立绿色生态政绩观。每年对全市 10 个区(新区)、17 个市直部门和 12 个重点企业的生态环保任务完成情况进行考核。考核结果由市委常委会审定，纳入市管领导班子和市管干部考核内容。环保实绩考核阶段，对考核不合格的领导干部，规定在两年内不得提拔重用；对考核结果排名末位且未达到规定分数的单位“一把手”和分管领导，由市委常委、组织部部长进行诫勉谈话；对考核得分在 70 分以下且排名末位的单位，进行“黄牌”警告。从 2011 年起，环保工作实绩考核被纳入深圳市管领导班子的年度考核指标体系，实行“一票否决”，并作为深圳“五好”班子评比表彰的重要参考。2016 年考核方案新增了“考核得分连续两年排名末位由考核办组长对单位主要负责人和分管负责人进行约谈”的要求，进一步发挥了考核的激励和鞭策作用，也丰富了领导班子评价指标体系。除了在任期内要进行考核外，领导干部离任还要接受“生态审计”。生态审计制度促使各区淘汰和拒绝了一大批高消耗、重污染的项目，起到了有效保护环境的作用。2015 年，深圳东部湾区率先在全国建立城市 GEP 核算体系，实现城市 GEP 考核体系。据统计，多年来，在深圳持续打击违法排污的高压态势下，每年环保行政处罚超过 1 000 宗，每年罚款总额超过 9 000 万元。

自2015年1月1日起开始施行的新《环保法》，赋予环保部门按日连续处罚、查封扣押、限产停产、移送行政拘留和移送涉嫌环境污染犯罪5种新手段。深圳发挥特区立法权优势，先后出台绿色建筑、环境噪声污染防治等十多部法规，形成了一整套促进绿色发展的法规体系。法律是生态文明制度的“守护者”，深圳先后颁布并实施《深圳经济特区环境保护条例》、《深圳经济特区饮用水源保护条例》、《深圳市打好污染防治攻坚战三年行动方案（2018－2020年）》等一系列政策文件和行动计划，形成涵盖大气、水、土壤等领域保护和治理的政策措施体系。针对资源环境承载力和社会治理支撑力相对不足等制约城市长远发展的问题，深圳出台《深圳市可持续发展规划（2017－2030年）》，并获国务院批准，成为全国首批可持续发展议程创新示范区，努力探索经济、社会与环境协调并进的可持续发展之路。深圳把维护市民群众健康和环境权益作为污染防治攻坚的使命和责任，持续推进“利剑”系列执法专项行动，全面推进环保交叉执法，做到全面监管、分类监管、精准监管、交叉监管，严厉打击偷排污水、废气、垃圾等违法行为，加大“散乱污危”企业综合整治，提高环保执法的效能。2018年至2019年5月底，全市共立案查处环境违法案件3 591宗，其中查封扣押151宗、限产停产165宗、移交公安行政拘留120宗、涉嫌环境犯罪移送50宗；处理环境信访投诉案件14.4万宗。

三、抓住“双区驱动”战略机遇，增强深圳的核心引擎功能，率先打造人与自然和谐共生的美丽中国典范

2019年2月和8月，中共中央、国务院先后印发《粤港澳大湾区发展规划纲要》、《中共中央　国务院关于支持深圳建设中国特色社会主义先行示范区的意见》两份纲领性文件。其中，《粤港澳大湾区发展规划纲要》对粤港澳大湾区的战略定位、发展目标、空间布局等方面作了全面规划，将“绿色发展，保护生态”确定为大湾区合作六项基本原则之一。要求大力推进生态文明建设，树立绿色发展理念，坚持节约资源和保护环境的基本国策，实行最严格的生态环境保护制度，坚持最严格的耕地保护制度和最严格的节约用地制度，推动形成绿色低碳的生产生活方式和城市建设运营模式，使大湾区天更蓝、山更绿、水更清、环境更优美，为居民提供良好生态环境，打造宜居宜业宜游的优质生活圈，促进大

湾区可持续发展。

(一)深化粤港澳环保合作机制,增强深圳在推动大湾区建成国家绿色发展示范区方面的核心引擎功能

粤港澳大湾区包括香港特别行政区、澳门特别行政区,以及广东省广州市、深圳市、珠海市、佛山市、惠州市、东莞市、中山市、江门市、肇庆市,即“两区九市”总面积5.6万平方公里,2017年末总人口约7 000万人,经济总量约10万亿元,是我国开放程度最高、经济活力最强的区域之一。粤港澳大湾区作为中国参与全球竞争的主力区域,已具备了经济体量大、产业体系完备等特征,区域内城市集群规模增长极效应开始凸显。此外,这一区域作为“一带一路”战略节点,已初步构筑成为开放枢纽。这些特点为粤港澳大湾区建设奠定了良好的基础。但是,对标国际三大湾区,生态环境仍是粤港澳大湾区的最大短板,将制约生产要素和创新要素更进一步向粤港澳大湾区汇聚。目前,粤、港、澳三地正按照“规划纲要”,共同编制《粤港澳大湾区生态环境保护规划》,从环境保护总体规划编制、完善粤港澳大湾区环境治理合作机制等方面进行生态环保合作顶层设计,并细化粤港澳大湾区生态安全格局、水环境治理、大气环境治理、资源循环利用和绿色产业等方面具体合作事项,使三地在生态环境保护方面的合作迈上新台阶。

1. 加强粤港澳生态环境保护合作,构建以政府为主导、企业为主体、社会组织和公众共同参与的环境治理体系

健全和完善生态环境治理机制和体制,共同改善生态环境系统。粤港澳大湾区资源能源利用效率和环境质量与国际一流湾区相比,仍存在一定差距。以大气环境为例,2016年,粤港澳大湾区PM2.5年均浓度为30微克/立方米,而纽约湾区约为7微克/立方米,旧金山湾区和东京湾区分别为9微克/立方米和12微克/立方米。在地表水黑臭水体指标上,粤港澳大湾区占比达8.9%,其他三大湾区均为0。根据环保部的普查,广东省69条主要河流124个监测断面水质达标率由2013年的85.5%下降为2016年的77.4%;截至2016年底,深圳市污水管网缺口达4 600多公里,全市污水收集率不足50%。广东省废水排放量逐年增加,广州每天将大约47万吨生活污水直排流溪河或其支流,107万吨生活污水直接排放到深圳、东莞等其他城市的水域。人口压力和工业发展是导致粤港澳地区水体污染的主要因素。大湾区地表水黑臭水体占比8.9%,而国际

三大湾区已不存在地表水黑臭水体问题。粤港澳大湾区每1万美元GDP用水量为214.47立方米，比东京湾区高30%，单位GDP能耗是国际三大湾区的2倍左右。粤港澳大湾区空气质量与国际一流湾区水平相比差距明显，PM2.5年均浓度是同期国际一流湾区水平的3倍左右。建设世界级优质生活区亟须更高层次的环境治理，以良好的自然、人文和营商环境吸引生产要素集聚，进一步加快区域内要素自由流动，全面提升国际竞争力。

实施重要生态系统保护和修复重大工程，构建生态廊道和生物多样性保护网络。加强珠三角周边山地、丘陵及森林生态系统保护，建设北部连绵山体森林生态屏障。开展粤港澳土壤治理修复技术交流与合作，积极推进受污染土壤的治理与修复示范，强化受污染耕地的安全利用，防控农业面源污染，保障农产品质量和人居环境安全。强化协同处理跨境危险废物，提升固体废物无害化、资源化水平。加强海岸线保护与管控，强化近岸海域生态系统保护与自然属性修复，建立健全海岸线动态监测机制。开展水生生物增殖放流，推进重要海洋自然保护区及水产种质资源保护区建设与管理。划定并严守生态保护红线，强化自然生态空间用途管制，推进“蓝色海湾”整治行动，保护沿海红树林，建设沿海生态带。

开展珠江河口区域水资源、水环境及涉水项目管理合作，重点整治珠江东西两岸污染，规范入河(海)排污口设置，强化陆源污染排放项目、涉水项目、岸线和滩涂管理，建立入海污染物总量控制制度和海洋环境实时在线监控系统。加强东江、西江、北江及珠三角河网区污染物排放总量控制和水生生物资源养护，保障水功能区水质达标。强化深圳河等重污染河流系统治理，推进城市黑臭水体环境综合整治，贯通珠江三角洲水网，构建全区域绿色生态水网。实行生产者责任延伸制度，推动生产企业切实落实废弃产品回收责任。建立环境污染“黑名单”制度，健全环保信用评价、信息强制性披露、严惩重罚等制度。

2. 优化能源供应结构，创新绿色低碳发展模式

大力推进能源供给侧结构性改革，优化粤港澳大湾区能源结构和布局，建设清洁、低碳、安全、高效的能源供给体系。大力发展绿色低碳能源，加快天然气和可再生能源利用，有序开发风能资源，因地制宜发展太阳能光伏发电、生物质能，安全、高效发展核电，大力推进煤炭清洁、高效利用，控制煤炭消费总量，不断提高清洁能源比重。此外，还要强化水资源安全保障。坚持节水优先，完

善水利基础设施，大力推进雨洪资源利用等节约水、涵养水的工程建设。实施最严格的水资源管理制度，加快制定珠江水量调度条例，严格珠江水资源统一调度管理。加快推进珠三角水资源配置工程和对澳门第四供水管道建设，加强饮用水水源地和备用水源安全保障达标建设及环境风险防控工程建设，保障珠三角以及港澳供水安全。加强粤港澳水科技、水资源合作交流。加强珠江河口综合治理与保护，推进珠江三角洲河湖系统治理。

推动产业结构调整和区域产业布局优化。以生态环境保护作为推动粤港澳大湾区高质量发展、区域科技创新以及人才和要素集聚的牵引力，培育发展新兴服务业，加快节能环保与大数据、互联网、物联网的融合，构建以节能环保技术研发和总部基地为核心的产业集聚带，形成粤港澳大湾区绿色发展内生动力和长效市场机制。结合粤港澳大湾区城市发展定位和规划，充分发挥“两区九市”的比较优势。支持香港打造大湾区绿色金融中心，建设国际认可的绿色债券认证机构。支持广州建设绿色金融改革创新试验区，研究设立以碳排放为首个品种的创新型期货交易所。大力发展海洋经济，强化海洋观测、监测、预报和防灾减灾能力，提升海洋资源开发利用水平。优化海洋开发空间布局，与海洋功能区划、土地利用总体规划相衔接，科学统筹海岸带（含海岛地区）、近海海域、深海海域利用，集约发展临海石化、能源等产业。推广碳普惠制试点经验，推动粤港澳碳标签互认机制研究与应用示范。避免以牺牲环境换取经济增长，以低成本制造业参与世界产业分工，换取不可持续的“国际竞争力”。

3. 建设宜居宜业宜游的优质生活圈

香港、澳门与珠三角九市文化同源、人缘相亲、民俗相近、优势互补。在大湾区发展战略定位中，规划将“宜居宜业宜游的优质生活圈”确定为大湾区发展五项战略定位之一。要求坚持以人民为中心的发展思想，践行生态文明理念，充分利用现代信息技术，实现城市群智能管理，优先发展民生工程，提高大湾区民众生活便利水平，提升居民生活质量，为港澳居民在内地学习、就业、创业、生活提供更加便利的条件。因地制宜推进城市更新，合理划定功能分区，优化空间布局，加强配套设施建设，改善城乡人居环境，促进城乡集约发展，提高城乡基础设施一体化水平。加强多元文化交流融合，建设生态安全、环境优美、社会安定、文化繁荣的美丽湾区。在发展目标上，规划提出，到 2022 年，粤港澳大湾区综合实力显著增强，粤港澳合作更加深入广泛，区域内生发展动力进一步提升，发展活力充沛、创新能力突出、产业结构优化、要素流动顺畅、生态环境优美的国际一流湾区和世界级城市群框架基本形成。其中，绿色、智慧、节能、低碳的生产生活方式和城市建设运营模式初步确立，居民生活更加便利、更加幸福。到2035年，大湾区形成以创新为主要支撑的经济体系和发展模式，经济实力、科技实力大幅跃升，国际竞争力、影响力进一步增强；大湾区内市场高水平互联互通基本实现，各类资源要素高效便捷流动；区域发展协调性显著增强，对周边地区的引领带动能力进一步提升；人民生活更加富裕；社会文明程度达到新高度，文化软实力显著增强，中华文化影响更加广泛深入，多元文化进一步交流融合；资源节约集约利用水平显著提高，生态环境得到有效保护，宜居宜业宜游的国际一流湾区全面建成。

（二）率先打造人与自然和谐共生的美丽中国典范

《中共中央　国务院关于支持深圳建设中国特色社会主义先行示范区的意见》对社会主义先行示范区作出“高地”、“示范”、“典范”、“标杆”、“先锋”等战略定位，提出了“现代化、国际化创新型城市”、“社会主义现代化强国的城市范例”、“竞争力、创新力、影响力卓著的全球标杆城市”三步发展目标，赋予了深圳重大使命、重大任务、重大机遇。为全面贯彻落实《中共中央　国务院关于支持深圳建设中国特色社会主义先行示范区的意见》，应准确领会可持续发展先锋的定位，牢固树立和践行绿色发展理念，加快建设安全高效的生产空间、蓝天碧水的生态空间、舒适宜居的生活空间，使深圳成为生态文明高度发达、人与自然和谐共生的美丽中国典范，为落实联合国2030年可持续发展议程提供中国智慧与经验。

一是坚持先行示范区的目标导向，完善生态文明制度。对标生态环境最先进、最发达的国际大都市，系统谋划中长期规划，深化自然资源管理制度改革，加强生态环境监管执法，完善环境信用评价、信息强制性披露等生态环境保护政策，健全环境公益诉讼制度，构建以绿色发展为导向的生态文明评价考核体系，探索实施生态系统服务价值核算制度，为美丽中国建设创造可复制、可推广的成功经验和范例。

二是坚持问题导向，构建城市绿色发展新格局。以创建国家“无废城市”为契机，实施重要生态系统保护和修复重大工程，加快补齐污水收集和污水处理效能“两大短板”，强化区域生态环境联防共治，推进重点海域污染物排海总量控制制度试点，全面消除黑臭水体，严守生态红线。深入实施“深圳蓝”行动，推动大气质量向国际一流迈进，建立具有深圳特色的减量化、资源化、无害化处理处置模式。

三是推动形成绿色发展方式和生活方式。生态环境问题归根结底是发展方式和生活方式问题。加快建立绿色低碳循环发展的经济体系，构建以市场为导向的绿色技术创新体系，大力发展绿色产业，促进绿色消费，发展绿色金融。继续实施能源消耗总量和强度双控行动，形成绿色低碳的生产生活方式和城市建设运营模式，提升生态文明发展水平。

参考文献

[1]深圳市人居环境委员会：《“一街一站”让深圳大气治理走向精细化》，http://www.sz.gov.cn/szsrjhjw/xxgk/qt/hbxw/201810/t20181026_14339051.htm，2018年10月26日。

[2]深圳市人居环境委员会：《深圳2019年将深入实施“深圳蓝”行动　通过“限行+补贴”淘汰老旧车8万辆》，http://www.sz.gov.cn/szsrjhjw/ztfw/ztzl/stwmjssfcj/mlsz/201901/t20190129_15464943.htm，2019年1月24日。

[3]深圳市人居环境委员会：《打造生态文明体制改革“深圳模式”》，http://www.sz.gov.cn/szsrjhjw/xxgk/qt/tpxw/201811/t20181120_14582017.htm，2018年11月20日。

[4]深圳市生态环境局：《深圳着力改革创新　生态文明建设取得新突破》，http://www.sz.gov.cn/szsrjhjw/xxgk/qt/hbxw/201903/t20190314_16683865.htm，2019年3月14日。

[5]中共中央、国务院：《粤港澳大湾区发展规划纲要》，http://www.xinhuanet.com/politics/2019-02/18/c_1124131474.htm，2019年2月18日。

[6]新华社、广东省环境保护宣传教育中心：《把粤港澳大湾区建设成为生态环境优美、宜居宜业宜游的国际一流湾区》，http://www.sohu.com/a/295689797_120029435，2019年2月19日。

[7]中共中央宣传部：《习近平新时代中国特色社会主义思想学习纲要》，学习出版社、人民出版社2019年版。

[8]《深圳：努力走出独具特色垃圾分类之路》，《南方日报》，2019年6月19日，A21版。

[9]《深圳以绿色发展理念推进垃圾分类》，《深圳特区报》，2017年11月6日，A11版。

第六章　开放发展理念及其在深圳的实践

概　要：十八届五中全会提出："坚持开放发展，必须顺应我国经济深度融入世界经济的趋势，奉行互利共赢的开放战略，发展更高层次的开放型经济，积极参与全球经济治理和公共产品供给，提高我国在全球经济治理中的制度性话语权，构建广泛的利益共同体。"本章探讨了深圳践行开放发展理念的意义和价值，重点从深圳实行开放发展理念后对外经济贸易现状分析、深圳接收FDI现状分析、深圳经济特区对外投资现状分析、深圳经济特区的对外开放度四个方面分析了深圳在践行开放发展理念方面的举措。最后，总结了深圳经济特区的开放发展理念成效、开放发展理念的未来及政策谋划。

一、开放发展理念的内涵分析

中共十八届五中全会提出了包括开放发展在内的五大发展理念，内涵比以往的对外开放概念更为丰富。随着自身在国际分工中的地位越来越重要，在培育国际经济合作与竞争新优势的过程中，中国正努力推进从贸易大国向贸易强国的跨越，积极推进"一带一路"建设，现阶段开放发展的内涵也需要与时俱进。

按照当前的开放发展理念，进一步扩大对外开放的范围势在必行。入世后，我国虽然在扩大市场准入方面付出了很大努力，但这种付出更多是为了履行世贸组织成员的义务。从现阶段来看，我国开放的范围进一步拓宽。在外资准入方面，我国不仅在11个自贸试验区实行负面清单管理模式，而且从2016年10月1日起，对外资全面实行准入前国民待遇加负面清单管理模式。按照最新版本的《外商投资产业指导目录》，限制性措施仅剩63条，比2011年版缩减了将近2/3。这一系列开放并不是做给外界看的，而是带有更多的自主性，在很大程度上是为了提升自身参与全球资源优化配置的水平。

毫无疑问，进一步扩大开放范围是必需的，但作为发展理念，开放发展的内涵不仅仅限于在“门口”拓宽开放的大门，而且还要在“门外”与“门内”多做文章。

一方面，新的开放发展理念会更多考虑到“门外”拓展国际发展空间。与以往的对外开放不同，现阶段我国正在由经济全球化的配角演变为主角，在全球经济治理中的地位和话语权不断提升。近些年来，我国积极推进“一带一路”建设，赢得了许多国家的积极响应。中国在G20、APEC、金砖国家等重要国际合作机制中的影响力越来越大，人民币也加入了特别提款权的“一篮子货币”。同时，我国积极实施“走出去”战略，探索国际产能合作，努力实现合作共赢。我国一步一个脚印地实施自由贸易区战略，使互利共赢的“蛋糕”做得更大。

另一方面，新的开放发展理念也更要求在“门内”练好内功。以往，我国在扩大开放上“心有余”，但在练好内功上却“力不足”，这种状况现在也逐步好转。迄今，国家已经设立了11个自贸试验区，在12个地方开展的开放型经济新体制试点也已完成中期评估，在推进负面清单管理模式、实行“放管服”改革等方面不仅先行先试，而且还有序推广成功经验。结合打造制造业强国的现实需求，我国从质量、技术、品牌、服务等环节入手，积极培育国际贸易竞争新优势。在利用外资方面，我国也从以往侧重比拼政策优惠转向优化法治化营商环境，从而打造利用外资的“制度高地”。

作为五大发展理念之一，今后开放发展的范围会越来越大，内容会越来越多，水平会越来越高，开放的内涵也因此而与时俱进。

开放发展注重的是解决发展内外联动问题。现在的问题不是要不要对外开放，而是如何提高对外开放的质量和发展的内外联动性。我国对外开放水平总体上还不够高，用好国际和国内两个市场、两种资源的能力还不够强，应对国际经贸摩擦、争取国际经济话语权的能力还比较弱，运用国际经贸规则的本领也不够强，需要加快弥补。

此外，要推动形成全面开放新格局。中国开放的大门不会关闭，只会越开越大。要以“一带一路”建设为重点，坚持“引进来”和“走出去”并重，遵循共商共建共享原则，加强创新能力开放合作，形成陆海内外联动、东西双向互济的开放格局。

二、深圳经济特区践行开放发展理念的意义和价值

进入新的时代以来，中国经济仍受次债危机、贸易摩擦等不稳定因素引起的国际金融危机浸染，世界经济仍有潜在的凋敝发展势头，世界经济复苏缓慢、经济疲软以致加速的预期落空。在此大环境下，中国整体贸易进出口总额增长幅度下降。以外向型经济为战略目标的深圳经济特区，在全球金融危机爆发后进出口总额增长幅度也放缓，深圳一度在2014—2015年出现了负增长。

外部国际经济环境的不景气，逼迫中国经济不得不进行经济结构调整和优化。传统的劳动密集型、粗放型和资源消耗型经济难以继续下去，面对劳动力成本不断上涨，国内供需结构升级变化，一些传统民族企业不得不考虑生存和发展的新出路。国家产业政策大的方向鼓励"大众创业、万众创新"，推动新常态下创新驱动型经济增长模式。深圳经济特区作为改革开放的实验田，在产业结构调整方面取得了显著成就，尽管如此，作为中国对外经济政策的窗口，深圳在新兴产业国际竞争力方面还有很大的提升空间。

为了推动经济顺利转型，国家推出了以自贸区为代表的行政改革，先后在上海、天津、广东等地设立了若干开放水平更高的自贸区。深圳在经历了设置经济特区40年之后，2019年8月18日，《中共中央　国务院关于支持深圳建设中国特色社会主义先行示范区的意见》正式发布，深圳再次被委以重任。

随着全球经济一体化的进展，当今世界上任何国家的经济发展都可通过国内、国际市场与其他国家发生相互关联，尤其对发展中国家来说，闭关锁国的封闭政策只会使经济越发滑坡，甚至处在崩溃边缘。相反，大力发展对外经济贸易和合作，不仅有利于出口收入的急剧增加，多为国家创汇，也有利于在出口的刺激下带动相关产业行业的同步发展。然而，真实情况是，国际社会上，有些国家和地区实行改革开放多年来，对外开放并没有让这些国家和地区实现工业现代化、脱离贫困和实现经济上的成功。以我国改革开放初期设立的5个经济特区为例，它们作为改革开放的先行城市，5个经济特区发展水平也是参差不齐，既有成功的典范案例，也有发展乏善可陈的城市。

当前，深圳特区经济结构已脱离了传统的"三来一补"型企业及外贸经济框架，逐步形成了四大支柱产业（高新技术产业、文化创意产业、现代物流业、金融

业）的产业经济。深圳经济特区的对外开放政策成就了这座城市的迅速崛起，深圳经济特区成立的 40 余年中，开放发展理念对于深圳的中国特色社会主义先行示范区进一步发展、国家建立自贸区的定位和内地城市（如雄安新区）发展借鉴深圳成功经验具有重要的指导作用。

三、深圳在践行开放发展理念方面的举措

深圳作为中国建立最早的经济特区之一，对国内外的开放发展与经济改革一直起着较好的示范作用。

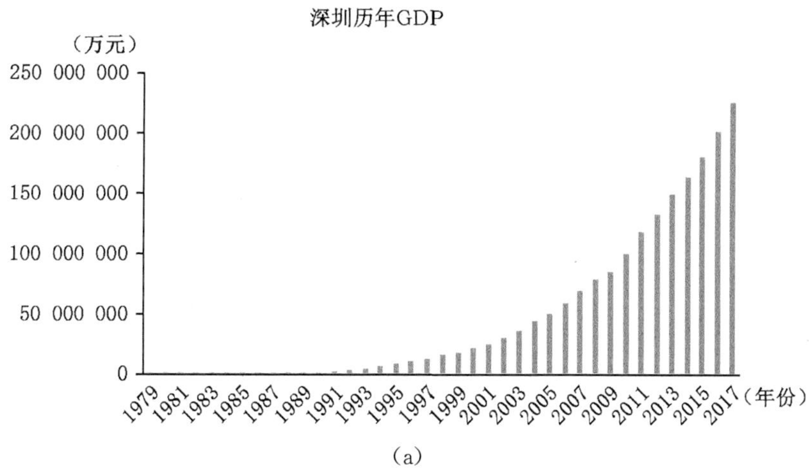

(a)

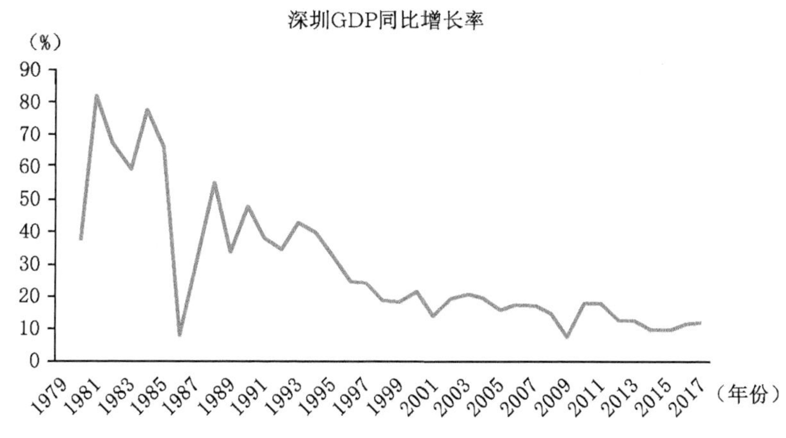

(b)

数据来源：《深圳统计年鉴 2018》。

图 6.1　深圳历年 GDP 及增长率

图 6.1 清晰地呈现了深圳经济特区成立之后的历年经济增长态势。从中可以看出，在特区成立之初的 5 年，其 GDP 呈现井喷式剧增，年均增长率均超过 58%。在经过 1986 年的调整之后，1987—1995 年的年均经济增速仍维持在 30%以上。1996—2004 年 GDP 增速比同期逐步放缓，2005 年至今基本维持 9%—18%的稳速增长，其中党的十八大后（2012 年至今）基本维持 9%—13%的稳速增长。2017 年，深圳 GDP 达到了 224 900 586 万元。

（一）深圳实行开放发展理念后对外经济贸易现状分析

1. 深圳实行开放发展理念后对外经济贸易基本状况

深圳 2017 年全年进出口总额为 41 414 596 万美元，比上年增长 3.9%左右，占全国和广东省的比例分别为 10.08%和 41.15%。其中，进口总额 16 978 806 万美元，同比上年仅增加了 5.53%；出口总额 24 435 790 万美元，自 2012 年以来，深圳经济特区出口总额呈逐年下降的趋势，这与当前国际金融风暴、中美贸易摩擦等大环境影响因素有关。

归纳深圳经济特区的对外贸易发展历程，结合相关统计数据，可将其大致划分为 5 个阶段：

（1）初建阶段（1979—1985 年）

1979 年深圳经济特区建立初期，该阶段基本上是利用国外原材料和技术加工生产成品再出口（即“以进养出”），以进口促动出口。建立初期，进口能用到的主要是国外原材料和消费品，能够出口的也主要是代加工生产成品。然而，随着经济特区规模的扩大，对外贸易的中心逐渐向外向型工业转移，机械设备、辅助设备和半成品等生产性产品成为进口的主要产品，进而自产产品持续成为出口的主要构成。

（2）兴起阶段（1986—1992 年）

进入 1986 年后，为改变贸易逆差境况，大力发展知识密集型、技术密集型的外向型产业成为本阶段深圳经济特区工作的重点，并较成功地实现了工贸结合的外向型经济模式，贸易结构也有所改变。而且，1987 年扭转了贸易逆差的情况，对外贸易进出口差额（出口超过对外贸易进口）达到 26 924 万美元。到 1989 年，深圳对外贸易出口实现 217 428 万美元，比上年增长 17.6%，贸易顺差已多达 59 597 万美元。到 1990 年，深圳进出口贸易总额 1 570 136 万美元，最主要的是，超额完成了出口计划，持续保持良好的发展态势。产品出口遍及更多国家和地区，海外市场不断扩大。利用外资签订协议(合同)项目排前几名的是中国香港、中国澳门、中国台湾、新加坡、韩国、日本、泰国、澳大利亚、马来西亚等国家和地区，对中国台湾地区贸易总额增长了 1 倍，“三来一补”企业迅速增长与成长，海外市场进一步扩大。协议利用外资额中，对外借款自 2004 年起不再涉及，外商直接投资和其他投资大体呈逐年递增态势。

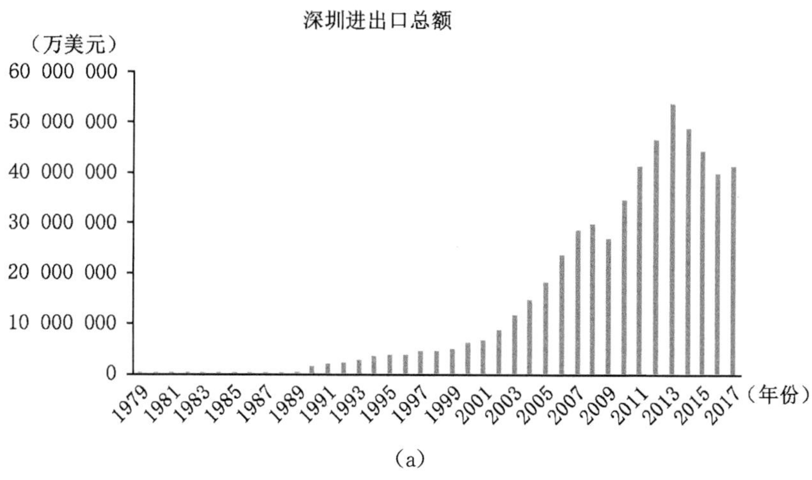

(a)

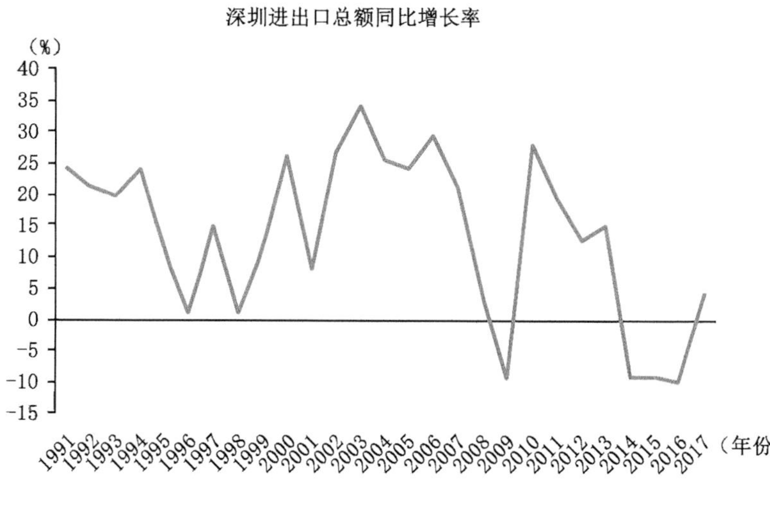

(b)

数据来源:《深圳统计年鉴 2018》。

图 6.2　深圳对外贸易进出口总额及增长率

(3)起伏阶段(1993—2000 年)

从 1995 年开始,深圳特区对外贸易增长速度放缓,相比 1994 年 3 498 281 万美元的进出口总额及 24%的同比增速,本年的出口增速为 12.1%,进口增速为 9.4%;1996 年的进出口总额基本与 1995 年持平,仅比 1995 年略增 28 382 万美元。众所周知,1998 年爆发了较大的亚洲金融危机,深圳经济特区对外贸易形势变得严峻:①深圳经济特区的出口贸易大部分需经香港转出,其比重高达 54%,因此,香港受到亚洲金融危机的冲击直接影响到深圳通过香港的转出口贸易。另一方面,香港和深圳的经贸共存联系也体现在“前店后厂”的分工及合作经贸模式上,亚洲金融危机对香港的冲击自然而然也冲击到了这种经贸模式。②东亚、南亚等各国通货膨胀、货币贬值,国际市场需求亏欠,出口量也就相应大幅缩减。然而,深圳一贯以外贸出口为主导,对外币贬值的影响反应最为灵敏和直接。③在亚洲金融危机的严厉冲击下,由于中国中央政府坚持强硬的外汇政策,采取了一系列措施保证人民币不贬值,这在短期内使深圳特区的外贸出口行业面临潜在压力。④亚洲金融危机过后,东南亚各国大部分采取减税或减息等扩张性的经济政策旨在缓解,如此又导致部分外国资本向东南亚地区回流,造成深圳经济特区面临较大的资本压力。

(4)飞速阶段(2001—2011 年)

进入 21 世纪之后,深圳对外贸易飞速发展,年增长率平均超过 25%。根据《深圳统计年鉴 2018》数据,2011 年深圳对外贸易进出口总额为 41 409 312 万美元,出口总额和进口总额分别达 24 551 760 万美元、16 857 552 万美元,同比增长率分别为 20.2%和 18.2%,进出口差额(贸易顺差)达 7 694 208 万美元。在本阶段,深圳经济特区的出口贸易中,来料加工企业不断升级成为技术含量高、自主创新程度高的企业,而且增长速度快,创汇比重占出口创汇总额最大;“三来一补”贸易虽然仍然增长,但增速逐渐放缓,其比重在对外贸易中的份额已由 2000 年的 32%降低至 2011 年的 10%。深圳在此阶段的自主创新能力较之以往得到了很大幅度的提升,并逐渐占主导地位,而技术含量低的劳动密集型“三来一补”企业、行业已逐渐丧失其原有的主体地位。

(5)调治阶段(2012—2017 年)

由次债危机(次贷危机)引发的金融危机导致美元兑换人民币汇率年持续

升值，造成企业出口产品成本不断上升，这对出口企业造成了剧烈的冲击。深圳经济特区出口的产品主要包括电子科技产品、高新技术产业产品，其所占比重虽然很大，但缺乏品牌知名度和核心竞争力，这也是不容回避的现实问题。加之现在国际经济复苏较缓，部分发达国家也处在内忧外困的经济旋涡中，国际市场需求持续低迷，在此背景下，深圳经济特区对外贸易发展速度也日趋减缓。另外，持续下调的压力也是全国经济都面临的问题，因此，调结构稳增长一时也就成为亟待解决的问题。深圳在此环境下，采取了一些调治措施，如相继成立了前海深港现代服务业合作区、蛇口自贸区，旨在进一步践行开放发展理念。

2. 深圳经济特区的外贸依存度

外贸依存度是指一国或地区的经济依赖于对外贸易的程度，其定量表现是一国进出口贸易总额与其国内生产总值之比，一般用其来衡量一个国家或地区对国际市场的开放程度和依赖程度。一个国家或地区的外贸依存度越高，说明对外贸易对于该国或该地区的经济增长影响作用越大。外贸依存度不仅表明一国或地区经济依赖于对外贸易的程度，还可以从一定程度上反映一国或地区的经济发展水平以及参与国际经济的程度。外贸依存度是由出口依存度和进口依存度相加得到的。出口依存度为出口总额占国内生产总值的比例，相应地，进口依存度为进口总额占国内生产总值的比例。为方便表示，外贸依存度用 R 表示，进口依存度用 RI 表示，出口依存度用 RE 表示。即 R＝对外贸易总额/国内生产总值＝$RE+RI$；RE＝出口总额/国内生产总值；RI＝进口总额/国内生产总值。比重的变化意味着对外贸易在国民经济中所处地位的变化。

根据《深圳统计年鉴 2018》公布的数据，通过以上计算方法得出深圳 1982—2017 年外贸依存度、进口依存度、出口依存度的数值，如图 6.3 所示。

从图 6.3 我们可以清晰地看出，1982—1987 年期间，深圳的进口依存度大于出口依存度，此后的出口依存度一直大于进口依存度，且深圳的外贸依存度从 2008 年开始有整体下降的趋势。

为了更好地对比说明深圳经济特区的外贸依存度，下面将深圳对外开放度同四大直辖市中的上海、重庆以及全国平均水平的 R 进行比较，如图 6.4 所示。

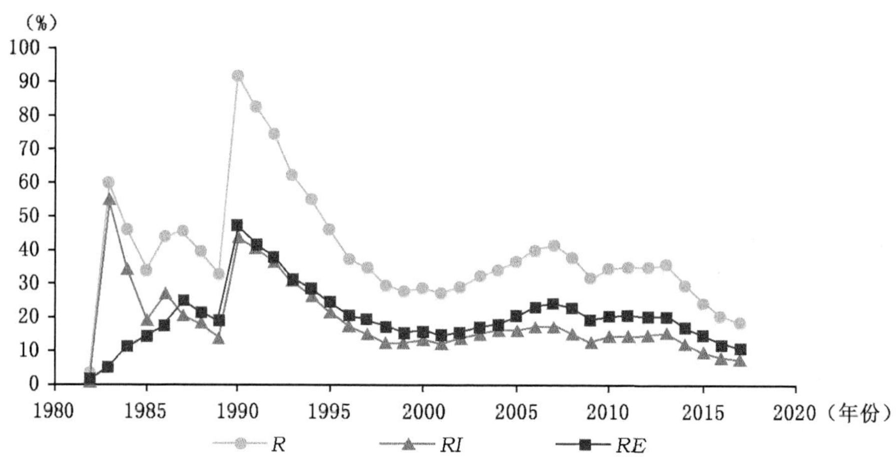

数据来源:《深圳统计年鉴 2018》。

图 6.3　1982—2017 年深圳对外贸易依存度变化

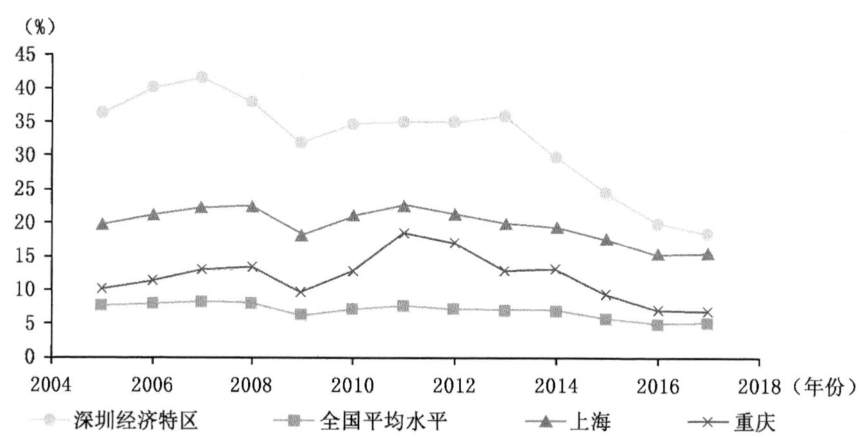

数据来源:《国家统计年鉴 2018》、各省市统计年鉴(2018)。

图 6.4　2005—2017 年国家、深圳、上海、重庆外贸依存度比较

由图 6.4 可以看出,深圳的外贸依存度远远高于全国平均水平,而且也高于其他两个直辖市。说明相比国内大型城市来说,深圳的外贸依存度和对外开放水平算是很高的。但是 2013 年之后,深圳的外贸依存度下降速度也是很快的,明显高于全国和上海、重庆的平均水平。这也从一个侧面说明了外向型经济的深圳经济特区对于国际市场的依赖性比较大,国际金融危机和市场的波动对深圳经济增长的冲击是更加显著的。

3. 深圳经济特区外贸对经济增长的贡献

测算对外贸易对经济增长的贡献方法有很多，由于篇幅的限制，本章采用常用的计算方法，采取两个维度来评估：净出口对经济增长的拉动率与净出口对经济增长的拉动度。

$$\text{净出口对经济增长的拉动率} = \frac{\Delta(X-M)}{\Delta GDP} \times 100\%$$

$$\text{净出口对经济增长的拉动度} = \text{净出口贡献率} \times \text{经济增长率} \times 100\%$$

根据公式，利用《深圳统计年鉴 2018》的各项相关统计数据，计算 2005—2017 年期间深圳净出口对经济增长的拉动率和净出口对经济增长的拉动度，结果如表 6.1 所示。

表 6.1　　净出口拉动率和拉动度

年份	GDP（亿元）	GDP 增长率（%）	净出口（亿元）	净出口拉动率（%）	净出口拉动度（%）	净出口占 GDP 比例（%）
2005	4 951	16	1 656.34	144	23	33
2006	5 814	17	2 774.62	130	22	48
2007	6 802	17	3 760.37	100	17	55
2008	7 787	14	4 131.29	38	5	53
2009	8 290	6	3 674.63	−91	−5	44
2010	9 773	18	4 171.22	33	6	43
2011	11 516	18	4 969.54	46	8	43
2012	12 971	13	4 790.75	−12	−2	37
2013	14 572	12	4 578.60	−13	−2	31
2014	16 002	10	4 974.60	28	3	31
2015	17 503	9	5 332.71	24	2	30
2016	20 080	15	5 789.65	17.7	2.7	28.8
2017	22 490	12	6 126.57	14	1.7	27.2

数据来源：《深圳统计年鉴 2018》。

从表 6.1 可以看出，深圳经济特区对外贸易对于本地经济增长具有巨大的推动作用，平均拉动率达 20.5%，平均拉动度达 7.2%，尤其是 2008 年金融危机爆发前的 3 年，拉动率均超过 100%，2008 年以后，净出口拉动率陡然下降，但近 3 年随着全球经济的徐徐复苏，深圳对外贸易对经济的拉动也渐趋平稳。

一言以蔽之，可探析到对外贸易对于深圳特区经济增长的作用主要在市场拓展、科技进步、乘数作用、人力资本增加四个方面更为显著。在市场拓展方面，深圳经济特区早期就以外向型经济为发展目标，借助引进的外资所成立的生产工厂主要以对外出口为主，利用廉价的劳动力成本，深圳经济特区逐渐成为世界的加工要地，占据了该领域的大片国际市场。例如，富士康企业就是深圳成为世界代工厂的一个典型代表，深圳华强北也成为电子行业的集散场所。从科技进步和发展的角度讲，国外先进生产资料的引进对深圳早期的经济增长起到了非常重要的作用，国际直接投资组织所开办的“三来一补”型企业使深圳经济特区迅速实现了工业化，这些企业的先进管理办法和生产经营方式也被我国其他本土企业学习和借鉴，有力地促进了我国本土企业的发展。在乘数作用方面，深圳经济特区在外向型经济的发展基础上积累了大量的资本，这些资本又后续投入深圳经济的进一步发展中，再次促进了深圳特区经济的连续迅速发展，这些都可以从深圳对外资的依赖度逐渐降低中得到印证。从人力资本的积累角度来说，一方面，外贸企业的发展有利于吸引大量外来劳动者参与深圳特区经济的建设，使得劳动力的数量急剧增加。据现在最新数据显示，深圳经济特区 1 200 万人，仅有 325.5 万为户籍人口，深圳人口的增加主要来自外地移民。另一方面，对外贸易的发展，一是培养了大量的专业技术工人，二是培养了大量的外贸人才，许多在工厂打工的人员后来自己开公司办厂，成为深圳民族企业的第一批创业者和先行者。

(二)深圳接收 FDI 现状分析

1. 深圳利用 FDI 的基本状况

由图 6.5 可以看出，深圳的年均 FDI 增长率为 16.35%。根据 2018 年深圳统计公报数据显示，2017 年，深圳经济特区全年新签外商直接投资合同项目 6 757 个，比上年增长 63.5%；实际使用外商直接投资金额 74.01 亿美元，增长 9.9%。

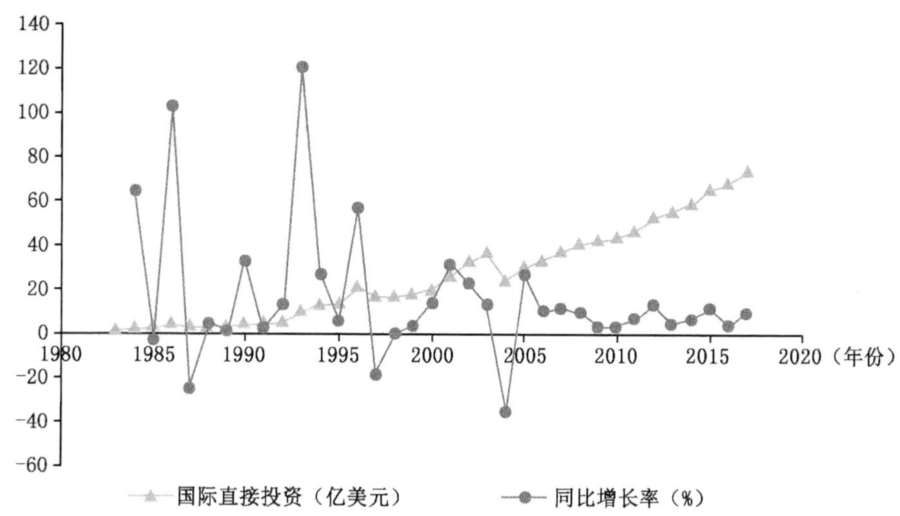

数据来源:《深圳统计年鉴 2018》。

图 6.5　深圳历年国际(对外)直接投资及其同比增长率

鉴于深圳毗邻港、澳、台的地缘优势,深圳经济特区成为吸收国际直接投资(FDI)最多及 FDI 发展最快的城市之一,且其 FDI 总额位居全国各大城市第五,全国 FDI 总额前五名依次为上海、苏州、北京、广州、深圳。

早期(1979—1991 年),深圳经济特区刚设立,资金较匮乏,外汇缺口也较大,此时,国际直接投资对于深圳填补资金缺口、发挥资本作用推动生产发展做出了重要贡献。FDI 与深圳经济增长呈现出低起点基础上赶超效应明显的快速增长。但是,这一时期真正进入深圳的外资总体上还是很少的,国际直接投资合计才 27 亿美元。到了 1992 年至 1996 年阶段,由于 1992 年邓小平同志发表了极其重要的南方谈话,肯定了改革开放路线的正确性,特别是对深圳经济特区的视察,为深圳改革注入了强劲的生命力和发展动力,外商尤其是港、澳、台商人一下子提高了对内地和深圳市场的信心,国际直接投资又获得了新一轮的井喷式增长。从 1991 年到 1995 年,FDI 项目由 985 项直接剧增至 1 634 项,实际投资金额由 4 亿美元直接剧增到 21 亿美元,年均增长达 44%。其间,FDI 增长使经济增长也受到了强有力的拉动作用。1991 年至 1996 年,经济奇迹般地以年均 34%的超高速快速增长。1997 年至 2007 年,由于亚洲金融危机的爆发及其深远影响,深圳 FDI 于 1997 年至 1998 年间持续下降,但是,在经过短暂的下降后立即调整，此时随着宏观经济调控实施的成功和国际经济的复苏，深圳 FDI 继续保持稳定、健康的快速增长，强有力地拉动了深圳特区经济的高速增长，深圳经济增速持续保持在 15%－21%之间的高水平。由于受 2008 年金融危机的影响，FDI 增长速度大幅下降，由原来 10%以上的增速下跌至 3%左右。

2. 外资依存度

外资依存度的计算方法是用 FDI 总额除以当年的 GDP。对于发展中国家和地区来说，外资的流入除了能为发展中国家和地区提供充裕的资本来弥补资金短缺之外，还引入了先进的生产技术。所以，国外资本与国内资本相比而言是不同质的，其蕴含了相对于发展中国家来说较先进的技术，对于发展中国家也有明显的技术扩散和技术外溢作用。也就是说，对于发展中国家来说，外资依存度也能从一个方面反映出一个国家和地区对外开放的程度。

查阅《深圳统计年鉴 2018》，可计算得出深圳 1983－2017 年的外资依存度，如图 6.6 所示。

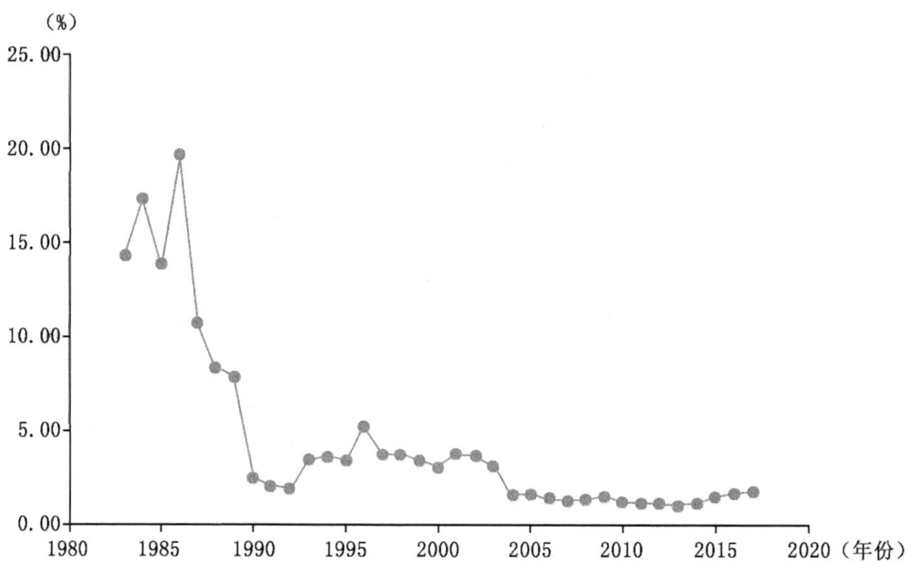

数据来源：《深圳统计年鉴 2018》。

图 6.6　深圳经济特区历年外资依存度

为了更直观地表现深圳的对外开放度，本节同时计算了深圳与全国平均水平的外资依存度，如图 6.7 所示。

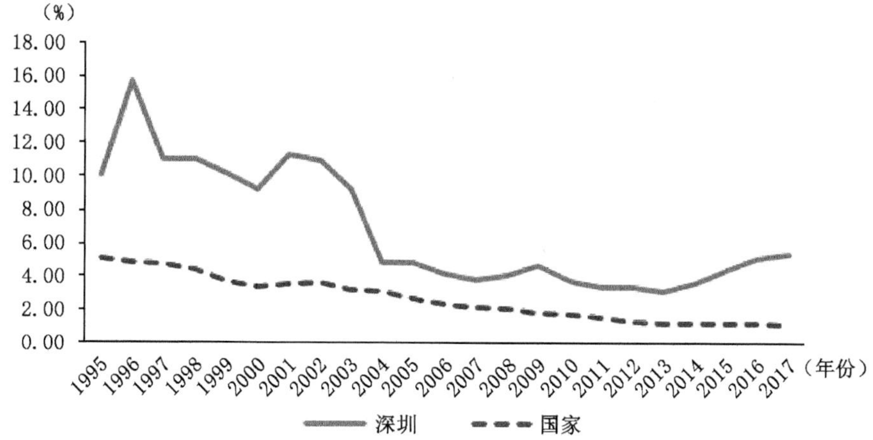

数据来源：《国家统计年鉴 2018》、各省市统计年鉴，http://www.stats.gov.cn/tjsj/ndsj/2018/indexch.htm。

图 6.7　外资依存度比较

由图 6.7 可以看出，深圳的外资依存度一直高于国家平均水平。结合图 6.6 可以看出，在 2004 年之前，深圳的外资依存度远远高于国家平均水平；2004—2013 年间，深圳与国家平均水平差距维持在较稳定的区域内，且与国家平均水平的差异进一步缩小；2013 年之后，深圳的外资依存度又逐渐增长起来了。

再结合图 6.5 我们可以得出以下结论：深圳的外商直接投资长期以来都呈增长态势，2004 年之前速度较高，2004 年之后增长速度脚步放缓，同时，对外依存度也在 2004 年之后逐渐降低，呈现出外商直接投资总体稳定增长，但是对其依赖程度近年来逐渐降低的发展态势。这也从一个侧面说明，国内资本的迅猛发展已经成为对外贸易的重要支柱力量。原因有两个：其一，改革开放前期，外商资本扩散和溢出来的技术、管理经验被国内企业充分学习借鉴，使得深圳资本与国外资本渐趋同质；其二，改革开放初期的经济飞速发展，为深圳经济特区积累了大量的资本，对于外商投资的依赖程度自然而然也就逐步降低。

3. 对外直接投资对深圳经济增长的贡献

对外直接投资也称“国际直接投资”（Foreign Direct Investment，FDI），对于深圳特区经济的快速发展起到了不可估量的促进、推动作用。如果没有国际直接投资，深圳的经济不可能出现奇迹般飞速发展及迅猛增长。国际直接投资对经济发展的推动作用，最直接的是促进资本积累的形成，然而，对外直接投资资本和国内资本是两个不同质的资本，国际直接投资包含了大量的生产创新技术及管理技术，其带来的技术辐射及溢出作用对于深圳经济增长的影响将在后文进行较深入的探讨。

对外直接投资对于深圳特区经济增长的作用具体表现在：既可以促进资本的形成，又可以促进贸易发展和具有技术扩散效应。具体表现有：从深圳外商直接投资的增长和对外贸易额的增长来看，早期深圳对外直接投资大多来自中国香港、中国台湾等境外地区，而且投资所建立的大多是“三来一补”型外贸企业和合资企业，这两类企业当时占深圳外贸进出口的重头部分，它们直接促进和影响了深圳对外贸易的深入发展和进步延伸；从资本形成的过程来看，深圳经济特区成立之初伴随经济的持续快速发展，深圳 GDP 不断提高，深圳的储蓄额也随之不断攀升，如此对于外资的依赖逐渐减小，这也就是外资依存度降低的一个很重要的原因；从技术扩散的角度来看，外商直接投资设立的工厂不仅直接为深圳带来了先进的机器生产设备，而且也显示出了对于深圳人力资本积累的效应，大量在台资、港资等外企工作的员工后来自己开办企业，成为深圳第一批民族企业的开拓者、领头羊。

（三）深圳经济特区对外投资现状分析

1. 深圳经济特区对外直接投资的基本状况

由图 6.8 可以看出，中国对外投资额飞速发展，近年来，对外直接投资（Outbound Direct Investment，ODI）规模发展迅猛。据来自国家商务部统计公报的数据显示，中国对外直接投资规模由 2007 年的 198 多亿美元增长到 2016 年的 1 720 多亿美元。截至 2016 年底，中国对外投资累计存量已达 1.3 万亿美元。据不完全统计，深圳的境外企业和机构已达 3 900 多个，遍布全球五大洲的 127 个国家和地区。根据“深圳市走出去战略合作联盟”官网显示，深圳对外投资行业已经涵盖多达 28 个行业。

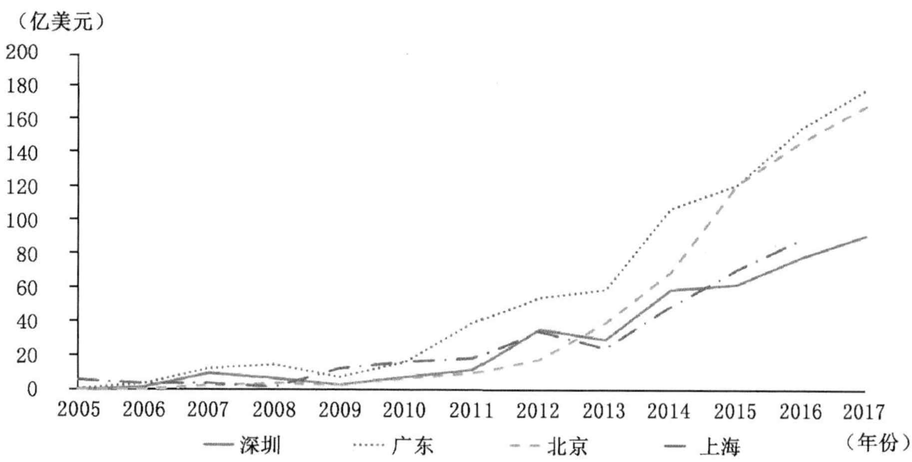

数据来源：商务部：《2018年度中国对外直接投资统计公报》。

图6.8　部分省市对外直接投资额比较

从20世纪80年代开始，深圳企业便大胆实施“走出去”的发展战略，对外投资也就自然而然呈现出良好的发展态势；到90年代末期，深圳的企业对外投资持续保持大幅增长态势，涌现出了华为、中兴、迈瑞等一大批“走出去”的国际化典范明星企业，形成了独特的深圳企业国际化发展模式，有力地提升了深圳的国际竞争力和科技创新度，这些对于深圳这样一座年轻的城市快速建设成为国际化大都市具有重要的意义。

特别是近几年来，深圳一些民营企业，如华为、中集、中兴、腾讯、创维、大疆、比亚迪、招商银行、迈瑞、研祥等已在国际化的舞台上成功开创出良好的局面，形成了“雁群效应”，即大型企业是“领头雁”，带动周边中小型企业紧跟跑。

由于受美国次级房贷危机引发的金融危机影响，很多境外企业有被并购的愿望，深圳民营企业“走出去”的步伐显著提速。据统计，2014年1—10月间，深圳经核准的境外投资协议投资额为36.52亿美元，同比增长高达122.90%。其中，中方协议投资额为33.99亿美元，同比增长高达111.12%。深圳实际对外直接投资额为24.66亿美元，同比增长高达31.91%，占广东省的比例为39.01%，约占全国地方的7.61%，在全国地方城市排名中位列第二，仅次于北京。党的十八大以来，深圳经济特区实现了“走出去”战略的跨越式大发展。值得一提的是，深圳企业不仅在“走出去”的企业数量上取得了新突破，从而在发展规模上取得了长远发展，而且在发展质量上，“走出去”战略也得到了质的飞跃，投资不断向价值链的高端涌入，对研发机构的投资加大、加快推进也成为深圳企业所关注的新热点。

伴随着深圳经济特区对外投资的步伐加快，据了解，深圳已有数千家企业在全球范围内逾 120 个国家和地区分布，华为、中兴、腾讯、比亚迪等一批龙头企业成为“领头雁”，长于深圳、立足深圳的本土跨国公司集群初步形成。华为、中兴通讯、中集集团、比亚迪、海能达等一批拥有自主知识产权的企业在技术创新、生产外包、市场开拓、营销服务等领域全球布局，国际竞争力和影响力不断扩大，初步形成了深圳的本土跨国公司集群。根据相关统计数据，深圳经济特区的对外投资存量在国内大中城市排名中名列第一，并且约占本省 50%，占全国 10%以上。深圳企业正在积极“走出去”，参与国际竞争。截至 2018 年 9 月，深圳在境外设立备案的企业累计投资总额超过 800 亿美元，主要涉及批发零售、租赁信息传播和信息技术服务业。2016 年前 9 个月，深圳对外投资额已达 78.43 亿美元，同比超过 200%。企业“走出去”，除了有金融机构的推动外，还有不少社会民间组织的助力。2015 年国家提出“一带一路”战略，2016 年正式揭牌的深圳市走出去战略合作联盟，将通过设立投资基金，对深圳企业境外项目进行投资，并联合境内商业银行、国家开发银行、中国进出口银行等金融机构为企业保驾护航、提供便利服务。

综上分析，我们可以总结对外投资有利于经济增长，在拓展海外市场、调整产业结构、逆向技术溢出效应方面成效非常显著。在拓展海外市场方面，许多深圳本土企业为提高国际市场竞争力，在全球各地设立了营销渠道、研发机构以及各种制造基地，例如中集集团在海外品牌建设方面推陈出新，通过获取多方海外品牌代理等方式构建完整的供应链管理系统，有效地降低了生产制造成本；在调整产业结构方面，基于深圳特区经济迅速发展，劳动力成本极速上升，“三来一补”型贸易在深圳经济特区已不再具有优势，大量低端制造业开始朝东南亚国家转移，为深圳经济特区高新科技、先进制造业等产业的发展留置出大量的社会资源；就逆向技术溢出效应来讲，深圳经济特区一大批成长起来的企业纷纷投入激烈的国际竞争中去，一些民族企业去欧美投资新建工厂或收购，渐渐适应了国际竞争规则，也通过收购和竞争获取了大量的技术专利，提高了深圳民族企业的国际综合竞争力和影响力。

2. 深圳经济特区对外投资方面存在的问题

深圳经济特区尽管对外投资起步早，发展也较迅速，但面临和存在的挑战仍较多，具体表现在以下三个方面：

(1)境外投资规模较小，导致后头发展无力

深圳经济特区境外投资的民营企业中，除了华为、中兴等极少数明星企业对外投资具有一定的规模水平之外，大多数走出去的民营企业投资规模普遍偏小，也缺乏强有力的国际核心竞争力。在一定成因上，由于雁行发展理论，深圳的产业梯次发生转移，但企业的国际经营理念和开放发展策略在一定程度上仍然是资本规模较大的角逐，无法形成较大的规模优势，继而导致竞争优势下降。降低生产成本有利于企业在激烈的国际市场竞争中取胜。

再者，国内资本市场尚不发达，而国际资本市场的整合也初具雏形，银行金融体系还未与国际经济市场较好地接轨，“走出去”的企业将由于缺乏母国金融机构的有力支持，较难获得融资来解决资金流问题。然而，企业落脚海外通常需付出必要的额外成本，这也就使得企业的发展受到掣襟露肘的束缚。

(2)产业链技术附加值低，创新动力不足

深圳对外投资的企业有相当一部分是由于深圳经济特区本地产业结构调整的结果，相对落后的产能对外急需寻求生产加工地。事实上，这些产业链技术附加值本来就很低，再加上这些传统企业普遍缺乏创新意识，创新动力不足，这就使得这些企业经常往追求劳动力成本降低方面考虑。客观情况是，这些企业虽然“走出去”了，但大多只是生产加工地换了一个地方，并未形成自己企业完整的一套产业链，也就是说，尚未真正占据产业链的上游，把控定价的话语权，例如富士康作为全球代加工厂就是一个典型。因此，“走出去”的深圳特区明星企业应当不断地进行技术革新和技术研发，努力打通产业链的中上游环节，形成核心竞争力，打造国际品牌，如此才能在国际市场竞争的众多对手中占据一席之地。

(3)国际管理体制尚不完善，国际管理型人才匮乏

目前，深圳经济特区投资境外的企业管理与经营模式大多还是延续国内的经验和方法，科技人才和管理人才资源总体上与发达国家相比还有较大差距，

在激烈的国际竞争中还处于劣势，境内和境外公司之间协同效用也未得到最大化发挥。因此，高素质的国际管理型人才资源的匮乏在深圳企业"走出去"的过程中就日益成为突出性问题。众所周知，跨国型企业离不开大批量国际型的管理、财会、数学、金融和法律专业人才。许多跨国型大中企业还没有建立起与国际竞争相匹配的人力资源管理体系，这些都对企业的海外扩展和国际竞争力的形成产生了一定程度的制约。

(四)深圳经济特区的对外开放度

1. 对外开放度通用计算

对外开放度是表征对外开放水平的一个参数，许多专家学者提出了各种方法和理论来计算对外开放度。目前对于对外开放度测算的文献也较多，但大多是采取因子分析法，枚举了很多关联对外开放度和对外开放水平的影响因子，对一个国家或地区的开放度或开放水平进行有效表征。但是一般认为，对外开放度的精确量化是没有太多意义的。以美、日、韩等发达国家为例，对外开放度或者说对外开放水平从宏观上看相差不大，但它们各国经济发展现状各异，这也说明精确的对外开放度量化对于解释国家之间的发展差异作用并不明显。另一方面，在研究明显差异的两国或区域间经济差异时，例如研究韩、朝两国之间的经济发展差异，也不需要用到如此精确的对外开放度的对比。简言之，对于一个开放的国家或区域来说，对外开放度的差异如果不是质上的区别，对于经济增长的分析功能是不够完美的，所以将经济对外开放度按照等级来划分，时间轴系上的因变是每若干年一变，也不易与经济增长对照剖析。因此，对于研究经济增长表征参数，对外开放度更具有解释的可信度，这是基于以下几点理由：一是对外开放水平可以作出较强的直观经济诠释，它可以以对外贸易依存度和外商投资依存度为表征标准去评定经济的外向程度以及对于外资的吸引力；二是对于一个发展中国家或地区来说，对外开放水平的大小可以较好地契合科学技术发展。

在已有文献对于对外开放水平或对外开放度的论述基础上，结合本章对于深圳实践的研究实际，采用外贸依存度和外资依存度两个参数来评价对外开放程度。推理如下：众所周知，一个地区经济体的经济和技术越落后，那么它的追赶效应就愈加显著，相应地，外商直接投资和对外贸易所带来的技术辐射、扩散效应也就愈加明显。对于发展中国家来说，我们可以构建出对外开放度与技术发展间的函数表达式关系。推理如下：首先，全球绝大部分的新兴技术诞生在发达国家并由此兴起，相应地，许多发展中国家在经济发展中往往对于发达国家存在着一定的依赖关系，发展中国家的科技进步及经济发展主要是通过发达国家对其进行直接投资，由此产生技术扩散和技术转移来实现。生产技术的辐射和扩散多数聚集在发达国家一些不太重视的、滞后落后产业的相关技术，另一种技术即管理技术的辐射和扩散通常是随同人力资本的活动而进行的。其次，尖端科学技术的研发往往是建立在大额资金基础上的，这恰好是发展中国家或地区的软肋，它们无法为尖端科技和高新技术的研发注入必要的资金，同时人才资源匮乏也是一个不容忽视的原因，从研发资金来看，全球研发支出基本是由发达国家占主导地位。长期以来，发达国家的研发投入占全球总研发资金的比重在 93%以上。

根据美国权威杂志 *R&D Magazine*（《科学研究与发展》）的统计，中国与世界部分发达国家的研发支出占 GDP 的比重等数据如表 6.2 所示。

表 6.2　　中国与部分发达国家 2018 年研发支出对比

排名	国家	研发投入（亿美元）	同比增加（%）	占 GDP 比重（%）	占全球比例（%）
1	美国	5 529.8	2.86	2.85	25.25
2	中国	4 748.1	6.74	1.97	21.68
3	日本	1 866.4	0.60	3.75	8.52
4	德国	1 165.6	1.50	2.84	5.32
5	韩国	882.3	3.28	4.32	4.03
6	印度	832.7	8.27	0.85	3.80
7	法国	631.2	1.59	2.31	2.88
8	俄罗斯	586.2	1.40	1.52	2.68
9	英国	496.1	0.92	1.72	2.27
10	澳大利亚	314.7	2.01	1.80	1.44

由表 6.2 的数据我们可以看出，世界主要发达国家年研发投入占 GDP 的比重均在 1.7%以上，查看往年数据并进行比较，该比重呈逐年递增的趋势，到

2018 年，美国、日本、德国的研发投入占 GDP 近 3%。而中国在党的十八大前期（即 2012 年以前），研发投入占 GDP 的比重连 1.3%都不到。党的十八大以后，随着创新、开放、绿色、共享、协调五大发展理念的提出和落地生根，中国研发投入占 GDP 的比重逐年增加，到 2018 年就高达 1.97%，位居表 6.2 中第六位，仅次于韩国、日本、美国、德国、法国。但我们也必须清醒地认识到，同期的老牌工业强国韩国高达 4.32%，美国高达 2.85%，日本高达 3.75%，德国高达 2.84%，法国也达到了 2.31%，从这个数字比较来看，我们与传统发达强国相比，还存在较大的差距。

根据 NBS（中国国家统计局）的最新调查数据显示，2015 年我国科技研发投入总经费为 1.39 万亿元，按汇率计算，中国科技研发经费在 2011 年首次超过德国，2014 年首次超过日本，一时成为仅次于美国的全球第二大科研经费注入国家。而事实上，2015 年的研发经费投入占 GDP 的比重为 2.08%左右，这个数据已达到中等发达国家的平均水平。

近年来，特别是党的十八大以来，快速增长的研发注入为中国国家经济的结构调整以实现经济模式转型、稳定经济增长做出了卓越贡献。但通过与党的十八大前期数据相比，可以发现，发展中国家的技术研发和科技创新能力严重落后，远远不能成为世界科技创新的主要力量，技术研发和技术进步主要依赖发达国家，发展中国家主要跟随发达国家的技术扩散和转移。那么，我们有足够的理由肯定，发展中国家或地区的科技进步在很大程度上与对外开放水平密切相关。因此，在经济发展较落后、科技水平较低的阶段，对外开放水平或开放度越大，与发达国家的经济贸易往来就越密切，就更能快速顺畅地接受发达国家辐射、扩散和转移过来的最新技术，科技进步的速度也就越快，经济增长速度也相应更快。但是，随着经济的发展，本土经济和科技水平进一步提升，对外开放所导致的外贸和外资对于本土技术的辐射、扩散和转移作用将越来越弱，对外开放水平也将呈现下降的趋势，即技术水平的进步与对外开放度是呈负关联的一种关系。由于经济增长与科学技术进步呈现正关联的关系，科学技术进步与对外开放度呈现负关联的关系，由此可推测出，对于发展中国家和地区，经济增长与对外开放度呈现负关联的关系。同时，也可以看到，一个国家或地区的经济和技术处于领先地位，技术进步和发展的绝对优势地位将导致其绝对的外贸出口优势，科技水平越高，相应地，对外开放度和经济水平同样越高。因此，可归纳一点，即发展中国家对外开放度和经济增长之间的关系是，先递减，到达最低点后，再变为递增的曲线关系。

综上，以外资依存度和外贸依存度表征的对外开放度对于发展中国家或地区来说，还具有评价科学技术进步的功能。对外开放度（Foreign Openness，FO）计算公式如下：

外贸依存度＝进出口总额/GDP

外资依存度＝对外直接投资/GDP

对外开放度＝外贸依存度＋外资依存度

根据《深圳统计年鉴 2018》相关数据分析计算，可得到 2010—2017 年间的对外开放度。为了有参照性地显示深圳对外开放度及对外开放水平的大小，我们将深圳与北京、上海以及全国整体平均水平的对外开放度进行比较，根据三个市的统计年鉴和全国统计年鉴数据，将计算得出的结果绘制成折线图，见图 6.9。

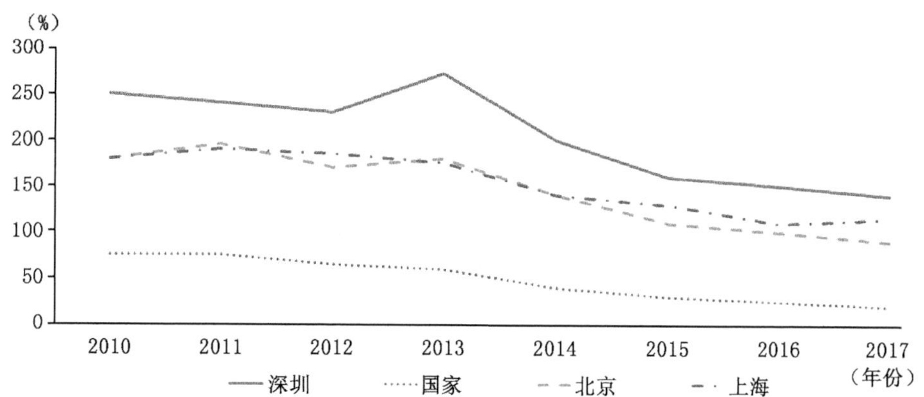

数据来源：各省市统计年鉴、《国家统计年鉴 2018》。

图 6.9　深圳与北京、上海及全国平均水平的对外开放度比较

从图 6.9 我们可以看出，深圳的对外开放度一直远高于全国平均开放水平和国内一线大城市如北京、上海的水平。可见，深圳的对外开放与发展一直走在全国前列，是名副其实的窗口城市和改革的排头兵。

2. 对外开放水平与经济增长率间的关系

为了直观、有效地评价深圳经济特区对外开放水平随GDP增长率变化间的关系，将深圳经济特区历年来的对外开放度与经济增长率的关系也绘制为折线图，如图6.10所示。

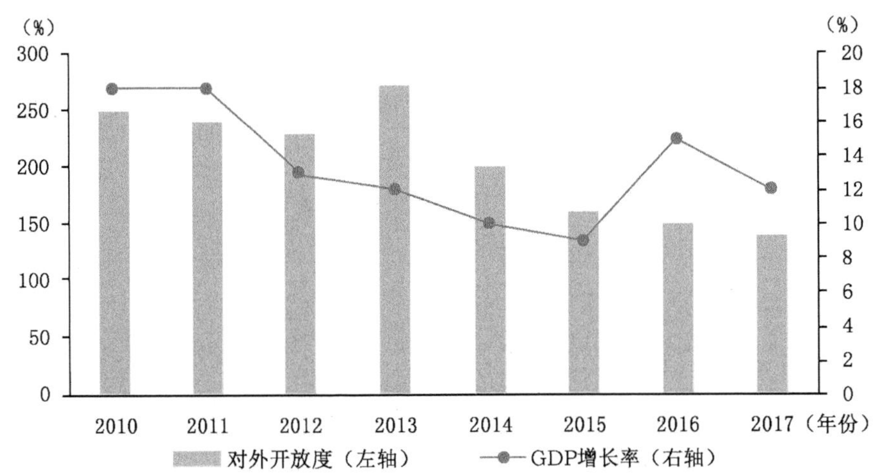

数据来源：《深圳统计年鉴2018》。

图6.10　深圳经济特区对外开放水平与经济增长率间的关系

由图6.10我们可以看出，排除2013年和2016年两个失常年份，深圳经济特区的对外开放水平与GDP增长率基本处于幅度不同但趋势大体相同的一致变动。结合深圳经济特区较高的对外开放度，可以有力地说明对外开放度与深圳的经济增长关系较为密切。对外开放度在一定程度上深刻影响着深圳特区的经济增长。对外开放水平与深圳GDP增长率间有着互为因果的关系，对外开放度的提高有助于提升深圳特区GDP增长率，深圳特区GDP增长率的提升又反过来促进深圳对外开放度及开放水平的提高。对外开放度对深圳经济特区的指导意义就在于，深圳经济特区作为一个典型的外向型经济城市，该城市在未来要持续保持高增长就必须要稳定和提高对外开放度，并将对外开放水平或者对外开放度的指标放在重要的参考位置上。

四、深圳经济特区的开放发展理念成效

根据前面的分析可知，深圳经济特区的外贸依存度虽然趋于降低，但整体

仍在国家平均水平及北京、上海等一线发达城市之上；外资依存度近年来有所下降，逐渐趋于国家平均水平。结合深圳经济特区自党的十八大以来的稳定增长，我们可以得出这样一个结论：深圳经济平稳增长的重要引擎之一就是外贸，作为一种典型的外向型经济模式，外商投资对于深圳经济特区的直接投资绝对值一直维持在稳定区域，然而，深圳经济特区的后一项指标即外资依存度却趋于下降，这其中的主要缘由是深圳经济特区的民族资本、民营企业在迅速成长、发展壮大，逐渐成为对外贸易的中流砥柱。这也表明，外资的技术扩散、辐射效应和技术溢出效应伴随深圳特区经济的发展和科技水平的持续提高而不断淡化，外资溢出和技术扩散被国内资本逐步吸收并消化，使得本土资本和国外资本越来越朝同化方向发展，加上建立在近年来我国经济发展的良好基础上，积累了大量的本土原始资本，使得深圳民营企业对于国外最先进的技术和管理经验依旧呈现需求增长的态势，但是对于一般的先进技术水平及管理经验的资本需求却不是那么强烈。然而，像这种很先进的核心技术一般又是被他国国内政府控制和保护的，并不轻易外传，如此一来，减弱了先进资本对深圳经济特区的扩散和流动。因此，在资本的根本特性上，深圳经济特区的资本渐变充裕，对外资的依赖性也就相应逐渐弱化。从资本的技术属性来看，由于深圳科技创新驱动战略的实施，技术水平已经发展到了一个较高的层次，拥有更好的科学技术水平，一来无法通过直接投资传播、扩散给深圳经济特区的本土企业，二来这些技术被母国政府所保护，无法用来放在深圳经济特区投资等诸多原因，致使深圳对外资的依赖度也明显降低。但是，随着深圳本土企业的崛起，例如华为、腾讯、中兴、研祥、比亚迪，这些大型公司潜心研发自己领域的核心技术，大力开拓国际市场，在它们的带领下，深圳经济特区对于外贸的依存度仍然维持在一个较高水平的层次。因此，在外资依存度大幅下降的特殊情况下，由于深圳经济特区对外贸易仍然依附海外市场，导致外贸依存度仍处于一个较高的水平，相比国内城市，深圳经济特区仍保持着很高的对外开放水平和开放度。

外贸和外资除了从进出口差额和资本的形成这一直接方面促进深圳经济特区的经济增长外，还从这一过程中同步进行技术的辐射和溢出促进。根据索洛经济增长模型有关理论可知，经济的长期增长是由资本积累、劳动力增加和技术进步共同决定的。劳动力增加不仅包括劳动力的供给数量，还包括劳动者愿意提供的劳动时间和强度(比如积极性)。开放发展理念对于一个地区的经济增长最直接的作用就是体现在科技进步和人力资本增加这两方面上。而发展中国家对外开放初期的科技进步又多数来源于发达国家技术辐射、扩散,技术辐射、扩散往往离不开对外开放的发展理念。

(一)开放发展理念的成效

开放发展理念对于深圳特区的经济发展具有较大的推动作用。从开放发展理念的内在联系来看,外贸在深圳特区的经济增长过程中积极、友好地发挥了开拓国际市场、促进科技进步、调节国内市场和推进人力资本积累的长效作用,并将深圳发展成为以外向型经济为主、对外贸易依存度极高的国际大都市。深圳经济特区的 FDI 来源主要是中国香港、中国台湾等境外地区,较好地发挥了资本形成、技术转移和辐射扩散、外贸发展的促进作用,特别是在发展初期,FDI 使得深圳经济特区的储蓄缺口和外汇缺口得到了极大的弥补,同时也为深圳经济特区打破"贫困恶性循环理论"发挥了关键性作用。尽管深圳的国际直接投资起步早、发展快,但仍存在许多问题,对外投资的发展契合了雁行模式理论,该理论对于深圳经济特区产业结构调整具有指导意义。然而,深圳经济特区的本土企业与西方发达国家在国际领域和行业竞争方面相比,还缺乏相关的运作经验,同时也存在国际复合型人才和技术紧缺等关键因素。在对外开放度方面,事实上,深圳经济特区已处于对外开放度与经济增长 U 型曲线的即将探底阶段,这与很多发展中国家或地区所处 U 型曲线位置不一样,通常后者处于左侧下降阶段;当技术差距缩小到一定的程度之后,外资进入则主要表现为竞争效应,产业结构也就得到极大升级与优化,此时劳动力成本也将大幅上升,同时,经济处于传统产业逐渐淘汰、新型产业尚未形成竞争力的尴尬境地。在 U 型曲线底部,要实现对外开放水平的提升,吸收不具有技术优势的国际直接投资已几乎不可能,因此,只有提高自己的科技水平,形成核心技术和国际竞争力,并将之转化为产业出口优势,才能使对外开放水平或对外开放度逐渐提升。有鉴于此,深圳经济特区为了越过 U 型曲线底部,除了在产业结构调整与优化方面下了很大功夫,更重要的是,在快速提升科技研发水平和创新能力方面下了很大功夫,形成了较有影响力的国际竞争力,发挥了外向型经济的最大优势。

从深圳开放发展理念的变化历程来看,人力资源资本固然很重要,而技术进步果断决定经济增长率。人力资本是科学与技术进步的主体和重要的生产要素之一。在深圳的经济增长过程中，从实践结果来看，人力资源资本既有促进作用，也有制约作用。主要原因是存在"知识过时"现象，"就业难"和"用工荒"并存的人力资本市场结构矛盾较突出。这有两方面的原因：一是由于劳动工作者进入深圳，边际效用迅速下降，给深圳的公共基础设施带来了不少的负担和压力；二是随着深圳特区经济产业结构的调整，高素质、高管理水平、高技术水平的劳动力相对于市场需求严重匮乏，而低水平素质的劳动者又显得相对过剩。所以，当前深圳经济特区的经济增长面临着人力资本市场结构严重异常。

（二）开放发展理念的未来及政策谋划

1. 提升国际外贸综合竞争力

根据上述研究可知，深圳经济特区的新兴行业、产业较缺乏优越的国际综合竞争力，而且经济增长积累的资本相对过剩。为提高其综合创新水平和创新能力，不仅需要充分发挥资本的功能，为过剩资本谋求出路，本着快速提升产业综合国际竞争力的目标，多渠道、多方位地促进深圳特区经济的飞跃发展，还需要提升特区对外开放水平及对外开放度，推动经济快速增长。

从上述分析也可知，深圳的外贸依存度相比国内其他大中型城市来说也算是比较高的，深圳经济特区是一个外贸占主要地位、经济外向型的城市，外贸对于深圳特区的经济发展具有极其重要的作用。同时，外贸结构的优化对于深圳经济贸易的长期发展和国际综合竞争力的提升具有极其重要的影响。党的十八大以来，深圳经济特区所推崇的"以质取胜"的出口战略已现成效，现代物流业、高新技术产业、生物医疗业、先进制造业产品的贸易规模越来越大，在外贸出口中所占的比重也持续上升。但与发达国家和地区相比，仍有较大差距。

例如，在经济全球化进程中，西方一些发达国家在经济、科技、文化领域占据绝对优势，深圳的文化创意产业尤其是在党的十八大以后发展迅速，文化创意产品不管是在创新技术上还是在发展内容形式上，综合国际竞争力都较突出。我国文化创意产业整体起步较晚，基础薄，缺乏强有力的国际竞争力，在当前国际市场对深圳市的文化创意产品认可、认证尚未有效开发的情况下，西方发达国家凭借它们在世界文化方面的统治地位，在文化创意产业领域也保持一贯的挑选原则，携全球化优势，竭尽全力地宣扬和传播它们的文化价值观，因此，中国文化创意产品在国际市场的认可度还有待提高。国际文化创意产业市场先前由西方发达国家主导，因此，对于民族文化创意产业尚未获得国际社会充分认可的国家而言，本土文化创意产业不但发展受限，而且很有可能处处受到严重冲击，甚至可能会打击本土文化自信，滋长国民片面过度热衷于外来产品的现象，长此以往，这种恶性循环将使本土文化产业发展陷入山穷水尽。虽然我国整体本土文化创意产业发展规模迅速，但在文化出口方面还没有打开更完美的局面。

为了解决深圳经济特区文化创意产业的窘境，首先，要构建好文化创新创意产业集群，打造完善的产业链，以便实现“乘数效应”和“集聚效应”最大化，从而促进相关第一、第二产业及周边配套服务业的协调发展。其次，要立足资源优势，培育打造特色文化产业，同时注重加强国际交流学习和合作。西方发达国家在文化创意领域耕耘多年，打下了深厚的基础，建立了成熟的加工模式和营销策略，有着丰富的实践经验，事实也证明，学习借鉴西方发达国家的文化创意产业发展模式，并在此基础上研发出具有我们自己特色的文化创意产业发展路径是最为有效的方式。当然，最重要的是避免与欧美、日韩等发达国家文化创意产业的撞车和竞争，积累文化创意产业的全球突破和竞争的经验。由于文化创意产业囊括了较多的软实力要素、人文要素，在文化软实力方面掌控着全球文化市场的意识形态和价值观，因此，如何在西方文明中发展、壮大带有中国文化元素的文化创意产业是一项艰巨的研究课题，中国文化创意产业要冲出亚洲、走向世界，必须搬开这块绊脚石、解套这个枷锁。总而言之，这个问题的彻底解决尚需中国企业、深圳企业长期的突破。

上述以民族文化创意产业为例，分析和探讨了如何提高我国文化创意产业、深圳文化创意产业的全球综合竞争力并赢得一席之位。这些建议也可以类推到深圳其他重要的民族产业，诸如物流金融行业、高新科技产业、生物医疗制药业、先进制造业、现代服务业，以期提升它们的国际市场综合竞争力。

2. 完善人才培养规划和人才引进机制

资本是影响长期经济增长的基本生产要素之一，在不同的历史发展阶段，其内涵的侧重点是有所不同的。在某个国家或某个地区经济发展的最初阶段，资本往往呈现为实体经济，通常以资本为载体将其他生产要素进行组合以提供价值，从而促进经济全面、持续、健康、快速增长。当前我们处在信息化、知识化的创意经济时代，定价机制的发展使得资本形成的外延扩大，使得越来越多的资源和权利达到被资本化的条件，知识、创意以及人力资本正在替代传统自然资源和有形劳动力成为城市经济增长与财富创造的主要源泉。知识经济也好，创意资本也好，或是人力资本也罢，究其含义落脚点，根本还是人才资源。

随着深圳经济特区新兴行业和产业的持续发展，对高素质人才和技能型专业人才的需求日趋紧迫。而现实情况是，深圳劳动力表现出相对过剩，数量上虽然呈现过剩，但高素质人才极其紧缺，人力资源市场面临着“用工荒”与“求职难”并存的扭曲现象。

2016 年至今，深圳经济特区居民住房均价大幅上涨，涨幅在 1 倍以上。2017 年，深圳经济特区的收入与房价之比已跃居全球首位。由于深圳特区高校较少，高端人才自产不足，长期以来都是依赖引进内地与海外的优秀人才或国内优秀高校应届毕业生，而近年来，深圳的房价高涨不止，甚至房价涨幅程度已经超过了北、上、广，也确实会让很多创业者和从业者远离，但是，有人离开就会有人来，深圳依旧有很大的优势吸引力。值得肯定的是，深圳市政府也已经意识到这个问题，对深圳房价的稳定采取了一系列有效调控措施，并推出了廉租房、人才安居工程等住房保障政策，以及新引进人才的住房补贴政策等。

纵观全球国际化城市的发展历程，它们的振兴一般都离不开本地高等教育机构的智力支持，为该城市的长远发展提供了坚实的、高质量的人力资源保障。鉴此，深圳经济特区应当将本地的高等教育放在突出的位置，对深圳来说，经济越发达，科技环境越良好，优质高等教育资源就越显重要。投资高等教育本身就是一个短期回报成效不明显、长期收益潜力不可估量的项目。

一座城市的发展需要人才来进行智力支撑，但一味只关注吸引外来人才落户，而忽视本土人才培养，或者只培养本土人才却不引进外来人才，都是有失偏颇的。以美国为例，美国的科技水平除了依靠本国出色的高等教育和科研机构外，还有仰仗国外的高素质移民人才。第二次世界大战后，美国成为一个超级大国，一个最重要的原因就是当时美国收留了大量由于战乱、排挤逃到美国的欧洲优秀科学家及犹太科学家。再比如亚洲四小龙之一的新加坡，这个小国早就意识到国际型高素质人才的培养对于国家经济发展的促进作用，新加坡将英语纳入其官方语言，引进了大量优秀的欧美裔、亚裔海外人才，大大提升了其优越的国际竞争力。

深圳经济特区 1 200 多万人口通过普通话来交流，这座城市具有较强的亲和力和包容性，这是深圳经济特区发展的巨大无形推力。然而，随着产业结构的进一步优化调整，对国内一线城市的打造，深圳对于开放性、包容性、亲和力的建设不能满足于此，还要拓展到国际的开放性及包容性。鉴此，深圳要打造成为具有高水平、高开放度的一流城市，必须走提升软实力、加大国际吸引力的发展道路。为了吸引全球高素质人才的加入，可实验性地开放一定的区域或者放开一定的指标，允许国外一些优质的初等教育学校来深圳特区建校并发展教育事业；同时，针对优质的西医技术水平，可放宽政策允许优质的外国医疗机构在深圳开办分院；彼时也应尊重外国人的风俗习惯和宗教信仰，建立相应的教堂；公共场合的引导、标示语采用多国语言，扩大外国人的文化融入等。总之，为提升深圳的国际综合竞争力和影响力，要从国际文化的多样性角度来考量提升深圳的文化软实力及包容性，提升深圳经济特区对于国外优质人才的魅力。

3. 提升海外、境外投资水平

根据前面分析对外投资对经济增长的作用得知，对外投资对于深圳经济结构的产业调整与优化升级具有关键的推动作用，特别是在传统工业经济发展进入“瓶颈”期间，往往需要舍弃相对处于价值链低端的产业，同时，对外投资创新、优势产业国际化与轨道交通全产业链海外发展是提升海外投资水平和规模的必由之路。

首先，深圳经济特区应重视资源获取型对外直接投资。中国在能源和矿产的消耗方面日趋上升，导致许多资源过分依赖进口。然而，国际能源和矿产贸易并非一帆风顺，处处面临着市场交易风险，包括汇率、国家价格、贸易保护、关税保护或者政策政治等诸多影响。对外直接投资这时可以发挥它规避风险的优势。

其次，选择投资内容和科学路径推进产业梯次转移。以日本的制造业为例，研究其发展经验，对比可以看到深圳在制造业方面已经迈出了大步伐。深圳虽然经济发展迅速，但国际竞争力仍然较脆弱。以西方发达国家金融行业、咨询行业为例，它们的发展时间较长，积累了丰富的人力资本和宝贵经验，也控制着全球金融体系的话语权，占领了市场竞争优势，为后续的发展提供了持久的保障动力。

另外，深圳对于周边城市的投资辐射地位也略显重要。近邻城市东莞、惠州等承担着深圳的产业链转移，推进周边地区经济的协调发展，除了有利于深圳经济特区产业结构升级，也将对深圳的经济发展产生正外部性。应加强深圳及周边地区的基础设施建设，促进物流、交通、金融等同步发展，进而更深入地促进产业集群演化，提升深圳特区整体经济综合实力。

参考文献

[1]国家统计局:《中国统计年鉴 2018》,中国统计出版社 2018 年版。

[2]*Rdmag*,美国 R&D 权威科学技术杂志,2018 年。

[3]陶一桃:《深圳经济特区对中国改革开放的历史性贡献》,《南海学刊》,2018 年第 3 期,第 31—36 页。

[4]王棋辉:《论五大发展理念之“开放发展”的现实意义》,《现代商贸工业》,2020 年第 2 期,第 23—25 页。

[5]李君:《对外开放与深圳经济增长》,深圳大学硕士学位论文,2017 年。

[6]谢志岿、李卓:《深圳模式:世界潮流与中国特色——改革开放 40 年深圳现代化发展成就的理论阐释》,《深圳社会科学》,2019 年第 1 期,第 97—110、159 页。

[7]魏风云:《谈开放发展》,《山东干部函授大学学报(理论学习)》,2019 年第 9 期,第 55—57 页。

[8]深圳市统计局、国家统计局深圳调查队:《深圳统计年鉴 2018》,中国统计出版社 2018 年版。

[9]莱斯利·马斯多普:《中国开放理念引领经济全球化新进程》,《中国报道》,2019 年第 12 期,第 96 页。

第七章　共享发展理念及其在深圳的实践

概　要　共享发展理念是五大新发展理念的重要组成部分，它的实质是坚持以人民为中心的发展思想，体现的是逐步实现共同富裕、追求公平正义的社会发展要求，其主要内涵包括全民共享、全面共享、共建共享和渐进共享4个方面。在改革开放的历程中，深圳一直坚持在大力发展经济的同时不断加强社会建设，体现了对共享发展理念的认可和坚持。未来，深圳要全力以赴推进社会主义先行示范区的建设，党中央以2025年、2035年、本世纪中叶为时间节点对深圳未来先行示范区的发展进行了规划，最终目标是要把深圳建设成为竞争力、创新力、影响力卓著的全球标杆城市。在建设社会主义先行示范区的过程中，深圳应当继续贯彻落实共享发展理念，在努力做大做好"蛋糕"的同时，分好"蛋糕"，真正体现中国特色社会主义的公平正义原则，为其他地区走好社会主义道路提供典范。

党的十八届五中全会第一次系统地提出了创新、协调、绿色、开放、共享的发展理念。共享发展是五大发展理念的一个重要组成部分，它注重的是解决社会公平正义问题。让广大人民群众共享改革发展成果，是社会主义的本质要求，是社会主义制度优越性的集中体现，是我们党坚持全心全意为人民服务根本宗旨的重要体现。"为什么人"的问题是区别中国共产党与其他政党的一个重要标识。共享发展彰显了中国共产党人的价值追求，体现了中国共产党的初心和使命。

党的十八大以来，深圳一如既往，在推动经济社会发展的同时，积极贯彻落实共享发展理念，坚持让广大人民群众共享改革发展成果。2019年8月，中共中央、国务院发布《中共中央　国务院关于支持深圳建设中国特色社会主义先行示范区的意见》,对深圳未来建设社会主义先行示范区的发展目标规划为三个时段:到 2025 年,深圳经济产业创新能力世界一流,文化软实力与公共服务水平等达到国际先进水平,建成现代化、国际化创新型城市;到 2035 年,深圳将建设成为社会主义现代化强国城市范例,高质量发展成为全国典范;到本世纪中叶,深圳将成为竞争力、创新力、影响力卓著的全球标杆城市。

在未来建设中国特色社会主义先行示范区的伟大征程中,深圳将以习近平新时代中国特色社会主义思想为指导,全面贯彻党的十九大和十九届二中、三中、四中全会精神,坚持和加强党的全面领导,坚持新发展理念,坚持以供给侧结构性改革为主线,坚持全面深化改革,坚持全面扩大开放,坚持以人民为中心,深刻领会、准确把握坚持和完善共建共治共享的社会治理制度建设的重要意义、基本要求、重点任务,紧紧围绕统筹推进"五位一体"总体布局和协调推进"四个全面"战略布局,将立足我国发展实际,从经济、政治、文化、社会、生态等各方面,践行高质量发展要求,着眼于社会和谐有序、充满活力,深入实施创新驱动发展战略,进一步加强和创新社会治理,抓住粤港澳大湾区建设的重要机遇,增强核心引擎功能,进一步从总体上提升示范我国共享发展的水平,真正把共建共治共享的社会治理制度坚持好、完善好,提升社会治理现代化水平,确保人民安居乐业、社会安定有序,朝着建设中国特色社会主义先行示范区的方向前行,努力创建社会主义现代化强国的城市范例。

一、共享发展理念内涵简析

对于共享发展理念的内涵,习近平总书记自党的十八大以来在许多场合进行了阐述,其中,第一次比较系统的阐述是在十八届五中全会第二次全体会议上的讲话中。后来,2016 年 1 月 18 日,在省部级主要领导干部学习贯彻党的十八届五中全会精神专题研讨班上讲话中,习近平总书记再一次结合历史和现实,结合一些重大问题,从理论上、宏观上详细地进行了深刻论述。下面,本文结合总书记的这两次讲话以及他在其他地方的有关论述,简要分析如何准确把握共享发展理念的内涵。

(一)应从五大发展理念整体的高度来认识和理解共享发展理念的内涵

理念是行动的先导,一定的发展实践都是由一定的发展理念来引领的。发展理念是战略性、纲领性、引领性的东西，是发展思路、发展方向、发展着力点的集中体现。提出要坚持创新、协调、绿色、开放、共享的发展理念，是从我国现实实践的需要出发的。习近平总书记说，这五大发展理念不是凭空得来的，是我们在深刻总结国内外发展经验教训的基础上形成的，是在深刻分析国内外发展大势的基础上形成的，集中反映了我们党对经济社会发展规律认识的深化，也是针对我国发展中的突出矛盾和问题提出来的。

分开来说，五大发展理念各有侧重。

创新发展注重的是解决发展动力问题。我国创新能力不强，科技发展水平总体不高，科技对经济社会发展的支撑能力不足，科技对经济增长的贡献率远低于发达国家水平，这是我国这个经济大个头的“阿喀琉斯之踵”。为此，我们必须把创新作为引领发展的第一动力，把人才作为支撑发展的第一资源，把创新摆在国家发展全局的核心位置，不断推进理论创新、制度创新、科技创新、文化创新等各方面创新。

协调发展注重的是解决发展不平衡问题。我国发展不协调是一个长期存在的问题，突出表现在区域、城乡、经济和社会、物质文明和精神文明、经济建设和国防建设等关系上。在经济发展水平落后的情况下，一段时间的主要任务是要跑得快，但跑过一定路程后，就要注意调整关系，注重发展的整体效能，否则“木桶效应”就会愈加显现，一系列社会矛盾会不断加深。

绿色发展注重的是解决人与自然和谐问题。我国资源约束趋紧、环境污染严重、生态系统退化的问题十分严峻，为此，我们必须坚持节约资源和保护环境的基本国策，坚定走生产发展、生活富裕、生态良好的文明发展道路。

开放发展注重的是解决发展内外联动问题。国际经济合作和竞争局面正在发生深刻变化，全球经济治理体系和规则正在面临重大调整，“引进来”和“走出去”在深度、广度、节奏上都是过去所不可比拟的，应对外部经济风险、维护国家经济安全的压力也是过去所不能比拟的。为此，我们必须坚持对外开放的基本国策，奉行互利共赢的开放战略，深化人文交流，完善对外开放区域布局、对外贸易布局、投资布局，形成对外开放新体制，发展更高层次的开放型经济。

共享发展注重的是解决社会公平正义问题。让广大人民群众共享改革发展成果，是社会主义的本质要求，是社会主义制度优越性的集中体现，是我们党坚持全心全意为人民服务根本宗旨的重要体现。为此，我们必须坚持发展为了人民、发展依靠人民、发展成果由人民共享，作出更有效的制度安排，使全体人民朝着共同富裕方向稳步前进。

坚持创新发展、协调发展、绿色发展、开放发展、共享发展，是关系我国发展全局的一场深刻变革。这五大发展理念相互贯通、相互促进，是具有内在联系的集合体，实践中要统一贯彻，不能顾此失彼，也不能相互替代。无论哪一个发展理念贯彻不到位，总体发展进程都会受到影响。我们只有从整体的高度认识和贯彻五大发展理念，才能不断开拓发展新境界。

（二）共享发展理念的实质就是坚持以人民为中心的发展思想

中国共产党自成立以来就以全心全意为人民服务为根本宗旨，党的十九大报告中又明确指出，党的初心和使命就是为中国人民谋幸福，为中华民族谋复兴。党的十八届五中全会首次提出要坚持以人民为中心的发展思想，进一步丰富了党的宗旨的内涵。

以人民为中心的发展思想，不是一个抽象的、玄奥的概念，而要体现在经济社会发展各个环节。要坚持人民主体地位，顺应人民群众对美好生活的向往，不断实现好、维护好、发展好最广大人民根本利益，做到发展为了人民、发展依靠人民、发展成果由人民共享。要通过深化改革、创新驱动，提高经济发展质量和效益，生产出更多更好的物质精神产品，不断满足人民日益增长的物质文化需要。要全面调动人的积极性、主动性、创造性，为各行业各方面的劳动者、企业家、创新人才、各级干部创造发挥作用的舞台和环境。要坚持社会主义基本经济制度和分配制度，调整收入分配格局，完善以税收、社会保障、转移支付等为主要手段的再分配调节机制，维护社会公平正义，解决好收入差距问题，使发展成果更多更公平惠及全体人民。

共享发展理念的实质就是坚持以人民为中心的发展思想，体现的是逐步实现共同富裕的要求。

改革开放以来，党和国家领导人对共同富裕都进行了阐述。改革开放历史新时期，邓小平多次强调共同富裕。1990 年，邓小平曾指出："共同致富，我们从改革一开始就讲，将来总有一天要成为中心课题。社会主义不是少数人富起来、大多数人穷，不是那个样子。社会主义最大的优越性就是共同富裕，这是体现社会主义本质的一个东西。"1992 年,邓小平提出了社会主义本质论,他说:"社会主义的本质是解放生产力、发展生产力,消灭剥削,消除两极分化,最终达到共同富裕。"江泽民同志强调:"实现共同富裕是社会主义的根本原则和本质特征,绝不能动摇。"胡锦涛同志也要求:"使全体人民共享改革发展成果,使全体人民朝着共同富裕的方向稳步前进。"2004 年十六届四中全会提出了构建社会主义和谐社会的目标。

(三)共享发展理念的内涵

党的十八届五中全会提出的共享发展理念,其内涵主要有四个方面。2016 年 1 月 18 日,习近平在省部级主要领导干部学习贯彻党的十八届五中全会精神专题研讨班上讲话中进行了详细论述。

1. 共享是全民共享

这是就共享的覆盖面而言的。共享发展是人人享有、各得其所,不是少数人共享、一部分人共享。习近平总书记说,我们要随时随刻倾听人民呼声、回应人民期待,保证人民平等参与、平等发展权利,维护社会公平正义,在学有所教、劳有所得、病有所医、老有所养、住有所居上持续取得新进展,不断实现好、维护好、发展好最广大人民根本利益,使发展成果更多更公平惠及全体人民,在经济社会不断发展的基础上,朝着共同富裕方向稳步前进。让生活在我们伟大祖国和伟大时代的中国人民,共同享有人生出彩的机会,共同享有梦想成真的机会,共同享有同祖国和时代一起成长与进步的机会。

全民共享要求我国社会发展所取得的成果须人人享有,并将人民群众的获得感用来作为评判发展成果的标准。这是由我国的社会主义本质所决定的重要理念。一方面,秉承共享发展思想,要求在社会发展的进程中需将人民利益放在首位来增强人民群众的获得感。秉持以人民为中心的发展思想对于解决现有的社会矛盾至关重要。发展为了人民、发展成果由人民共享,这始终是中国共产党坚定不移的信念。另一方面,实现共享发展的社会,要牢固树立"人民推动社会发展的唯物史观",充分体现了人民群众是历史的创造者、是历史发展的主体的哲学思想。人民群众是历史的创造者和发展成果的享有者,也是社会发展的建设者,社会的发展不仅需要人人参与,也需要人人尽力。每个人都是社会前进发展的主角,都肩负着社会发展的责任。

2. 共享是全面共享

这是就共享的内容而言的。共享发展就要共享国家经济、政治、文化、社会、生态各方面建设成果，全面保障人民在各方面的合法权益。

3. 共享是共建共享

这是就共享的实现途径而言的。共建才能共享，共建的过程也是共享的过程。要充分发扬民主，广泛汇聚民智，最大激发民力，形成人人参与、人人尽力、人人都有成就感的生动局面。习近平总书记于 2015 年 5 月 25 日至 27 日在浙江调研时指出："社会建设要以共建共享为基本原则，在体制机制、制度政策上系统谋划，从保障和改善民生做起，坚持群众想什么、我们就干什么，既尽力而为又量力而行，多一些雪中送炭，使各项工作都做到愿望和效果相统一。"

4. 共享是渐进共享

这是就共享发展的推进进程而言的。共享发展必将有一个从低级到高级、从不均衡到均衡的过程，即使达到很高的水平也会有差别。我们要立足国情、立足经济社会发展水平来思考设计共享政策，既不裹足不前、铢施两较、该花的钱不花，也不好高骛远、寅吃卯粮、口惠而实不至。作为渐进共享，共享发展不等同于平均主义、同等富裕。共享发展体现为发展资源、发展机会、发展过程、发展成果上的权利共享性，而平均主义要求发展成果上的平均，有悖于共享发展的理念。

上述四个方面是相互贯通的，同样需要我们整体理解和把握。

(四)如何贯彻落实共享发展理念

落实共享发展理念，不同的时期会有不同的具体任务和措施，但归结起来主要就是两个层面的事：一是充分调动人民群众的积极性、主动性、创造性，举全民之力推进中国特色社会主义事业，不断把"蛋糕"做大；二是把不断做大的"蛋糕"分好，让社会主义制度的优越性得到更充分体现，让人民群众有更多获得感。关于做大"蛋糕"与分好"蛋糕"，习近平总书记在十八届三中全会的讲话中曾论述道：实现社会公平正义是由多种因素决定的，最主要的还是经济社会发展水平。在不同发展水平上，在不同历史时期，不同思想认识的人、不同阶层的人，对社会公平正义的认识和诉求也会不同。我们讲促进社会公平正义，就要从最广大人民根本利益出发，多从社会发展水平、从社会大局、从全体人民的角度看待和处理这个问题。我国现阶段存在的有违公平正义的现象，许多是发展中的问题，是能够通过不断发展，通过制度安排、法律规范、政策支持加以解决的。我们必须紧紧抓住经济建设这个中心，推动经济持续健康发展，进一步把“蛋糕”做大，为保障社会公平正义奠定更加坚实的物质基础。这样讲，并不是说就等着经济发展起来了再解决社会公平正义问题。一个时期有一个时期的问题，发展水平高的社会有发展水平高的问题，发展水平不高的社会有发展水平不高的问题。“蛋糕”不断做大了，同时还要把“蛋糕”分好。我国社会历来有“不患寡而患不均”的观念。我们要在不断发展的基础上尽量把促进社会公平正义的事情做好，既尽力而为又量力而行，努力使全体人民在学有所教、劳有所得、病有所医、老有所养、住有所居上持续取得新进展。

总之，我国正处于并将长期处于社会主义初级阶段，我们要根据现有条件把能做的事情尽量做起来，积小胜为大胜，不断朝着全体人民共同富裕的目标前进。当前重要的任务是要尽力扩大中等收入阶层，逐步形成橄榄型分配格局。特别要加大对困难群众的帮扶力度，坚决打赢农村贫困人口脱贫攻坚战。落实共享发展是一门大学问，要做好从顶层设计到“最后一公里”落地的工作，在实践中不断取得新成效。

共享发展体现了我国发展社会主义的本质要求，是时代所需、民心所向。共享发展理念的提出，正是基于对当前我国国情的基本判断，不仅是对我国经济社会发展不均衡现象的反思，也是对实现共同富裕的一种追求，为我国今后经济社会的发展指明了方向，提供了根本遵循。综合来看，共享发展坚持以人民为中心的发展思想，把增进人民福祉、促进人的全面发展作为出发点和落脚点，其要求贯穿于经济、社会、文化、政治、生态等领域。

二、建设先行示范区，必须贯彻落实共享发展理念

深圳建设中国特色社会主义先行示范区，必须坚持以人民为中心的思想，努力贯彻落实共享发展理念。

（一）共享发展是建设社会主义先行示范区的本质要求

我国的中国特色社会主义实践历经了计划经济主导模式、计划与市场共存、市场基础性作用、市场决定性作用等几个阶段，目前，初步实现了社会主义

政治、经济、文化、社会等与市场经济的结构性兼容，在综合国力和经济发展方面取得了历史性成就，凸显了中华民族伟大复兴的时代趋向。但同时仍然存在收入两极分化、分配不公、市场心理不成熟、拜物教等多种实践问题的困扰，党中央适时提出了“共享发展”的理念，体现了我党大力解决时代性难题的决心和信心。在过去的改革开放历程中，深圳在践行共享发展理念方面取得了一些成绩，但是，未来尚需要我们不断努力，以继续探索寻求当代中国贯彻落实共享发展理念的示范性实践模式。

共享发展是中国特色社会主义的价值追求和活力之源。深圳要成为民生幸福标杆，必须深入贯彻共享发展理念，率先形成共建共治共享共同富裕的民生发展格局，让改革开放的成果惠及更多的市民，提升市民的生活质量和幸福水平。

由此，深圳所要建设的社会主义先行示范区，首先从价值理念上竖起了一个典范、一个标杆，这就是：

——城市文明典范。践行社会主义核心价值观，构建高水平的公共文化服务体系和现代文化产业体系，成为新时代举旗帜、聚民心、育新人、兴文化、展形象的引领者。

——民生幸福标杆。构建优质均衡的公共服务体系，建成全覆盖可持续的社会保障体系，实现幼有善育、学有优教、劳有厚得、病有良医、老有颐养、住有宜居、弱有众扶。

通过贯彻落实共享发展理念，深圳要成为城市文明典范和民生经济标杆，才能真正体现中国特色社会主义的公平正义，彰显中国特色社会主义的制度优势。

（二）贯彻落实共享发展理念，建设民生幸福之城

中共中央、国务院于 2019 年 8 月发布《中共中央　国务院关于支持深圳建设中国特色社会主义先行示范区的意见》，其中的第五项“率先形成共建共治共享共同富裕的民生发展格局”明确要求深圳：

一方面，提升教育医疗事业发展水平。支持深圳在教育体制改革方面先行先试，高标准办好学前教育，扩大中小学教育规模，高质量普及高中阶段教育。充分落实高等学校办学自主权，加快创建一流大学和一流学科。建立健全适应

“双元”育人职业教育的体制机制，打造现代职业教育体系。加快构建国际一流的整合型优质医疗服务体系和以促进健康为导向的创新型医保制度。扩大优质医疗卫生资源供给，鼓励社会力量发展高水平医疗机构，为港资、澳资医疗机构发展提供便利。探索建立与国际接轨的医学人才培养、医院评审认证标准体系，放宽境外医师到内地执业限制，先行先试国际前沿医疗技术。

另一方面，完善社会保障体系。实施科学合理、积极有效的人口政策，逐步实现常住人口基本公共服务均等化。健全多层次养老保险制度体系，构建高水平养老和家政服务体系。推动统一的社会保险公共服务平台率先落地，形成以社会保险卡为载体的“一卡通”服务管理模式。推进在深圳工作和生活的港澳居民在民生方面享有“市民待遇”。建立和完善房地产市场平稳健康发展长效机制，加快完善保障性住房与人才住房制度。这些措施和要求都是对共享理念及城市社会发展均衡性的未来发展规划和落实。

(三)深圳建设先行示范区的经济社会基础分析

党中央为什么选择深圳来率先建设中国特色社会主义先行示范区，这背后当然有国家战略的深层考虑，而如果从深圳本身来看，这肯定与深圳的强大经济社会发展实力和巨大的潜力有很大的关联。先行示范区肯定是多方面的、综合的示范区，即深圳将来要在许多方面为其他地方的社会主义建设提供范例，其中，在践行共享发展理念方面自然也不例外。前文提到，贯彻落实共享发展理念综合起来主要就是两个大的方面——做大“蛋糕”和分好“蛋糕”——的事情。我们看到，深圳首先在做大“蛋糕”方面具备了坚实的经济基础。我们以2018年深圳经济社会发展综合情况为例来分析。

根据深圳市统计局公布的《深圳市2018年国民经济和社会发展统计公报》的相关数据，深圳市当前的经济社会发展综合情况大体如下：

1. 人口数量

全市年末常住人口1 302.66万人，比上年末增加49.83万人。其中，常住户籍人口454.70万人，增长4.6%，占常住人口比重34.9%；常住非户籍人口847.97万人，增长3.6%，占常住人口比重65.1%。

2. 经济总量和经济结构

全年实现地区生产总值24 221.98亿元，比上年增长7.6%(见图7.1)。其中，第一产业增加值 22.09 亿元，增长 3.9%；第二产业增加值 9 961.95 亿元，增长 9.3%；第三产业增加值 14 237.94 亿元，增长 6.4%。第一产业增加值占全市地区生产总值的比重为 0.1%，第二产业增加值比重为 41.1%，第三产业增加值比重为 58.8%。在现代产业中，现代服务业增加值 10 090.59 亿元，增长 7.1%；先进制造业增加值 6 564.83 亿元，增长 12.0%；高技术制造业增加值 6 131.20 亿元，增长 13.3%。人均地区生产总值 189 568 元，增长 3.2%，按 2018 年平均汇率折算为 28 647 美元。

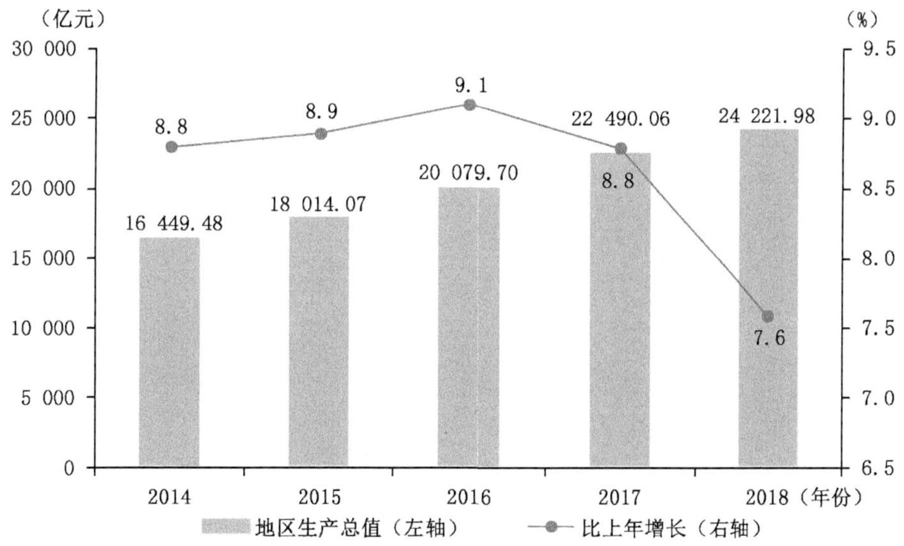

数据来源：《深圳市 2018 年国民经济和社会发展统计公报》。

图 7.1　2014—2018 年深圳地区生产总值及增长速度

高新技术产业在深圳的经济发展中呈现出一道靓丽的风景线。全年战略性新兴产业增加值合计 9 155.18 亿元，比上年增长 9.1%，占地区生产总值比重 37.8%。其中，新一代信息技术产业增加值 4 772.02 亿元，增长 10.9%；数字经济产业增加值 1 240.73 亿元，增长 3.8%；高端装备制造产业增加值 1 065.82 亿元，增长 10.7%；绿色低碳产业增加值 990.73 亿元，增长 11.7%；海洋经济产业增加值 421.69 亿元，下降 11.3%；新材料产业增加值 365.61 亿元，增长 8.6%；生物医药产业增加值 298.58 亿元，增长 22.3%。

四大支柱产业中，金融业增加值 3 067.21 亿元，比上年增长 3.6%；物流业增加值 2 541.58 亿元，增长 9.4%；文化及相关产业（规模以上）增加值 1 560.52 亿元，增长 6.3%；高新技术产业增加值 8 296.63 亿元，增长 12.7%。全市经济社会发展取得新成绩。

3. 财政税收和消费

深圳全年完成一般公共预算收入 3 538.41 亿元，比上年增长 6.2%。其中，税收收入 2 899.60 亿元，增长 9.2%。一般公共预算支出 4 282.54 亿元，下降 6.8%。城市收支平衡，财政状况良好，公共预算使用效率提升，财政支出略有下降。从城市民生的视角来看，全年居民消费价格比上年上涨 2.8%，但涨幅可控。深圳商品房销售总面积为 722.01 万平方米，比上年增长 7.6%，房屋销售稳中有增，交投活跃。非户籍人口输入凸显城市经济发展活力，而 2018 年末城镇登记失业率为 2.3 %，城市就业较为充分。

4. 固定资产投资

2018 年，深圳全年固定资产投资比上年增长 20.6%。其中，房地产开发投资增长 23.6%，非房地产开发投资增长 18.4%。从分行业固定资产投资的增长速度看，第二产业投资比上年增长 7.0%，第三产业投资增长 23.4%。

通过上述数据可以发现，深圳的国民经济和社会发展总体实力强劲，具有做大“蛋糕”的非常强大的物质基础和深厚的潜力。

三、深圳民生建设的实践和成果

改革开放尤其是党的十八大以来，深圳在推动经济迅速发展的同时，一直不忘努力推进民生建设，在努力做大“蛋糕”的同时，也尽力分好“蛋糕”，在民生幸福建设方面取得了大量骄人的成绩。

深圳的总体发展实践履行了习近平共享发展理念，针对我国处在社会主义发展初级阶段的不平衡性问题深入研究，找准主要矛盾，有效地制订并实施城市战略计划。深圳城市经济发展充满活力，工业门类配比合理，农、轻、重综合平衡发展，并突出深圳港口和高新技术特色发展优势。在此基础上，注重加大民生及社会保障、教育、安全生产及环境保护等方面投入，城市整体社会发展呈现良性健康态势。

（一）秉持区域协调发展思想，建设深汕特别合作区

在区域综合战略问题上，深圳秉持共享发展的理念，在城乡平衡发展的大

格局下，探索乡村振兴的关键点和突破口，制定出优先发展深汕特别合作区的战略思路，注重产业联动和资源共享。统筹优势资源，凝聚深圳产业发展力量，为落后地区产业升级换代解决好资源配置问题，突破土地成本的发展“瓶颈”，破除城乡二元结构，将公共资源的配置均衡化，以城带乡，实现协调发展、共同发展的目标。

深圳前期的区域协调发展实践启示我们：在区域发展战略上，需坚定不移地探索共享发展理念，才能够促进区域的协调发展，这也是推动我国全方位高质量发展的必然要求。在区域发展的布局上进行平衡调整，逐渐实现大中小城市联动共享格局。突出城市群的协调发展，强调中心城市的辐射带动力，注重在发展的进程中保护生态，加快推进城镇化速率。实施区域的精准扶贫战略，需加大和协调共享发展的覆盖面，从而实现全民共享。实施有效的区域发展战略，促使粤港澳经济大湾区等的建成和实践路径的形成。只有不断地深化习近平共享发展理念，才能够解决我国发展中的不平衡问题，缩小区域间的发展差距，解决社会的主要矛盾。

（二）减税与扶贫，增加人民收入

一是通过减税提高人民收入。深圳 2019 年税收规模 8 247 亿元，增长 2.8％，扣除海关代征直接组织收入 6 829.6 亿元，增长 6.2％。其中，中央级收入 3 773.9 亿元，增长 7.2％；地方级收入 3 055.7 亿元，增长 5％。同时，2019 年深圳减税降费交出一份“靓丽”成绩单：新增减税降费规模预计达 910 亿元，数额之高、力度之大前所未有。其中，1－11 月制造业和批发零售业新增减税 390.96 亿元，占全部新增减税规模的近五成，有效减轻实体经济负担。同时，坚持普惠性减税与结构性减税并举，聚焦减轻小微企业税负，促进企业加大研发投入，个人所得税两步税改惠及逾 1 200 万人，明显增加居民收入。

二是开展精准扶贫。2018 年，在习近平新时代中国特色社会主义思想指引下，在市委市政府的坚强领导下，深圳不断加大精准扶贫力度，把提高脱贫质量放在首位，因地制宜、突出重点，精准施策、精准帮扶，多措并举，扎实推进脱贫攻坚工作，以高质量发展决胜全面建成小康社会。深圳全年实施对口帮扶 6 省 34 县项目 225 个，投入财政帮扶资金 48 亿元，惠及贫困人口近 10 万人。

（三）推进居民参加社会保险，保障弱势群体民生

2018 年，全市有 1 157.00 万人参加了城镇职工基本养老保险，1 127.36 万人参加了失业保险，如表 7.1 所示。

表 7.1　　2018 年全市参加各类保险人数

指　标	参保人数（万人）	比上年末增长（%）
城镇职工基本养老保险参保人数	1 157.00	2.1
城乡居民基本养老保险参保人数	0.78	−1.6
城镇职工基本医疗保险参保人数	1 195.25	3.8
城乡居民基本医疗保险参保人数	271.67	10.8
失业保险参保人数	1 127.36	3.5
生育保险参保人数	1 202.62	3.6
工伤保险参保人数	1 140.38	3.6

2018 年末，提供住宿的各类社会服务机构 45 个，比上年末增加 10 个，床位数 9 497 张，增长 15.2%；不提供住宿的各类社会服务机构和设施数 8 875 个，增长 1.0%。编办登记生活无着人员救助管理站 3 个，救助管理站床位数 624 张。享受城市最低生活保障人数 4 013 人；全年共发放最低生活保障金 4 052.37 万元。

(四)大力兴办教育

2018 年末，全市各级各类学校总数达 2 551 所，比上年增加 114 所；毕业生 50.02 万人，招生 63.63 万人，在校学生 220.92 万人，分别增长 9.3%、5.9%和 6.1%。年末全市有幼儿园 1 771 所，增加 88 所；在园幼儿 52.42 万人，增长 3.8%。有小学 344 所，增加 2 所；在校学生 102.80 万人，增长 6.6%。有普通中学 390 所，增加 22 所；在校学生 44.80 万人，增长 7.3%。有普通高等学校 13 所，增加 1 所；在校学生 10.38 万人，增长 7.4%。

全年全市普通本专科招生 2.71 万人，在校生 8.62 万人，毕业生 2.31 万人；成人本专科招生 1.25 万人，在校生 2.70 万人，毕业生 0.75 万人；普通高等学校研究生教育招生 0.65 万人，在校研究生 1.76 万人，毕业生 0.49 万人。具体情况如图 7.2 所示。

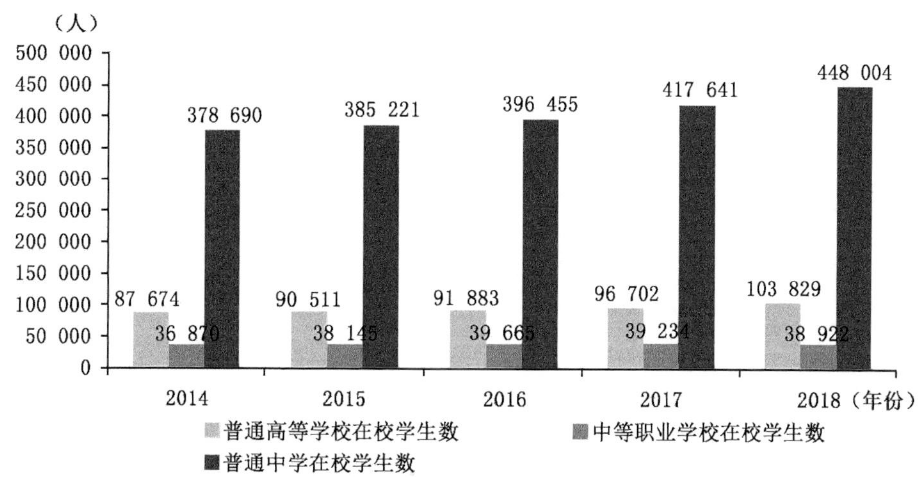

数据来源:《深圳市 2018 年国民经济和社会发展统计公报》。

图 7.2　2014—2018 年深圳各类教育在校生人数

(五)发展文化、卫生公共服务

2018 年,全市有各类公共图书馆 650 座,公共图书馆总藏量 4 295.80 万册(件),比上年增长 5.3%。全市拥有博物馆、纪念馆 50 座,美术馆 11 座,广播电台 1 座,电视台 2 座,广播电视中心 3 座,广播、电视人口覆盖率达 100%。全市电影放映企业数 286 个,增长 14.4%;电影发行企业数 3 个。

2018 年年末,全市有卫生医疗机构 3 806 个,比上年增加 314 个,其中医院 139 个,增加 4 个。卫生机构拥有床位 47 551 张,增长 8.4%,其中医院病床 43 569 张,增长 9.2%。全市有卫生技术人员 9.37 万人,增长 9.8%。全年各级各类医疗机构完成诊疗量 9 985.87 万人次,增长 0.3%,其中处理急诊 673.83 万人次。入院 162.03 万人次,增长 7.4%,病床使用率 84.0%。

(六)交通、供水、供电、城市环境和安全生产

2018 年,全市公共供水综合生产能力 700.4 万立方米/日,全年用水总量 20.33 亿立方米。公共供水总量 17.95 亿立方米,其中:生产运营用水 5.00 亿立方米,比上年增长 2.7%;居民家庭用水 6.57 亿立方米,增长 3.0%。全市自来水普及率达 100.0%。

全年全市用电总量 917.23 亿千瓦时,比上年增长 3.7%。其中,城乡居民生活用电 138.39 亿千瓦时,下降 1.9%;工业用电 490.77 亿千瓦时,增长

1.9%。

2018 年年末，境内公路总里程 726.47 公里，其中高速公路 417.16 公里。公共交通营运线路总长度 21 259.09 公里。年末实有公共汽(电)车营运车辆 38 728 辆，比上年末增长 8.2%。其中，公共汽车 17 177 辆，下降 1.5%；出租小汽车 21 551 辆，增长 17.3%。全年公共汽(电)车客运总量 20.17 亿人次。轨道交通运营线路长度 296.72 公里，轨道交通线路 9 条，轨道交通客运总量 18.87 亿人次，增长 14.0%。桥梁数 3 173 座。

全市建成区面积 927.96 平方公里，建成区绿化覆盖率 45.0%。全市绿化覆盖面积 10.18 万公顷。年末共有公园 973 个，比上年增加 31 个；公园面积 3.10 万公顷，增长 41.0%。城市污水处理率 97.0%，生活垃圾无害化处理能力 18 403.70 吨/日，生活垃圾无害化处理率 100%。

全年亿元地区生产总值生产安全事故率为 0.012 5 人/亿元。生产安全事故 362 起，比上年下降 9.0%；道路交通、工矿商贸和火灾等各类安全生产事故 3 551 起，下降 17.4%。

四、深圳践行共享发展理念的启示与未来实践建议

(一)深圳践行共享发展理念的启示

随着中国特色社会主义进入新时代，党中央看到了实现共享发展是当前中国社会的重大现实诉求。但必须承认，我们在推进共享发展的实践过程中还会碰到各种难题，如关于公有制与多种所有制问题、按劳分配产生市场性不平等问题、市场经济负面影响问题等，这些问题在一定程度上限制了社会主义优越性的充分发挥，因此，如何更好地实践共享发展，需要我们进一步加强理论探索。

深圳的实践还启示我们，必须坚持社会生产力发展第一的原则，以经济建设为中心，推行供给侧结构性改革与需求侧改革共行的改革思路，夯实社会发展的物质基础；同时，也要不断关注广大人民群众的实际生活诉求，通过发展教育、关注医疗住房改革、完善社会保障制度等具体措施，改善人民的生存发展空间，提升广大人民的发展水平，实现社会发展与人的发展的统一，提升人民参与社会建设的积极性，创造更多的社会财富，为共同享受劳动产品提供良好的物

质基础，实现共建活动与共享活动的有机融合。此外，还要重视社会主义初级阶段的经济文化发展实际，在有限的条件下实现共享发展的具体目标，而不能盲目扩大共享产品的范围，忽视社会生产的可持续发展能力，最终实现社会良性发展与人的自由解放发展相统一。

(二)未来进一步落实共享发展理念的实践建议

实现共享发展，要从完善共享发展的体制机制、创造共享发展的文化环境、奠定共享发展的物质基础三个方面进行策略分析。

1. 进一步夯实共享发展的物质基础

实现共享发展，要不断对物质财富进行积累，生产力的发展对于社会整体发展具有决定性作用。以经济建设为中心大力发展社会生产力，才能奠定好物质基础。首先，现阶段我国的经济总量雄厚，但人均收入水平依然较低，需提高群众的教育层次基础。只有更好地发展教育事业，才能够培育出大量的人才为经济社会的发展和建设提供创新精神和更优秀的创新思路，将社会主义的“蛋糕”越做越大、越做越好。要进行深化改革，不断提高经济发展质量，推进生产力的快速发展和物质积累。奠定物质基础，提高人民群众的生活质量，需在我国社会主义发展的大变革下转变经济发展方式，把经济发展的效益和质量作为首要前提，可以为共享发展的形成提供坚实的物质基础。其次，发挥社会的多维力量，解决社会经济发展中的多方面矛盾。社会主义初级阶段的中国，总体发展水平还有待提高，共享发展理念的实现基础和发展水平依然较低。只有加快社会发展，不断解放和发展生产力，才能够在物质得到保障的基础上，为共享发展理念的实现加快步伐迈进，从而达到全民共享、全面共享、共建共享、渐进共享的社会目标。

2. 不断完善共享发展的体制机制

始终将以人民为中心的价值取向作为治理社会发展的根本，建设创新、协调、绿色、开放与共享“五位一体”发展的制度体系。要求加强和完善社会主义初始分配和再分配制度，有针对性地解决问题。首先，需创新制度，强调社会发展的公平正义性。实现社会的公平正义符合人民根本利益，也是全面深化改革的目标要求。秉承公平正义的发展理念，需要全体人民凝聚社会力量并基于经济社会发展基础进行共同奋斗，逐步完善制度保障体系。完善社会主义保障体系，是始终站在人民的角度，表达人民意愿和诉求的最好表现。政府建立的社会保障体系需从多角度、多方面进行不断完善，加强在实施过程中的公平公正性，保障城乡居民在各个领域享受到平等的待遇，保障其基本生存需要，维护整个社会的稳定发展。其次，推进改革入农村并实施精准扶贫，关注农民的利益。在治理农村的过程中，将广大农民的主体性发挥最大，鼓励农民发挥自身的创造力，对农村的改革创新发展贡献自己的力量，只有这样，才能从根本上凝聚力量发展社会生产力。当今中国贫富差距明显有所缩小，但人民的收入状况依然不够均衡化，有些地区依然很贫穷。解决贫困问题、提高贫困民众的收入以实现共享是党和政府的重要任务。需通过中央与地方关于如何开展精准扶贫政策结合的制度安排，凝聚社会主要发展力量，有针对性地进行多维联动的扶贫项目，逐步完成对贫困地区的摘帽过程。最后，凝聚社会力量共同制作社会主义的“大蛋糕”，同时注重“蛋糕”分配的合理化，防止出现两极分化现象。我国的社会性质要求我国实施具有中国特色的分配制度和经济管理，坚守以人民为中心的价值取向，做好初次分配与再分配的合理化格局，解决分配不公、收入差距过大的问题，保障发展成果分配的公平公正性，造福全体人民。改善民生，要关注人民群众的需求，完善分配制度，这是落实共享发展理念的重要方式。

3. 努力弘扬共享发展的主流价值

中国进入了新时代，通过主流媒体了解时代潮流已成为社会传播的重大趋势。主流媒体应加强对习近平共享发展理念的传播，使百姓认同国家提倡的价值取向，深刻认识我国社会发展的规律，将共享发展理念运用到实践中，深刻体悟党全心全意为人民服务的宗旨，这样做有利于人民群众对共享发展思想的认可。此外，要在更大程度上发挥网络和其他媒体传播共享发展理念的重要作用。同时，应该挖掘中国传统文化中关于共享发展的思想，坚守“以人为本”、“本固邦宁”等文化思想。在道德操守的修炼上，需秉持“为政以德，譬如北辰”等理念，主张合作共赢的建设理念，推进共享发展理念的塑造和建立。同时，也应积极利用大众传媒和互联网宣传共享发展理念，增强人民群众的共享发展意识，让共享发展理念深入人心。最后，使社会主义核心价值观发挥指导作用，它是指导我国社会发展的理论精华，也是指示我国社会前进方向的核心要素。社会主义核心价值观能够推进各阶级多元文化思想的凝聚与多方利益关系的整合，为共享精神的形成提供最基本的价值支持。

参考文献

[1]《马克思恩格斯全集》(第十九卷)，人民出版社 1998 年版。

[2]习近平:《习近平谈治国理政》(第二卷)，外文出版社 2017 年版。

[3]郭声琨:《坚持和完善共建共治共享的社会治理制度》，《人民日报》，2019 年 11 月 8 日，第 6 版。

[4]董振华:《共享发展理念的马克思主义世界观方法论探析》，《哲学研究》，2016 年第 6 期。

[5]韦结余:《我国共享发展实现路径探析》，《政治与社会》，2019 年第 11 期。

[6]徐俊峰:《马克思社会共享思想及其当代价值》，《学习与实践》，2016 年第 6 期。

[7]赵振超:《习近平共享发展思想研究》，东北石油大学硕士学位论文，2018 年。

[8]梁永郭、韩炎博:《习近平共享发展理念的时代价值研究》，《齐齐哈尔大学学报》，2019 年第 7 期。

[9]庞庆明:《共享发展的政治经济学分析:意义、内涵与基础性条件》，《马克思主义与现实》，2019 年第 4 期。

[10]刘宏韬:《共享发展理念的思想资源及其价值意蕴》，《四川职业技术学院学报》，2018 年第 6 期。

[11]侯星:《马克思人的本质论的三层架构及时代意蕴》，《吕梁学院学报》，2018 年第 12 期。

[12]深圳市统计局、国家统计局深圳调查队:《深圳市 2018 年国民经济和社会发展统计公报》，http://www. sz. gov. cn/sztjj2015/zwgk/zfxxgkml/tjsj/tjgb/201904/t20190419_16908575. htm。

[13]《中共中央　国务院关于支持深圳建设中国特色社会主义先行示范区的意见》，中华人民共和国政府网站，http://www. gov. cn/zhengce/2019-08/18/content_5422183. htm。

[14]《2019 年深圳税收规模达 8247 亿元》，深圳商报网站，http://szsb. sznews. com/MB/content/202001/18/content_810725. html。

[15]《深圳 2018 年精准扶贫惠及近 10 万人》，人民网，http://sz. people. com. cn/n2/2019/0227/c202846-32685451. html。

第八章　全面从严治党与深圳党的建设

概　要：40年的党建创新历程证明，深圳的经济社会发展与党的建设相伴相生，经济社会发展为党的建设提供了广阔的创新天地，党的建设为经济社会发展提供了政治保障，发挥了根本引领作用。本章主要简析了新时代党的建设内涵，梳理了深圳党的建设主要成就及经验，以党的自我革命引领示范区建设，为深圳建设中国特色社会主义先行示范区提供坚强政治保证。

办好中国的事情，关键在党。深圳是中国改革开放的肇始之地，也是改革开放成就的集中体现。改革开放40多年来，深圳率先对外开放，率先进行市场化改革，在推动经济社会快速发展的同时，也进行党建领域的广泛探索。深圳始终坚持和加强党的全面领导，坚决落实新时代党的建设总要求，创新进取，奋发有为，扎实推进党的建设新的伟大工程，打造彰显新时代新思想的精彩样板。

一、新时代党的建设的内涵简析

中国共产党领导，是中国特色社会主义的最本质特征，是中国特色社会主义制度的最大优势。只有推进伟大工程，才能保证取得伟大胜利。"伟大斗争，伟大工程，伟大事业，伟大梦想，紧密联系、相互贯通、相互作用，其中起决定性作用的是党的建设新的伟大工程。推进伟大工程，要结合伟大斗争、伟大事业、伟大梦想的实践来进行，确保党在世界形势深刻变化的历史进程中始终走在时代前列，在应对国内外各种风险和考验的历史进程中始终成为全国人民的主心骨，在坚持和发展中国特色社会主义的历史进程中始终成为坚强领导核心。"①

---

①　习近平：《决胜全面建成小康社会　夺取新时代中国特色社会主义伟大胜利——在中国共产党第十九次全国代表大会上的报告》，人民出版社2017年版，第17页。

新时代党的建设的鲜明主题是“全面从严治党”。党的十八大以来，习近平总书记牢牢抓住全面从严治党这个鲜明主题，适应形势发展、事业开拓和人民期待，以改革创新精神全面推进党的建设新的伟大工程，全面提高党的建设科学化水平。全面从严治党的基础在“全面”。“全面”就是指党的建设涵盖政治、思想、组织、作风、纪律、制度建设和反腐败斗争各个领域，体现了党的建设的系统性、整体性，形成了一个完整的理论体系。全面从严治党的关键在“从严”。“从严”是十八大以来党的建设的最大特色。从严管党治党，必须将政治建设摆在首位，坚定理想信念，加强党的组织建设，把作风建设作为切入点和突破点，加强纪律建设，以零容忍态度惩治腐败，注重党内法规制度建设。全面从严治党的要害在“治”。全党都要增强管党治党意识、落实管党治党责任，各级各部门党委（党组）必须把抓好党建作为最大的政绩，把从严治党责任承担好、落实好。①

科学把握新时代党的建设总要求。习近平总书记在党的十九大报告中指出，新时代党的建设总要求是：“坚持和加强党的全面领导，坚持党要管党、全面从严治党，以加强党的长期执政能力建设、先进性和纯洁性建设为主线，以党的政治建设为统领，以坚定理想信念宗旨为根基，以调动全党积极性、主动性、创造性为着力点，全面推进党的政治建设、思想建设、组织建设、作风建设、纪律建设，把制度建设贯穿其中，深入推进反腐败斗争，不断提高党的建设质量，把党建设成为始终走在时代前列、人民衷心拥护、勇于自我革命、经得起各种风浪考验、朝气蓬勃的马克思主义执政党。”②

二、深圳党的建设主要成就及经验

在经济特区开展党建工作，在党的历史上是一个崭新命题，40 年的党建创新历程证明，深圳的经济社会发展与党的建设相伴相生，经济社会发展为党的建设提供了广阔的创新天地，党的建设为经济社会发展提供了政治保障，发挥

---

① 王京清主编：《深入推进新时代党的建设新的伟大工程》，中国社会科学出版社 2019 年版，第 4—11 页。

② 习近平：《决胜全面建成小康社会　夺取新时代中国特色社会主义伟大胜利——在中国共产党第十九次全国代表大会上的报告》，人民出版社 2017 年版，第 61—62 页。

了根本引领作用。[①] 特区党的建设始终与特区发展进程紧密结合，既是不断进行体制创新的过程，更是不断强化从严治党的过程。

深圳党的建设主要成就及经验体现在以下几个方面：

（一）深圳经济特区发展的历史是一部党组织坚强引领的发展史

在改革开放的不同时期，深圳经济特区始终都把党的建设置于至关重要的位置，把党的建设作为维护特区快速发展的政治保证，回应中央的要求和期待。改革之初，深圳市委就明确，“要建设好深圳经济特区，我们需要做许许多多的工作。当前最主要的是要把特区的党组织建设好”。[②] 1991 年 9 月颁布的《中共深圳市委关于加强党的建设的意见》再次强调，“越是改革开放越要加强党的建设，把党组织建设成为领导深圳社会主义现代化建设的坚强核心和反和平演变的坚强堡垒”。[③] 2015 年，深圳第六次党代会提出，率先落实全面从严治党各项任务，为特区事业发展提供坚强的组织保证，充分发挥党在深圳经济特区各项事业中的领导核心作用。2017 年 1 月，深圳市委六届七次会议再次强调，改革开放以来，深圳经济社会发展所取得的各项成绩，最核心的是毫不动摇坚持和完善党的领导。[④] 从改革初期开展“三资企业”党建，到拓展社会领域党建，从推动基层党建创新，到探索信息化时代的互联网党建和智慧党建，深圳经济特区把党的建设作为发挥窗口作用、试验作用和排头兵作用的重要组成部分。[⑤] 40 年来，深圳市委和各级党组织总揽全局、协调各方，成功地应对各种挑战，破解发展难题，通过不懈努力，推进经济市场化、政治民主化和经济特区现代化，体现出了比较高的领导水平和执政水平。[⑥]

（二）深圳经济特区发展的历史是一部基层组织建设的探索史

在特区发展的不同阶段，深圳在党建领域都进行了卓有特色的探索，发挥了改革试验区的使命和担当。比如在探索非公经济领域的党建，实行多种形式

---

① 路云辉主编：《深圳党建创新之路》，中国社会科学出版社 2018 年版，第 1 页。

② 中共深圳市委办公厅编：《深圳特区发展的道路》，光明日报出版社 1984 年版，第 19 页。

③ 《中共深圳市委关于加强党的建设的意见》[1991 年 9 月 21 日中共深圳市委一届二次全体（扩大）会议审议通过]，《特区党的生活》，1991 年第 11 期。

④ 《中国共产党深圳市第六届委员会第七次全体会议决议》，《深圳特区报》，2017 年 8 月 25 日。

⑤ 陈家喜、肖丽达：《改革开放四十年深圳党的建设基本经验》，《特区实践与理论》，2018 年第 8 期。

⑥ 路云辉主编：《深圳党建创新之路》，中国社会科学出版社 2018 年版，第 2—3 页。

的党组织组建方式，探索党的建设与市场经济的有机融合。在基层党建领域，推行“十百千万”行动、“一核多元”党建模式、“质量党建”模式、三级党员服务中心、党代表工作室、党员会客厅、党建组织员、“跟党一起创业”、“书记项目”和“党建述职”等，再到区域化党建和社区党建标准化，形成基层党建的深圳品牌。近年来，深圳还率先探索信息化背景下的党建工作创新，运用互联网工具加强党建工作。① 2013 年，深圳市南山区率先探索智慧党建，构建以“云(E 网通党建云)、网(南山先锋网)、图(党建电子地图)”为核心的“两平台四板块”，包括党员联系服务群众信息化平台(智慧问政、智慧服务、智慧互动)和党员教育管理服务信息化平台(智慧管理)。其中，“南山先锋网”设有书记信箱、党建脑库、党建地图、党建微博、党员志愿服务、积分排名、工作动态、党代表工作室、党建百宝箱等板块，为党员群众提供在线党务服务。“党建电子地图”标注信息涵盖党组织、党员服务中心、党代表工作室、U 站、志愿服务项目等。此外，手机客户端为党组织提供微党课等学习资源，为党员提供实时查询党组织信息、支部党员群聊和区内党员“朋友圈”等系统服务，实现党务服务“到手上”；为党务工作者提供轻量版的在线工作平台，让在线党务工作“全天候”。② 在南山智慧党建探索的基础之上，深圳进一步拓展互联网党建创新，于 2018 年 4 月成立互联网行业联合会党委并发布互联网党建白皮书，规划智慧党建的新模式。白皮书提出，根据互联网企业的特性，提倡主要职能部门、业务模块、分支机构单独设立党支部或党小组，探索以业缘、趣缘、产业链、事业群为基础建立网络党支部或党小组。同时提出采取“互联网＋组织活动”模式，建立线上党群服务中心，利用微信、微博等新媒体手段开设党建微会议、微课堂等，用党员易于接受的形式开展组织生活。③ 对于“智慧党建”系统的推广使用，深圳市委组织部提出，全市每个党群服务中心都要在“智慧党建”系统建设主页，已经完成建设的要完善日常运维，要逐步把原来使用的公众号、App 的活动发布、预约报名等路径转移到“智慧党建”系统上来，党群服务中心所有活动、服务和场地资源都要在系统上发

① 陈家喜、肖丽达：《改革开放四十年深圳党的建设基本经验》，《特区实践与理论》，2018 年第 8 期。

② 《“智慧党建”平台打通 联系群众“最后一公里”》，《深圳特区报》，2015 年 4 月 27 日；南山区委组织部：《深圳南山：“智慧党建”让党务不打烊》，《紫光阁》，2018 年第 3 期。

③ 《深圳发布互联网党建白皮书》，《深圳特区报》，2018 年 4 月 20 日。

布，接受党员、群众的预约和评价。“智慧党建”系统通过电脑和微信终端从上到下延伸到街道社区，从点到面发散到每个党支部和党员。组织生活、缴纳党费、开展活动等各项数据和记录实时同步，有没有落实、落实到不到位都一目了然，各级党组织都能实现渗透式管理。“智慧党建”系统有机连接市—区—社区三级党群服务中心阵地网络，全市 1 050 个党群服务中心都建立了自己的服务主页，整合资源在线发布。党建系统依托党群阵地开展活动、深化服务，党群阵地依靠党建系统强化管理、指挥调度，形成了线上线下的服务平台体系，促进各级党群服务中心资源共享、互联互动，为居民群众提供精准化、精细化的服务。“智慧党建”系统还通过大数据、云计算技术，对全市党组织和党员数量结构、工作开展情况等海量数据进行实时监测、动态分析，对党组织设置不合理、没有按时换届、组织生活落实不到位等智能“亮灯”预警，辅助科学决策和指挥；实行党员积分和党支部评星定级，通过科学设计积分管理规则，将党组织和党员所有线上行为纳入监测管理，操作全部留痕，量化评分，实现线下活动、线上积分，实时管理、动态考核，实现对党员的精细化管理。①

2017 年 9 月，深圳出台了《关于推进城市基层党建“标准＋”模式的意见》（以下简称《意见》），旨在构建“标准＋”模式，在推行组织建设、党员管理、治理结构、服务群众、工作职责、运行保障“六个标准化”建设的同时，鼓励探索建立各具特色的党建模式，推动全市基层党建形成既规范有序又各具特色的生动局面，注重系统谋划、统筹协调，互联互动、共建共享，推动城市基层党建成为一个多层次、扁平化、开放性、融合式的有机整体。同时，深圳市坚持重心下移，做实基层，推动资源力量下沉到基层，使基层有资源、有条件、有能力更好地服务群众，落实党的各项工作任务。

该《意见》提出了推进“标准＋责任体系”、“标准＋服务阵地”、“标准＋条块结合”、“标准＋一核多元”、“标准＋组织覆盖”、“标准＋信息技术”、“标准＋队伍保障”、“标准＋功能建设”8 个方面的具体工作要求。在推进“标准＋责任体系”中，《意见》提出建立健全市、区、街道、社区四级联抓党建的明责、履责、考责、问责体系。各级党组织书记履行党建工作责任情况被纳入述职评议考核，考评结果作为评价使用干部的重要依据。在推进“标准＋服务阵地”中，《意见》

① 胡百卉、张东方：《深圳全面推行“智慧党建”系统》，《南方日报》，2019 年 1 月 28 日。

提出建成1个市级党群服务中心、10个区级党群服务中心，以及N个社区和类社区的产业园区、商务楼宇、商圈市场等新兴领域的党群服务中心，构建"1＋10＋N"三级党群服务中心联盟，为资源整合提供支撑。在推进"标准＋一核多元"中，《意见》提出推动形成以社区党委为领导核心，政经分开、居站整合，居委会、工作站、股份合作公司、机关单位、群团组织、社会组织、物业公司等有序发挥作用的新型城市基层治理格局。在推进"标准＋队伍保障"中，《意见》提出全面配足专职党务工作者，街道配备1名主责抓党建的副书记，设置专门机构负责党建工作，加强社区专职工作者、新兴领域党建组织员和党支部书记队伍管理，建设专业化党务工作者队伍。

党建"标准＋"进一步夯实了基层治理，并有效激活了基层党建创新。比如，南山区推出社区治理机制再造"三项计划"，即"党建＋社区居委会"、"党建＋小区业委会"、"党建＋社区社会组织"计划。2017年，该区101个社区党委通过社区居委会、居民议事会征集并组织实施民生微实事1 779件，共涉及金额1.065亿元，精准满足群众的切身需求。2017年，23个社会组织负责人和27个备案类社区社会组织负责人参加社区服务项目策划与实施等专业培训，南山区委政法委还扶持32家心理健康、矫治安帮、法律援助、纠纷调处类社区社会组织。龙岗区2018年5月召开区委全面深化改革领导小组第十九次会议，审议通过了加强社会组织党建工作的"1＋2"文件——《关于加强龙岗区社会组织党的建设工作的实施意见》和《加强龙岗区社会组织党建培训工作实施办法》、《龙岗区社会组织承接政府职能转移和购买服务的党委监管办法》2个配套文件。这标志着龙岗区社会组织党建工作迈上新台阶。坪山区通过制定出台以标准化引领城市基层党建规范化的"1＋8"文件，全面规范居民小组、非公企业、社会组织、园区、机关、国有企业、公办中小学、医院8个领域的党建标准化建设工作，积极探索全领域党建"标准＋"。① 未来，深圳将推动全面从严治党向纵深发展，打造城市基层党建的"深圳品牌"，打造全面进步、全面过硬的城市基层党建先行区，成为向世界彰显中国共产党先进性、纯洁性的"精彩样板"。

（三）深圳经济特区发展的历史是一部高素质干部队伍的建设史

40年来，深圳市委抓住领导班子和干部队伍建设这个关键，坚持"三个注

---

① 《抓支部强基层：打造党建"深圳品牌"》，《南方日报》，2018年7月9日。

重”。第一，注重在实践中选拔干部。把那些在推动中心工作、重点项目建设和破解难题、抓发展中能力强、业绩突出、年轻有潜力的干部放到各级领导特别是主要领导岗位上。第二，注重在艰苦环境中历练干部。不断加大干部交流力度，选派一大批优秀干部到艰苦地区、难点岗位及街道、居委会挂职，使他们在艰苦环境和实际工作中经受锻炼和考验。第三，注重多渠道培养干部，拓宽干部视野。市委积极实施以“自主性”、“菜单式”为主要特征的干部自选培训，推出了“都市计划”、“胜任力提升”等境外培训，积极探索“三站联程”等干部教育培训新模式，成功举办“深圳—井冈山—宁夏”三站联程的中青年干部培训班。通过更贴近实际、更具针对性的教育培训，不仅优化了干部队伍，更是从根本上培养造就了一支总体上适应深圳经济特区改革开放和社会主义现代化建设的干部队伍。特区党的干部队伍建设和人才队伍建设取得的成绩和进步，为不断推进经济特区的伟大事业提供了坚强的组织保证和人才保证。①

深圳有一支高素质的干部队伍，思路开阔、善于改革，素质作风较好，下一步将继续深化改革，激发干部干事创业的激情，特别注重对年轻干部的培养，把年轻干部放到基层一线去磨炼，让干部真正能承担重任。2018 年，深圳在全市 74 个街道启动了领导班子任期考察，对街道干部进行集中调整、配备，干部选拔的基层导向被体现得淋漓尽致。深圳始终把选人用人作为关系特区事业发展的关键问题来抓，坚持把好干部标准落到实处，锻造特区改革发展事业需要的干部。为让优秀的干部脱颖而出，深圳制定出台《关于建设高素质干部队伍的若干意见》及 9 个配套制度，探索构建专业化考察、集体面谈、家访等干部考察新机制。突出精准科学选人用人，制定实施“六必谈、五必核、四必清”干部考察法，把干部考准考实。此外，党政人才“苗圃计划”的实施，激励广大干部新时代新担当新作为实施意见的制定，都有力地激发了党员干部的工作积极性。2015 年，深圳市委出台党风廉政建设主体责任和监督责任若干规定；2017 年，出台进一步营造良好政治生态的意见，把党风廉政建设推向纵深；2019 年，启动“改革开放再出发、作风建设再深化”作风整顿活动，并确定为“作风建设深化年”……②

---

① 路云辉主编：《深圳党建创新之路》，中国社会科学出版社 2018 年版，第 4 页。

② 杨丽萍：《深圳：加强党建引领特区改革发展》，《深圳特区报》，2019 年 3 月 4 日。

(四)深圳经济特区发展的历史是一部党建工作体制机制的创新史

深圳市委始终坚持分类指导、整体推进，认真落实党建工作责任制，在机关党建、事业单位党建、社区党建、国有企业党建、外资企业党建、"两新"组织党建等方面探索新路子，总结新经验，建立新机制。如建立驻(挂)社区工作组工作制度、实行同富裕工程、颁发纪念勋章、举办"大家谈"活动、开展"一帮一"结对共建。这些探索为党员互相学习、交流、帮助搭建了平台，提供了基地。这些年，深圳党建项目多次获得全省固本强基创新成果，几十个基层党建项目获得保持先进性长效机制建设创新成果。[①] 把党的政治建设摆在首位，党的政治建设是党的根本性建设，决定着党的建设方向和效果。深圳始终把政治教育放在重要位置，扎实开展党的群众路线教育实践活动和"三严三实"专题教育，推进"两学一做"学习教育常态化、制度化……全市党员拧紧了思想"总开关"，筑牢了"政治灵魂"。遍布全市的 1 050 个党群服务中心定期举行"新时代大讲堂"活动，面向全市党员群众开放，通过实施"首页首屏头版头条工程"，形成"基地＋讲堂＋媒体"全方位的学习宣传体系，不断推动全市各级党组织和广大党员干部牢固树立"四个意识"，坚定"四个自信"，始终做到"五个必须"，坚决反对"七个有之"，自觉以习近平新时代中国特色社会主义思想统领深圳一切工作。2018 年 4 月，深圳出台并实施《关于考准考实干部政治表现的办法》，突出政治标准选拔干部，细化了干部政治标准的考察评价内容，从正向、反向两个方面对政治标准进行具象化，解决了政治标准过于笼统和空泛化问题，干部政治表现"考什么、怎么考"有了可遵循的标准。2018 年 8 月，深圳经济特区历史上首次出台党内法规，5 部法规中的 4 部均聚焦基层党建，为强化街道、社区、社会组织、党支部等特区各领域基层党建提供了强有力的抓手。2015 年，《关于推进社区党建标准化建设的意见》出台，深圳开始了社区党建标准化的实践探索，在全市 645 个社区统一设立党委和党群服务中心。党建"标准＋"模式从社区成功起步后，机关企事业单位和互联网企业、商务楼宇、商圈市场、社会组织等新兴领域也插上了"标准＋"的翅膀。如今，深圳形成了统一标准的"1＋10＋N"的党群服务中心联盟，党员群众在 1 公里范围内就可以到达一个党群服务中心，找到党组织。2019 新年伊始，深圳社会组织等新兴领域党建也传来好消息。全市

---

① 路云辉主编:《深圳党建创新之路》，中国社会科学出版社 2018 年版，第 4 页。

18大类行业协会全部成立了联合党委，推动成立党支部242个。从2017年开始，深圳从市直单位局处级党员干部中选派“第一书记”，到重点行业协会、园区等“两新”组织帮助抓党建工作，扩大了党的组织和工作的有效覆盖。今年深圳还将继续坚持选派局级党员干部担任“两新”党组织“第一书记”，切实以党建引领“两新”组织健康发展。① 深圳将继续基于“智慧党建”系统，推进机关工委系统党建信息化全覆盖，动态调整党建质量指标体系，增加更多数据采集项。引入人工智能党建工作分析，利用人工智能和党建大数据，通过对词法、句法、语义、情感、聚类等分析手段，构建党建工作智能判断模型，实现对党组织负责人述职评议、报告总结、评比打分等党建工作的分析评价。同时，在支部层面，探索将心理管理、情绪管理的方式方法引入党建质量管理，通过“智慧党建”系统了解党员的情绪情况。让党建质量指标体系广泛应用于党支部思想政治工作、书记与党员谈心谈话制度的落实，以及党内帮扶、工作改进等各个方面。在结果展示方面，深圳市正在研究运用声纹识别技术即五线谱和音乐的形式展示党建工作质量，让党建工作、党建质量不但可看，还可听可唱，党建工作不再是“虚”的工作和冷冰冰的数字，而是有温度有情绪、能交流能互动的智慧体验，打造“标准＋创新”深圳党建质量指标体系。②

在深圳经济特区改革发展的每一个关键时期和重大历史进程中，党中央始终发挥总揽全局、协调各方的领导核心作用，以非凡的气魄带领深圳人民不断将改革开放推向前进。作为改革开放的试验田和先行地，深圳承担着完成改革开放任务、维护党的形象和抵御消极腐败现象三重任务。深圳始终坚持党的领导，坚持以人民为中心，坚决把改革进行到底，全面对标全球最高标准，聚焦要事难事攻坚突破，全力开拓特区发展新局面。从经济特区建立伊始，深圳市委就把管党治党、带好队伍作为首要任务来抓。梳理深圳经济特区的改革历程不难发现，特区党的建设始终与特区发展进程紧密结合，既是不断进行体制创新的过程，更是不断强化从严治党的过程。深圳将在习近平新时代中国特色社会主义思想指引下，进一步增强“四个意识”，坚定“四个自信”，更好地把从严管党治党要求落实到各领域、最基层，把深圳建设成为中国特色社会主义先行示范

---

① 杨丽萍：《深圳：加强党建引领特区改革发展》，《深圳特区报》，2019年3月4日。

② 聂志刚、戴兵威：《深圳发布党建质量标准》，人民论坛网，2018年11月23日。

区。历史已经证明，没有中国共产党的坚强领导，就没有深圳改革发展的伟大成就。历史还将证明，只要始终毫不动摇地全面加强党的领导和党的建设，深圳经济特区必将在新时代取得更加辉煌的成就，必将成功创建中国特色社会主义先行示范区并创造让世界刮目相看的新的更大奇迹！①

三、以党的自我革命引领示范区建设

办好中国的事情，关键在党。要将深圳建设成为中国特色社会主义先行示范区，确保深圳成为高质量发展高地、法治城市示范、城市文明典范、民生幸福标杆、可持续发展先锋，关键在于全面加强党的领导。必须不断巩固我们党在先行示范区建设中的领导核心地位，以党的自我革命引领示范区建设这一伟大社会革命，为深圳建设中国特色社会主义先行示范区提供坚强的政治保证。

（一）不断巩固党在先行示范区建设中的领导核心地位

当前，深圳建设中国特色社会主义先行示范区，必须毫不动摇地坚持和完善党的领导，不断巩固党的领导核心地位。

坚决维护以习近平同志为核心的党中央权威和集中统一领导。广大党员领导干部要自觉在思想上、政治上、行动上同党中央保持高度一致，自觉站在党和国家大局上想问题、办事情，在树牢“四个意识”、坚定“四个自信”、做到“两个维护”上勇当先锋，在讲政治、顾大局、守规矩上做好表率，确保深圳建设中国特色社会主义先行示范区始终方向正确，永不迷航。② 政治属性是政党第一位的属性，马克思主义政党的先进政治属性，是新时代中国共产党先进性和纯洁性的“本”和“魂”。在党的建设的丰富实践中切实发挥政治建设的指引、统领和总摄作用，党的先进政治属性才能得到彰显、维护和增强，才能确保党的建设的正确方向和良好效果，才能确保经济社会发展的正确方向。加强党对经济工作的集中统一领导是保证经济发展方向的前提，党的政治建设搞好了，经济社会发展就不会迷失方向。中国共产党是具有先进性和纯洁性的马克思主义政党。党的政治建设，就是要永葆中国共产党政治品质纯洁和政治追求高尚，以党的政治建设来把准政治方向，强化政治领导，夯实政治根基，防范政治风险，永葆

---

① 张浩：《深圳建设先行示范区关键在于全面加强党的领导》，《南方日报》，2019 年 9 月 16 日。

② 张浩：《深圳建设先行示范区关键在于全面加强党的领导》，《南方日报》，2019 年 9 月 16 日。

政治本色，提高政治能力。中国共产党自成立以来，就高度重视经济社会发展的社会主义方向。新时代在统筹推进“五位一体”总体布局、协调推进“四个全面”战略布局的新征程中，我们不能犯颠覆性错误，必须毫不动摇地沿着中国特色社会主义的正确方向前进。①

加强习近平新时代中国特色社会主义思想理论武装。要坚持把习近平新时代中国特色社会主义思想作为统领深圳一切工作的总纲、衡量一切工作的根本标准，推动习近平新时代中国特色社会主义思想在深圳落地生根、结出丰硕成果，努力把深圳建设成为展示习近平新时代中国特色社会主义思想的重要“窗口”，通过深圳这个“窗口”彰显我国改革开放的伟大成就和中国特色社会主义的巨大优越性。② 一方面，要把坚定理想信念作为党的思想建设的首要任务，教育引导全党牢记党的宗旨，挺起共产党人的精神脊梁。这就要求筑牢信仰之基，补足精神之钙，把稳思想之舵，确保马克思主义在意识形态领域的指导地位，建设具有强大凝聚力和引领力的社会主义意识形态，筑牢中国特色社会主义经济社会发展的思想防线，将党的基本理论和路线方针政策贯彻到经济社会发展全过程。另一方面，思想建设要求弘扬理论联系实际的马克思主义学风，学以致用，知行合一，要求紧密结合各地区、各部门、各单位实际工作，推进“两学一做”学习教育常态化、制度化，高质量推动“不忘初心、牢记使命”主题教育取得实效，把学习成效转化为推动事业发展的实际行动。③

牢牢掌握意识形态工作的领导权。深圳地处“两个前沿”，意识形态斗争复杂尖锐，必须始终绷紧意识形态这根弦，坚持党管意识形态，压实各级党委意识形态工作责任，提高警觉性、敏锐性和判断力，坚决守好意识形态安全“南大门”。④

（二）以党的自我革命推动先行示范区建设这一伟大社会革命

改革开放是一场伟大的社会革命。深圳建设中国特色社会主义先行示范区，努力在更高起点、更高层次、更高目标上推进改革开放，更是一场伟大的社会革命，必须以自我革命的精神把各级党组织建设得更加坚强有力，奋力书写

---

① 罗永宽：《新时代以党的建设推动经济社会全面发展》，人民论坛网，2019年10月17日。
② 张浩：《深圳建设先行示范区关键在于全面加强党的领导》，《南方日报》，2019年9月16日。
③ 罗永宽：《新时代以党的建设推动经济社会全面发展》，人民论坛网，2019年10月17日。
④ 张浩：《深圳建设先行示范区关键在于全面加强党的领导》，《南方日报》，2019年9月16日。

新时代深圳改革开放新篇章。[①]

一要突出问题导向。问题是时代的声音，广大党员干部要突出问题导向，推进党的自我革命，以刀刃向内的精神抓好问题整改落实。要切实解决问题，把解决问题作为前进的动力而不是沉重的包袱，作为创新的支点而不是退缩的借口。要以逢山开路、遇水架桥的勇气，变压力为动力，化挑战为机遇，在攻克一个又一个问题堡垒中不断创造新的业绩。[②]

二要发扬斗争精神。社会是在矛盾运动中前进的，有矛盾就会有斗争。始终保持斗争精神是中国共产党人在革命、建设、改革中取得一个又一个胜利的重要法宝。深圳建设中国特色社会主义先行示范区，必然会面临许多重大挑战、重大风险、重大阻力、重大矛盾，还需要进行具有许多新的历史特点的伟大斗争。这就需要广大党员领导干部发扬斗争精神，努力在斗争的风雨中锻炼成长，始终保持共产党人敢于斗争的风骨、气节、操守、胆魄。[③]

三要激发担当意识。建设中国特色社会主义先行示范区，是党中央、国务院赋予深圳的重大历史使命。要完成好这一重大历史使命，就必须激发广大党员干部的担当精神。要树立激励广大干部在新时代新担当、新作为的鲜明导向，大力弘扬敢闯敢试、敢为人先、埋头苦干的特区精神，进一步解放思想、改革创新，建设忠诚、干净、担当的高素质干部队伍。广大党员领导干部要保持闻鸡起舞、日夜兼程、风雨无阻的奋斗姿态，推动改革发展各项工作不断取得新进步、开创新局面，在中华民族伟大复兴的征程上作出深圳应有的努力和担当。[④]

（三）强化先行示范，不断提升党建工作质量

思想建党，理论强党。深圳建设中国特色社会主义先行示范区，所谓的“示范”，既是发展的示范，也是制度的示范。深圳党建重视中国特色社会主义基础理论研究，特别是学懂、弄通、做实习近平新时代中国特色社会主义思想，从深圳实践、深圳经验出发，主动参与中国特色社会主义话语体系的构建，打造深圳在思想理论界的话语地位，真正让深圳“自信”成为全球“共信”。要深入研究“深圳奇迹”背后的理论逻辑和制度优势，深刻阐释中国共产党“为什么能”、马

---

① 张浩：《深圳建设先行示范区关键在于全面加强党的领导》，《南方日报》，2019 年 9 月 16 日。

② 张浩：《深圳建设先行示范区关键在于全面加强党的领导》，《南方日报》，2019 年 9 月 16 日。

③ 张浩：《深圳建设先行示范区关键在于全面加强党的领导》，《南方日报》，2019 年 9 月 16 日。

④ 张浩：《深圳建设先行示范区关键在于全面加强党的领导》，《南方日报》，2019 年 9 月 16 日。

克思主义“为什么行”、中国特色社会主义“为什么好”。[①]

紧紧抓住现代网络信息技术这个新式装备，坚持党建工作与时代发展同步。习近平总书记指出：当今世界，谁掌握了互联网，谁就把握住了时代主动权。过不了互联网这一关，就过不了长期执政这一关。以移动终端和社交网络为基础的移动互联网，正在改变人们的行为方式和生活习惯，推动人类社会发生巨变。深圳努力用好现代网络信息技术这一新式装备，推动党群服务中心体系与深圳“智慧党建”系统线上线下双网融合，既充分适应现代社会党员群众生活在网上、交流在网上的特点，满足党员群众对互联网带来便捷高效的需求，又利用网络技术的互动交流特性，以服务为纽带，把社区里“陌生人”紧紧地联结起来、凝聚起来，促进党建工作与社会管理服务深度融合，实现各类组织、人群联系“零距离”。[②]

机关党建是党的建设的重要组成部分。在先行示范区建设中，机关党建必须尽好职责、先行示范。要以先行示范的标准，不断提升机关党建工作质量，打造机关党建的“深圳品牌”、“深圳标杆”。积极主动服务先行示范区建设，重点抓好模范机关创建、行风建设、“书记工程”、党员联系点、党员干部教育培训等工作，努力把市直机关建设成为特别讲政治、特别有作为、人民群众满意的机关，推动各部门在建设先行示范区的进程中展现新风貌、新业绩。同时，对于全会提出的关于党建工作的各项任务，用心用力耕好“责任田”，针对党建责任制、党建标准化、基层组织建设、阵地建设、智慧党建等工作，做好专项方案，有力推进。[③]

(四)勇于担当创新，打造城市基层党建的“深圳品牌”

新时代基层党建工作要进一步丰富工作载体和形式，推动党建与中心工作融合，全面提升基层党建的质量和水平。要以提升组织力为重点，突出政治功能，不断完善城乡基层党组织体系；充分利用新技术、新媒体、新平台，开展形式

---

① 杨丽萍：《全面加强党的建设为先行示范区建设提供坚强保证》，《深圳特区报》，2019年9月25日。

② 中共中央组织部编写：《贯彻落实习近平新时代中国特色社会主义思想、在改革发展稳定中攻坚克难案例·党的建设》，党建读物出版社2019年版，第435页。

③ 杨丽萍：《全面加强党的建设为先行示范区建设提供坚强保证》，《深圳特区报》，2019年9月25日。

多样的党员主题活动，充分发挥党员在各行业、各领域的先锋模范作用，团结带领干部为群众服务和推动中心工作，确保党建工作不偏不虚。新时代的基层党建只有服务中心、融入大局，才能在推动经济社会全面发展的伟大事业中展现作为、彰显价值。①

基础不牢，地动山摇。在先行示范区建设中，深圳城市基层党建工作肩负着重要使命、承载着特别期望。要敢于担当、积极作为、勇于创新，推动基层组织全面加强、基础工作全面进步、基本能力全面提升，努力打造城市基层党建的"深圳品牌"。党组织是组织形态的战斗堡垒，党群服务中心是物质形态的战斗堡垒，党群服务中心建设，就是让组织形态的战斗堡垒和物质形态的战斗堡垒紧密结合起来，增强党组织的影响力、凝聚力和吸引力。"1＋10＋N"党群服务中心建成后，深圳党群服务中心星罗棋布，按建成区 900 平方公里计算，党员群众在平均 1 公里范围内就能找到 1 个党群服务中心，找到党群服务中心，就找到了党组织。②

非公有制经济健康发展和非公有制经济人士健康成长，是建设中国特色社会主义先行示范区的重要动力保证，非公党建要发挥促进非公有制经济健康发展和非公有制经济人士健康成长的领航作用，发挥党组织在职工群众中的政治核心作用和在企业发展中的政治引领作用。抓好"两个覆盖"，深入推进党支部标准化、规范化建设，实施"百企示范、整体提升"项目，实施"头雁工程"，推动基层党组织全面进步、全面过硬，努力打造非公党建"深圳品牌"和"精彩样板"。③

紧紧抓住标准引领，推动基层党建整体提升、全面过硬。过去基层党建工作常常习惯抓典型造盆景，许多基层党组织把关注点放在培育典型、打造特色上，忽略了基本要求。标准化让每个党群服务中心的建设、运营和管理有了基本遵循，不但让"差等生"有了遵循，也让"老典型"补了短板，把基本规范、基本动作做扎实，实现了从"花开几枝"到"满园芬芳"，进而形成了党员群众皆知、广泛欢迎和充分认可的品牌。同时，深圳既坚持以标准化引领规范化、达到基本

---

① 罗永宽：《新时代以党的建设推动经济社会全面发展》，人民论坛网，2019 年 10 月 17 日。

② 中共中央组织部编写：《贯彻落实习近平新时代中国特色社会主义思想、在改革发展稳定中攻坚克难案例·党的建设》，党建读物出版社 2019 年版，第 433 页。

③ 杨丽萍：《全面加强党的建设为先行示范区建设提供坚强保证》，《深圳特区报》，2019 年 9 月 25 日。

要求的底线思维，又坚持以“标准＋”推动大开放大融合、提升整体效应的高线追求，针对情况千差万别的基层，鼓励联系实际设计有效的自选动作，不断提升基层精准化、精细化程度。① 城市基层党建的“深圳品牌”应当结合实际，围绕解决好社区治理“最后一公里”的问题，积极探索“党建＋民生＋社区自治”的基层治理模式，通过党建引领带动，推动党建工作与中心工作、改革攻坚、改善民生、优化营商环境等融合互通。②

（五）保持高压态势，持之以恒正风肃纪、反腐惩恶

新时代的全面从严治党始于全面依规从严治理党的作风问题。习近平总书记强调指出，“我们的责任，就是同全党同志一道，坚持党要管党、从严治党，切实解决自身存在的突出问题，切实改进工作作风，密切联系群众，使我们党始终成为中国特色社会主义事业的坚强领导核心”。新时代党的建设总布局中作风建设的内在要求是，在变化着的复杂执政环境中紧紧围绕保持党同人民群众的血肉联系，以问题为导向坚决反对形式主义、官僚主义、享乐主义和奢靡之风，以顽强意志品质持之以恒正风肃纪、反腐惩恶，消除党和国家内部存在的严重隐患，破解全面从严治党的难题，进而为防范经济社会发展的重大风险确立保障。要通过具有鲜明时代要求的作风建设依规从严治党，严肃党内政治生活，净化党内政治生态，巩固党内团结统一，改善党群干群关系，在党内凝结起一股强大的创造力、凝聚力、战斗力，焕发出新的强大生机活力，以党的自我革命来推动党领导人民进行的伟大社会革命。③

只有进行时、没有休止符的党风廉政建设，是我们党勇于自我革命的基本要求，是我们党能够永葆先进性与纯洁性、不断提高战斗力和长期执政能力的重要法宝。在面对执政考验、改革开放考验、市场经济考验、外部经济环境考验的复杂环境下，党员干部要坚持问题导向，保持战略定力，提高增强防风抗险的政治自觉、思想自觉和作风自觉，切实肩负起防范化解重大风险的政治责任，稳中求进、突出主线、守住底线、把握好度，在推动高质量发展中防范化解经济社

---

① 中共中央组织部编写：《贯彻落实习近平新时代中国特色社会主义思想、在改革发展稳定中攻坚克难案例・党的建设》，党建读物出版社 2019 年版，第 434 页。

② 杨丽萍：《全面加强党的建设为先行示范区建设提供坚强保证》，《深圳特区报》，2019 年 9 月 25 日。

③ 罗永宽：《新时代以党的建设推动经济社会全面发展》，人民论坛网，2019 年 10 月 17 日。

会各领域风险，切实维护好改革发展稳定大局，为经济社会全面发展提供坚强保障。[①]

持之以恒正风肃纪、反腐惩恶，为先行示范区建设营造风清气正的政治生态。积极探索与中国特色社会主义先行示范区相适应的纪检监察工作，既维护公平正义的底线，也呵护改革创新的品格，坚定不移推动全面从严治党向纵深发展。坚持严管与厚爱结合，营造“干事创业敢担当”的良好政治生态。在“严管”方面，将通过全力打造“智慧监督应用平台”，深化运用监督执纪“四种形态”和“七看”工作法，推进追逃防逃追赃一体化建设等措施强化监督；在“厚爱”方面，将《南山区关于落实支持改革创新建立容错免责机制的工作指引（试行）》真正落到实处，为担当者担当，为干事创业者撑腰鼓劲。同时，严查诬告陷害，以强大震慑刹住歪风邪气，为被不实举报的干部澄清正名。[②] 正风肃纪、惩治腐败，坚持改革力度有多大，反腐力度就有多大，在全国率先成立监察局，较早提出“红包”治理，连续举办纪律教育学习月活动，深化“四种形态”运用，构建纠正“四风”长效机制，强化“两个责任”落实。以钉钉子精神持续正风反腐，近 5 年立案审查 3 354 人。同时，深入推进监察体制改革，加快建设廉洁城市，用严明的纪律为改革开放保驾护航。[③]

参考文献

[1]习近平:《决胜全面建成小康社会　夺取新时代中国特色社会主义伟大胜利——在中国共产党第十九次全国代表大会上的报告》,人民出版社 2017 年版。

[2]王京清主编:《深入推进新时代党的建设新的伟大工程》,中国社会科学出版社 2019 年版。

[3]路云辉主编:《深圳党建创新之路》,中国社会科学出版社 2018 年版。

[4]中共深圳市委办公厅编:《深圳特区发展的道路》,光明日报出版社 1984 年版。

[5]《中共深圳市委关于加强党的建设的意见》[1991 年 9 月 21 日中共深圳市委一届二次全体(扩大)会议审议通过],《特区党的生活》,1991 年第 11 期。

① 罗永宽:《新时代以党的建设推动经济社会全面发展》,人民论坛网,2019 年 10 月 17 日。

② 杨丽萍:《全面加强党的建设为先行示范区建设提供坚强保证》,《深圳特区报》,2019 年 9 月 25 日。

③ 姚文胜、王保红、綦伟、杨丽萍:《党旗引领经济特区改革发展——改革开放 40 年回首望深圳(上)》,《深圳特区报》,2018 年 5 月 21 日。

[6]《中国共产党深圳市第六届委员会第七次全体会议决议》,《深圳特区报》,2017 年 8 月 25 日。

[7]陈家喜、肖丽达:《改革开放四十年深圳党的建设基本经验》,《特区实践与理论》,2018 年第 8 期。

[8]《"智慧党建"平台打通　联系群众"最后一公里"》,《深圳特区报》,2015 年 4 月 27 日。

[9]南山区委组织部:《深圳南山:"智慧党建"让党务不打烊》,《紫光阁》,2018 年第 3 期。

[10]《深圳发布互联网党建白皮书》,《深圳特区报》,2018 年 4 月 20 日。

[11]胡百卉、张东方:《深圳全面推行"智慧党建"系统》,《南方日报》,2019 年 1 月 28 日。

[12]《抓支部强基层:打造党建"深圳品牌"》,《南方日报》,2018 年 7 月 9 日。

[13]杨丽萍:《深圳:加强党建引领特区改革发展》,《深圳特区报》,2019 年 3 月 4 日。

[14]聂志刚、戴兵威:《深圳发布党建质量标准》,人民论坛网,2018 年 11 月 23 日。

[15]张浩:《深圳建设先行示范区关键在于全面加强党的领导》,《南方日报》,2019 年 9 月 16 日。

[16]杨丽萍:《全面加强党的建设为先行示范区建设提供坚强保证》,《深圳特区报》,2019 年 9 月 25 日。

[17]中共中央组织部编写:《贯彻落实习近平新时代中国特色社会主义思想、在改革发展稳定中攻坚克难案例·党的建设》,党建读物出版社 2019 年版。

[18]罗永宽:《新时代以党的建设推动经济社会全面发展》,人民论坛网,2019 年 10 月 17 日。

[19]姚文胜、王保红、綦伟、杨丽萍:《党旗引领经济特区改革发展——改革开放 40 年回首望深圳(上)》,《深圳特区报》,2018 年 5 月 21 日。

第九章　全面依法治国及其深圳实践

概　要：全面依法治国是习近平新时代中国特色社会主义思想的重要组成内容，是坚持和发展中国特色社会主义的本质要求和重要保障，是实现国家治理体系和治理能力现代化的必然要求。我们要实现经济发展、政治清明、文化昌盛、社会公正、生态良好，必须更好地发挥法治引领和规范作用。深圳经济特区自建立以来，不仅担当着改革开放的先行者，还是社会主义法治建设的排头兵，为社会主义法治建设贡献了深圳的探索经验。深圳经济特区建设发展的历程始终与法治相伴相随，走出了一条以改革推动法治进步、以法治引领和保障改革发展的成功道路。可以说，良好的法治环境是深圳过去 40 年快速发展的重要保障。2019 年 8 月 18 日，中共中央、国务院发布《中共中央　国务院关于支持深圳建设中国特色社会主义先行示范区的意见》，赋予深圳新的使命，提出将深圳打造为法治城市示范，这对深圳的法治建设来说是千载难逢的历史机遇。深圳要在改革开放和建设中国特色社会主义过程中，继续敢闯敢试、敢为人先，为实现国家富强、民族复兴、人民幸福探索新路，甚至提供一条可供复制的示范之路。要充分发挥法治的引领、规范、保障作用，把法治思维和法治方式贯穿先行示范区建设的各方面、全过程，为实现“五个率先”的重点任务提供坚强的保障。

全面依法治国的中国特色社会主义法治思想是习近平新时代中国特色社会主义思想的重要组成内容，是中国特色社会主义理论体系的有机组成部分，是新时代引领法治中国建设的指导思想和根本遵循。党的十八大以来，我们党更加注重法治在现代化建设和治国理政中的重要作用，以习近平同志为核心的党中央在对我国法治实践和理论总结的基础上，对全面依法治国方略作了系统阐述,明确了全面依法治国的总目标和实现步骤。把全面依法治国纳入“四个全面”战略布局,强调“法治是治国理政的基本方式”,指出“法治是国家治理体系和治理能力的重要依托”,推动“法治国家、法治政府、法治社会一体建设”,要求领导干部提高“运用法治思维和法治方式的能力”,明确“凡属重大改革都要于法有据”,承诺“努力让人民群众在每一个司法案件中都能感受到公平正义”,等等。深圳作为社会主义法治建设的排头兵,法治与改革一直紧密结合,在创造经济发展奇迹的同时,法治建设也取得了显著的成绩。尤其是党的十八届三中、四中全会召开后,深圳把法治化作为“全面深化改革”的重要突破口,加快建设“一流法治城市”,勇当“法治中国”建设先锋,不断开创特区法治城市建设的新局面,力图在全国起到示范和引领作用。

一、全面依法治国是中国特色社会主义的本质要求

全面依法治国,是坚持和发展中国特色社会主义的本质要求和重要保障,是实现国家治理体系和治理能力现代化的必然要求,事关我们党执政兴国,事关人民幸福安康,事关党和国家的长治久安。我们要实现经济发展、政治清明、文化昌盛、社会公正、生态良好,必须更好地发挥法治引领和规范作用。

(一)全面依法治国是国家治理的一场深刻革命

全面推进依法治国的提出,蕴含着党对如何治理好一个大国这一问题的深刻思考。在新时代的历史新起点上,面对新矛盾、新形势、新任务,中国共产党如何领导全国人民实现国家的长治久安、如何实现人民群众对美好生活的向往这些重大问题不容回避。法律是治国之重器,法治是国家治理体系和治理能力的重要依托,我国是一个人口众多、地域辽阔、多民族聚居的国情复杂的国家,要保证国家统一、法制统一、政令统一、市场统一,必须秉持法律准绳,用好法治方式,必须坚持依法治国,为党和国家事业发展提供根本性、全局性和长期性的制度保障。

我们党对依法治国问题的认识经历了一个不断深化的过程,全面推进依法治国是在总结我国社会主义法治建设成功经验和深刻教训的基础上作出的重大抉择。新中国成立初期,在废除旧法统时,积极将马克思主义基本原理与中国具体国情相结合,运用新民主主义革命时期根据地法治建设的成功经验,抓

紧建设社会主义法治，初步奠定了社会主义法治基础。后来，由于党的指导思想发生“左”的错误，在相当长时间内忽视甚至破坏法治建设，为此付出了沉重的代价，教训十分惨痛。党的十一届三中全会总结民主法治建设的教训，明确提出为了保障人民民主，必须加强社会主义法治建设，把依法执政确定为党治国理政的基本方式，提出了“有法可依、有法必依、执法必严、违法必究”的法治建设基本方针，翻开了中国特色社会主义法治建设的新篇章。1997 年，党的十五大首次提出“依法治国，建设社会主义法治国家”，并提出到 2010 年形成中国特色社会主义法律体系。2002 年，党的十六大提出“发展社会主义民主政治，最根本的是要把坚持党的领导、人民当家作主和依法治国有机统一”。2007 年，党的十七大提出“全面落实依法治国基本方略，加快建设社会主义法治国家”。2012 年，党的十八大进一步提出“全面推进依法治国”的战略决策。党的十八届四中全会，习近平总书记在深入调研、充分论证、科学谋划、汇聚全党智慧的基础上，提出了全面依法治国的总目标，并指出：“经验和教训使我们党深刻认识到，法治是国家治理不可或缺的重要手段。”①党的十九大进一步强调，全面依法治国是中国特色社会主义的本质要求和重要保障，坚持和发展中国特色社会主义，必须坚定不移推进全面依法治国。②

全面推进依法治国意味着与过去的“人治”方式决裂，把法治作为治国理政的基本方式，这是国家治理领域一场广泛而深刻的革命，是我们党在治国理政上的自我完善、自我提高。

（二）全面依法治国是“四个全面”战略布局的重要组成部分和法治保障

党的十八届四中全会专门作出《中共中央关于全面推进依法治国若干重大问题的决定》，把依法治国提到了“全面建成小康社会、全面深化改革、全面依法治国、全面从严治党”战略布局的新高度。从这个战略布局来看，做好全面依法治国各项工作意义十分重大，“如果没有全面依法治国，我们就治不好国、理不

---

① 习近平：《在中共十八届四中全会第二次全体会议上的讲话》，《习近平关于全面依法治国论述摘编》，中央文献出版社 2015 年版。

② 习近平：《决胜全面建成小康社会　夺取新时代中国特色社会主义伟大胜利——在中国共产党第十九次全国代表大会上的报告》，人民出版社 2017 年版，第 22 页。

好政，我们的战略布局就会落空”[①]。习近平新时代中国特色社会主义思想体系中，全面依法治国既是战略举措，又是战略目标；既着眼解决现实重大问题，又考虑国家长远发展。全面建成小康社会、实现中华民族伟大复兴的中国梦，全面深化改革、完善和发展中国特色社会主义制度，全面从严治党、提高党的执政能力和执政水平，都必须全面推进依法治国。

全面推进依法治国是全面建成小康社会的法治保障，全面建成小康社会是实现中华民族伟大复兴的阶段性奋斗目标，全面推进依法治国是实现该目标的基本方式和可靠保障。全面建成小康社会，应当包括到2020年初步建成法治中国的“法治小康”战略目标。全面推进依法治国与全面深化改革相辅相成，从时间轴上看，全面深化改革与全面依法治国的关系尤为密切，十八届三中全会重点讲全面深化改革并作出决定，而十八届四中全会则重点讲全面推进依法治国并作出决定，改革与法治息息相关，改革是“破”，法治是“立”，两者体现了“破”和“立”的辩证统一。改革和法治如鸟之两翼、车之两轮，两者相辅相成、互相作用。全面依法治国必须坚持党的领导，全面从严治党，把权力关进法律和制度的笼子里，形成完善的党内法规体系。从“四个全面”战略布局看，做好全面依法治国各项工作意义十分重大，不仅是“四个全面”战略布局的重要组成部分，而且是协调推进“四个全面”的重要制度基础和法治保障。正如习近平总书记指出：“要把全面依法治国放在‘四个全面’的战略布局中来把握，深刻认识全面依法治国同其他三个‘全面’的关系，努力做到‘四个全面’相辅相成、相互促进、相得益彰。”

（三）全面依法治国是坚持和发展中国特色社会主义的基本方略

习近平总书记指出：“依法治国是我们党提出来的，把依法治国上升为党领导人民治理国家的基本方略也是我们党提出来的，而且党一直带领人民在实践中推进依法治国。”[②]党的十九大报告中明确指出，新时代坚持和发展中国特色社会主义的十四条基本方略，其中包含了坚持全面依法治国的基本方略，郑重宣告建设中国特色社会主义现代化国家，必须坚持全面依法治国，这意味着中

① 习近平：《在省部级主要领导干部学习贯彻党的十八届四中全会精神全面推进依法治国专题研讨班上的讲话》，《习近平关于全面依法治国论述摘编》，中央文献出版社2015年版。

② 习近平：《加快建设社会主义法治国家》，《求是》，2015年第1期。

国特色社会主义法治建设和依法治国进入新时代。“必须把党的领导贯彻落实到依法治国全过程和各方面，坚定不移走中国特色社会主义法治道路，完善以宪法为核心的中国特色社会主义法律体系，建设社会主义法治国家，发展中国特色社会主义法治理论，坚持依法治国、依法执政、依法行政共同推进，坚持法治国家、法治政府、法治社会一体建设，坚持依法治国和以德治国相结合，依法治国和依规治党有机统一，深化司法体制改革，提高全民族法治素养和道德素质。”[①]另外，除了“坚持全面依法治国”这一基本方略，其他十三条基本方略对于推进全面依法治国、开启新时代中国特色社会主义法治新征程，同样也具有十分重要的指导意义和统领作用。

二、深圳：社会主义法治建设推进的排头兵

（一）法治是深圳最核心的竞争力之一

深圳经济特区建立以来，不仅担当着改革开放的先行者，还是社会主义法治建设的排头兵，为社会主义法治建设贡献了深圳的探索经验。深圳经济特区的诞生，本身就是法治的产物。1980 年 8 月 26 日，第五届全国人民代表大会常务委员会第十五次会议批准施行《广东省经济特区条例》，深圳经济特区依法宣告成立，之后经济特区建设发展的历程始终与法治相伴相随，走出了一条以改革推进法治发展、以法治引领和保障改革发展的成功道路。可以说，良好的法治环境是深圳过去 40 年快速发展的重要保障。在立法方面，深圳充分运用特区立法权和较大市立法权，积极借鉴中国香港地区和国外立法经验，充分发挥了特区立法的试验田作用，制定了一系列特区法规、较大市法规、政府规章和规范性文件，搭建了覆盖面较广、较为全面的法规制度体系。在依法行政方面，深圳成立了最早的地方政府法制机构和法律顾问机构，开展了最早的行政审批制度改革、城市综合执法试点，建立了最早的政府规范性文件前置审查制度、法治政府建设指标体系和考评机制等。[②] 在公正司法方面，深圳在全国率先开展司法责任制改革，探索司法人员分类管理、审判权和检察权运行机制等改革，司法

---

① 习近平：《决胜全面建成小康社会　夺取新时代中国特色社会主义伟大胜利——在中国共产党第十九次全国代表大会上的报告》，人民出版社 2017 年版，第 22—23 页。

② 罗思、李朝晖：《深圳法治发展报告（2019）》，社会科学文献出版社 2019 年版。

质效显著提升。在法治文化建设方面，将法治文化建设纳入城市主流文化建设，树立法治理念，塑造现代法治公民。总之，法治已经成为深圳最显著的城市特质和最核心的竞争力之一。

（二）深圳法治建设的具体实践

1. 立法引领和推动改革发展

特区成立之初，就高度重视通过立法规范引领改革发展。在深圳特区建设发展壮大的历程中，地方立法与改革发展一路相伴，相辅相成、相得益彰。尤其是在获得特区立法权后，地方立法蓬勃发展。

1992 年 7 月 1 日，七届人大常委会第 26 次会议认真审议了国务院所提请授权深圳立法的议案，并表决通过了《关于授权深圳市人民代表大会及其常务委员会和深圳市人民政府分别制定法规和规章在深圳经济特区实施的决定》（以下简称《授权决定》）。《授权决定》规定："授权深圳市人民代表大会及其常务委员会根据具体情况和实际需要，遵循宪法的规定以及法律和行政法规的基本原则，制定法规，在经济特区实施，并报全国人民代表大会常务委员会备案；授权深圳市人民政府制定规章并在深圳经济特区组织实施。"据此，深圳经济特区直接获得制定经济特区法规和规章的特区立法权，即在立法方面"先行先试"的权力，允许在遵循宪法的规定以及法律和行政法规的基本原则的前提下，对"法律、行政法规、地方性法规作变通规定"。实际上就是在现有的法律制度框架内，容许经济特区通过法律制度创新，逐步积累改革的经验。2000 年 3 月 15 日第九届全国人民代表大会第三次会议通过《中华人民共和国立法法》，保留了经济特区的授权立法，又赋予了经济特区所在地的市以较大市的立法权，使深圳经济特区实际拥有了双重立法权。

深圳运用"两个立法权"优势，努力把立法的制度优势转化为法治优势和发展的动力优势，坚持以立法助改革、促发展、惠民生，积极探索建立适合中国国情、深圳市情的法治保障制度，制定了一大批质量很高的特区法规和规章。这不仅有力促进了深圳改革开放和经济社会发展，也为国家层面立法积累了成熟经验。据统计，截至 2018 年 2 月 28 日，深圳市人大及其常委会制定法规 225 项，其中特区法规 185 项，现行有效法规 167 项。市政府共制定规章 299 项，现行有效规章 158 项。在制定的 225 项法规中，先行先试类 106 项、创新变通类

57 项，先行先试类和创新变通类法规占制定法规的 72.44%。在 106 项先行先试类法规中，有 41 项是早于国家法律、行政法规出台的；有 65 项是国家尚无法律、行政法规规定的，是全国首部相关法规。[①] 立法方面的“先行先试”，成为深圳改革创新的重要保证，实现了深圳特区从单纯的经济试验区向经济、法治双重试验区的转变，为深圳经济特区建设健康发展提供了坚强的法治保障。

深圳的地方立法一直以服务城市发展为导向，与城市的经济体制改革相辅相成。通过建立和规范经济制度为经济发展提供保障，完善中国特色社会主义市场经济制度。例如，出台《深圳经济特区房地产登记条例》、《深圳经济特区房地产转让条例》，将房地产行业纳入市场经济的法治监管轨道；出台《深圳经济特区土地使用权出让条例》等，规范土地使用权的流转；出台《深圳经济特区股份有限公司条例》、《深圳经济特区劳务工条例》等，进一步规范市场主体行为，建立现代企业制度。除此之外，还通过立法大力推进商事制度改革，促进新兴产业发展，率先推出商务秘书公司制度，不断改革市场监管体系，不断推进诚信社会建设，同时规范政府自身权力和职能，理顺政府与市场之间的关系，优化创新创业环境。

2. 依法行政的典型样本

深圳在法治城市、法治政府建设方面也卓有成效，在全国率先开展对法治政府的考评，出台了全国首个法治政府建设指标体系，在全国百城法治政府评估中连续三年名列前茅，连续两届获得中国法治政府奖，同时还连续数年在广东省依法行政考评中获得优异成绩。深圳法治政府建设主要有以下几条路径：

一是通过立法规范一系列政府行政行为，不断厘清政府的权力边界，使政府行政权力的运作在法治轨道中进行，推动行政立法体系的制度化和规范化。其中包括建立规范性文件前置审查制度、改革行政审批制度、完善政府信息公开立法、规范行政执法行为和政府决策机制等。行政规范性文件的制定是行政机关依法履行职能的主要方式，是社会公共目标的实现前提，在依法行政中发挥着关键性作用。为了从源头保证规范性文件的质量，确保政府抽象行政行为的合法性，深圳市政府于 2000 年发布了《深圳市行政机关规范性文件管理规定》，确定了规范性文件前置审查制度。该规定于 2018 年结合深圳实际情况进

---

① 罗思、李朝晖：《深圳法治发展报告（2019）》，社会科学文献出版社 2019 年版。

行修订，在规范性文件制定主体、范围、权限、程序等方面，提出了比国家要求更为严格和具体的要求，旨在对各类“红头文件”进行前置性审查，制约政府权力。二是通过改革行政审批制度，规避部门权力滥用的现象。深圳是全国最先开展行政审批制度改革的地区。自1997年以来，已进行了四轮大规模的改革，审批事项由1 091项压缩到391项，深圳市政府部门和有关单位原有的上千项审批与核准事项被“砍”去，大幅度压缩了审批事项和时限，而且推动了审批事项的法定化、制度化、规范化工作，逐步实现了行政审批的公正、公平和透明。三是深圳通过政府信息公开立法，实现全社会对政府的监督。早在2008年国家出台《政府信息公开条例》前，深圳政府信息公开立法已推进多年。2003年、2004年和2006年，深圳市政府连续颁布《深圳市行政机关政务公开暂行规定》、《深圳市政府信息网上公开办法》和《深圳市政府信息公开规定》，旨在增强政府工作的透明度，推进依法行政，提高行政效能。四是深圳通过规范行政执法，促进行政执法的公开公正。深圳市于2003年制定了《行政执法主体公告管理办法》，2008年出台了《规范行政处罚裁量权若干规定》，2010年制定了《行政执法安全评查办法》，2011年又制定了《市级行政执法机关行政处罚案卷评查标准》。这些立法对于规范行政执法主体，压缩行政处罚自由裁量空间，促进行政执法公开、公正和公平等发挥着重要作用。五是深圳通过完善政府决策机制，促进政府决策的民主化与科学化，从完善行政决策的程序、管理和审查等方面的机制入手，保障重大行政决策的法治化。深圳市于2006年发布《深圳市人民政府常务会议工作规则》、《深圳市人民政府重大决策公示暂行办法》和《深圳市行政听证办法》，2009年发布《深圳市行政决策责任追究办法》，2013年制定了《深圳市重大决策专家咨询论证实施办法》，这些相关立法的出台增强了政府重大决策的民主性和透明度，促进政府决策的科学化、民主化、公正化。①

除此之外，2008年深圳市委市政府联合发布《中共深圳市委深圳市人民政府关于制定和实施〈深圳市法治政府建设指标体系（试行）〉的决定》（以下简称《指标体系》），出台了国家第一个关于法治政府建设的地方指标体系。以此为依托，自2009年以来，深圳市每年都组织法治政府的建设考评，以此促进依法

① 张京、郭少青：《地方立法引领推动改革发展的深圳实践》，《深圳法治发展报告（2019）》，第42—44页。

行政、法治政府建设工作的落实。2014 年，深圳市法制办结合深圳法治政府建设工作经验，启动《指标体系》修订工作。修订后的《指标体系》共 10 个大项、46 个子项、212 个细项，指标设置更科学、合理；增加了科学立法、民主立法、权责清单、法律顾问制度、执法全过程记录制度、重大执法决定法制审核、执法信息共享等指标内容，体现了法治政府建设的最新要求。目前，法治政府建设考评占政府绩效考核的比重高达 8%。深圳通过指标体系的建立促进了法治政府建设，有序的、较完备的法治政府体系保障了营商环境的优化。

3. 司法体制改革纵深推进

作为中央确定的首批司法体制改革试点城市，在司法体制改革征程中，深圳始终把党的绝对领导贯彻到政法工作各方面、全过程，紧紧抓住司法体制改革的重要领域和关键环节，全面落实司法责任制，推动司法体制综合配套改革不断迈向纵深，牵头会同组织、编办、财委等部门推动 60 余项重大改革文件出台，形成司法体制改革的强大合力，确保深圳司法体制改革各项措施落地见效，努力在新时代司法体制改革中走在最前列，在新征程中勇当尖兵。

党的十八大以来，深圳率先探索并落实司法责任制、人员分类管理、审判权和检察权运行机制等改革。“谁办案谁负责”是司法责任制改革的目标。2012 年，深圳市就推行“审判长负责制”、“检察官办案责任制”，率先启动司法权力运行机制改革。为真正实现权力下放，让办案者负责，深圳法院制定了多项配套改革制度，取消了具有行政化色彩的案件审批制，厘清了法官、合议庭和院庭长分别行使不同权力的边界和方式，形成较为完整的权力清单，充分保障法官的判断权、裁决权，实现 99%的案件裁判文书均由合议庭或独任法官直接签发。深圳检察院则出台《办案责任职权配置工作规定》，将各项职权进行分级授权，对检察委员会、检察长(副检察长)、检察官的职权进行明确界定，规定了检察官办案工作流程和标准。分类管理则主要是为了实现人员专业化。着眼于公正、高效办理案件的客观现实需要，2014 年，作为先行试点地区的深圳，根据职业特性和分工不同，将司法工作人员分为法官检察官、司法辅助人员与司法行政人员三大职系，并在全国率先完成了入额工作。司法体制一系列的体制机制创新，促使更多优秀人才向办案一线流动，办案效率明显提升。

4. 法治文化成为主流文化

法治建设是制度建设、机制建设、文化建设的有机统一，浓厚的社会主义法治文化是全面依法治国的内生动力和重要支撑。党的十八大以来，法治文化建设不断推进，人民群众法治意识不断增强，法治观念逐渐深入人心。深圳较早认识到法治文化建设的重要意义，并提出加强法治文化建设的目标，把法律知识普及、法律意识培养、法治思维养成、法律信仰培育与文化建设结合起来，积极打造全民共享的法治文化传播平台，加强法治文化载体和法治文化工作队伍建设，推动社会主义法治文化成为主流文化。

中共十九大报告指出，深化依法治国实践，要“建设社会主义法治文化，树立宪法法律至上、法律面前人人平等的法治理念”。进入新时代，建设社会主义法治文化对于法治中国建设具有基础性作用和持久性功效，能够为社会主义法治建设提供持久的精神动力、文化源泉，要在全社会营造尊法、学法、守法、用法的浓厚氛围，自觉抵制和反对以言代法、以权压法、逐利违法、徇私枉法，不断夯实法治中国建设的社会文化基础。

深圳作为践行“改革与法治同频共振”的代表性城市，改革与法治如鸟之两翼、车之双轮，有力地推动了深圳的社会主义现代化事业向前发展，其中重要原因则是良好的法治文化建设。尽管中国从 1986 年起就有计划地推动普法宣传教育工作，目前已经进入“七五”普法阶段，但在相当长的时间内，普法宣传的目标仅为普及法律知识，培养公民遵法守法的意识，从而便于社会管理。因此，普法的效果欠佳，公众更多的是感受到法律的约束和冰冷，对法律的认识也仅停留在不触犯法律红线的程度上。深圳较早意识到推动法治文化建设、培育市民法律信仰对法治城市建设的重要意义，早在 2010 年 5 月，深圳市第五次党代会就提出“加强法治文化建设，推动全民普法，树立法治理念，塑造现代法治公民，率先建成社会主义法治城市”的目标，把加强法治文化建设作为提高公民素质和建设法治城市的重要内容和手段。此后，深圳以培养公民普遍的法律信仰、加强市民法制宣传教育、建设法治文化基地、增强法治文化的感染力和影响力等为重点，大力推进法治文化建设，充分发挥了法治文化工作的引导、教育和服务作用，在全社会形成良好的法治文化氛围。2014 年 10 月 23 日，党的十八届四中全会通过了《中共中央关于全面推进依法治国若干重大问题的决定》，其中指出：“法律的权威源自人民的内心拥护和真诚信仰。人民权益要靠法律保障，法律权威要靠人民维护。必须弘扬社会主义法治精神，建设社会主义法治文化，增强全社会厉行法治的积极性和主动性，形成守法光荣、违法可耻的社会氛围，使全体人民都成为社会主义法治的忠实崇尚者、自觉遵守者、坚定捍卫者。”深圳市委随即出台《关于贯彻落实党的十八届四中全会精神　加强建设一流法治城市的重点工作方案》，明确要求“进一步弘扬社会主义法治精神，建设社会主义法治文化，增强全社会厉行法治的积极性和主动性，增强全体市民的法治观念，使之成为社会主义法治的忠实崇尚者、自觉遵守者、坚定捍卫者”，并从构建社会普法教育机构、推动领导干部带头学法守法、提升市民法治素养、创新法治宣传教育方式、建设社会主义法治文化等方面对普法工作和法治文化建设做出具体安排，引领党政干部和广大市民认同和接受现代法治文化观念，培养社会公众的法律意识，培育法律信仰，推动法治文化成为主流文化。之后，2017 年制定的深圳市“七五”普法规划也是以弘扬社会主义法治精神、建设社会主义法治文化为出发点，对相关工作进行了详细布置。[①]

深圳社会主义法治文化建设扎实稳步推进，主要在法治文化品牌建设、法治文化传播平台搭建、法治文化载体基地构建三方面着力。一是整合品牌资源，鼓励、支持、引导各类文化团体和个人参加法治文化建设，创作鲜活的法治文化艺术形象和作品，推出精品、创出品牌，形成法治文化建设合力。“公民法律大讲堂”、“校园模拟法庭”、“校园法律文化节”、“12·4 法制大观园活动”等一批有广泛影响力的法治品牌相继诞生，“公民法律素质提升资助计划”在全国率先探索建立社会力量普法资助机制，至今已经实施 8 年，“深圳十大法治事件”成功举办 6 届，吸引了数百万市民参与投票，“民断是非”大型思辨公益普法活动将专业性与群众性结合起来，达到了让广大市民在思考中学习法律、在法律中学会思考的效果，至今已经举办 49 期，全国性高端法治论坛——“中国法治论坛”——至今已经举办 4 届，每年吸引国内法律法学界众多名家大咖云集深圳研讨法治发展的问题与趋势，使深圳沉浸于深厚的法治文化氛围中。二是搭建全民共享的法治文化传播平台，深圳发挥《深圳法治》、《深圳依法治市动态》和“深圳法治网”作用，使一刊、一报、一网成为深圳市推进法治信息公开、推动

① 深圳市社会科学院课题组：《深圳社会主义法治文化建设研究报告》，《深圳法治发展报告(2019)》，第 253—255 页。

全市依法治市工作交流的重要平台。比较有特色的如公安、税务、市场监管等部门与深圳电视台合作推出了众多法治节目，有《代表来了》、《律师来了》、《交警说法》、《阿 SIR 说交通》、《网警在行动》、《以案说法》、《法律在您身边》、《税讯快递》等，以身边事说法释法，通过个案解读传播法治文化。三是牵挂法治文化载体基地建设，不断加大投入，强化法治文化建设的保障，推进法治文化公园、法治文化广场、法治文化长廊等载体基地建设。在全省率先制定了首个法治文化示范点创建工作指导标准，分类、分部门推动法治文化载体建设，法律文化博物馆、法治文化公园、法治文化广场、法治文化长廊及社区法治学校等法治文化宣传阵地不断增加，使市民在休闲中学法、在学法中休闲，法治文化融入日常生活。

（三）法治建设与改革发展同频共振

回望走过的历程，深圳以磅礴之力推动这座充满活力的城市阔步向前，打造依法治国的“特区样本”，其中收获了不少法治建设探索的成功经验，其中最重要的就是科学处理改革与法治之间的关系。站在“四个全面”战略布局的高度来看，全面深入改革与全面推进法治建设是当前中国面临的两大重要课题，关键在于如何认识法治与改革之间的关系。从表面上看，改革是对现行制度体系的一种突破，所要求的是创新、改变、灵活变通、不拘泥于现状；而法治是对已有制度体系与权利话语的一种保护，所要求的是保守、稳定、墨守成规、维护现状。因此，两者之间必然存在对立与冲突。然而，从深圳法治建设的发展经验来看，做好改革发展稳定各项工作离不开法治，改革开放越深入，越要强调法治，法治建设与改革开放能够做到“同频共振”。

让法治建设与改革开放“同频共振”，需坚持在法治的轨道上推进改革。改革开放 40 多年来，重大改革始终在法治的框架内依法有序推进。新时代全面深化改革，发挥市场在资源配置中的决定性作用和更好地发挥政府作用，必须更加重视发挥法治的引领和规范作用，在法治轨道上推进改革。必须以法律规定和法律手段打破现有的固化“平衡”，保护改革探索、巩固改革成果，使之制度化、合法化、常态化。让法治建设与改革开放“同频共振”，需提高运用法治思维和法治方式深化改革的“真本领”。当下，改革进入攻坚期和深水区，发展稳定任务之重前所未有、矛盾风险挑战之多前所未有，更加迫切要求各级领导干部进一步摒弃不合时宜的传统习惯和思维定势，努力提升用法治思维审视改革发展问题、谋划改革发展思路、破解改革发展难题的能力。要树立法治意识，明确“法无授权不可为”、“法定职责必须为”，杜绝一切“先抓牌后定规则”、“拍脑瓜决策”的思维方式和行为方式，杜绝“一言堂”、“家长制”的特权作风，坚持法律红线不可逾越、法律底线不可触碰，防止以言代法、以权压法。总之，坚持在法治下推进改革，才能保障改革有序进行，才能实现良法善治。[①]

三、建设新时代法治示范城市

深圳40年的高速发展，最重要的密码：一个是创新，另一个是法治。从1994年深圳在全国率先提出依法治市，到1999年提出建设现代法治城市，再到2011年提出建设一流法治城市，2017年提出建设法治中国示范城市，深圳40年一以贯之、旗帜鲜明、坚定不移地选择了一条法治之路。2019年8月18日，中共中央、国务院发布《中共中央　国务院关于支持深圳建设中国特色社会主义先行示范区的意见》（以下简称《意见》），又再次提出将深圳打造为法治城市示范的战略定位，这是新时代赋予深圳的新使命，对深圳的法治建设来说，也是千载难逢的历史机遇。

（一）从先行先试到先行示范

党的十八大以来，以习近平同志为核心的党中央高度重视深圳发展，大力支持深圳开创工作新局面。2012年12月7日至11日，党的十八大闭幕不久，习近平总书记前来广东视察，向海内外宣示了新一届中央领导“改革不停顿、开放不止步”的决心。2015年初，习近平总书记对深圳工作作出重要批示，要求深圳牢记使命、勇于担当，开动脑筋、解放思想，大胆探索、勇于创新，在“四个全面”中创造新业绩，努力使经济特区建设不断增创新优势、迈上新台阶。2018年12月26日，习近平总书记又对深圳工作作出重要批示，要求认真总结改革开放40年成功经验，坚持和加强党的全面领导，坚持全面深化改革，坚持全面扩大开放，坚持以人民为中心，践行高质量发展要求，深入实施创新驱动发展战略，抓住粤港澳大湾区建设重大机遇，增强核心引擎功能，朝着建设中国特色社会主义先行示范区的方向前行，努力创建社会主义现代化强国的城市范例。

---

① 《让法治建设与改革开放“同频共振”》，《人民日报》，2019年2月26日。

从“经济特区”到“中国特色社会主义先行示范区”，就是希望深圳要在改革开放和建设中国特色社会主义过程中，继续敢闯敢试、敢为人先，为实现国家富强、民族复兴、人民幸福探索新路，甚至提供一条可供复制的示范之路。这也意味着中央对深圳提出了更高要求，深圳不仅要创建社会主义现代化强国的精彩样本，更要成为城市范例。在法治建设领域，先行示范区的建设需要全面提升法治建设水平，用法治规范政府和市场边界，营造稳定公平透明、可预期的国际一流法治化营商环境。具体来讲：一是要用足用好经济特区立法权，《意见》提出的各项改革措施都有一个法治政策保障的问题，否则改革就寸步难行，或者与各地齐步走、归于平庸，失去先行示范区的价值。法治保障的焦点就集中在用足用好经济特区立法权，做好立法变通。在经济特区立法权的引领下，深圳用立法为改革开放、经济腾飞提供了坚强法治保障，又为国家和其他地方立法积累了经验、提供了参考。但是，也要清醒地看到，特区立法的创新力度在弱化，立法对改革的引领和推动作用发挥得还不充分，尤其是在破解影响高质量发展的体制性和结构性问题以及助推大湾区建设、营造国际一流营商环境等方面还有待进一步加强，在民生保障领域还较为薄弱，自身的立法能力也还不能满足需要。经济特区立法权早期的活跃与现今的相对沉寂形成了鲜明反差，亟须重新激活。二是要在法治政府建设示范上率先突破，加强法治政府建设，完善重大行政决策程序制度，提升政府依法行政能力。《意见》明确要加强法治政府建设，要求用法治来规范政府和市场的边界。深圳在法治政府建设领域一直保持领跑者姿态，在法治政府建设赛道上跑出了加速度。从各项评估指标来看，深圳不但整体水平名列前茅，发展也较为均衡。但是，第一梯队并不等同于第一。当前，全市上下法治政府建设的共识还不够牢固，个别部门还处于较低水平；创新乏力，有影响力的改革项目渐少，花拳绣腿等脱实入虚倾向已经出现；运动式执法时有发生，行政决策等制度实施的精细化程度也有待加强。深圳要将法治政府建设作为重点任务和主体工程，抢抓法治政府建设示范创建机遇，作为打造国际一流法治化营商环境的牛鼻子和实现法治城市示范战略目标的突破口，为深圳夺得法治政府建设示范城市金字招牌。三是要加大全面普法力度，营造尊法、学法、守法、用法的社会风尚，在法治社会建设上走在前列。《意见》尽管没有就法治社会建设目标提出整体性要求，但对尊法、学法、守法、用法的社会风尚和社会治理等法治社会建设核心内容作出了具体要求。十八届四中全会决定要求“坚持法治国家、法治政府、法治社会一体建设”。就地方而言，法治社会建设是法治城市建设的重要组成部分，法治城市示范必然要求在法治社会建设上走在前列。①

（二）先行示范区法治建设面临的问题和挑战

深圳40年的法治实践硕果累累，成就有目共睹。但对照法治城市示范要求，仍有不小差距。

1. 法治建设领域先行示范的任务艰巨

对标国外先进城市的法治建设情况，深圳无论是在立法质量、行政权力运行、司法公信力上，还是在全社会的规则意识、法治观念等方面，均有较大的差距。

2. 面临利益固化和路径依赖的考验

习近平总书记也多次讲到，要有更大的勇气和决心，冲破利益固化的藩篱。改革的阻力来自既得利益和政府自身。所谓既得利益，就是通过非公平竞争的手段和方式，借助公权力和政策资源所获取的巨额利益相关体。改革进入深水区，必然要对不合理的制度进行调整，是真刀真枪干，这势必损害既得利益群体，法治建设受到既得利益的阻力很难推行，所制定的法律制度也可能因为既得利益的阻力而在实施过程中变形。第二种阻力来自政府自身。政府不是有意识的阻力，其自身的惯性就可能对这次的全面改革形成阻力。这种阻力包括三个方面：一是观念；二是审批制度；三是部门利益。我们必须形成政府的角色观念、服务观念、法治观念，政府权力受到严格的法律限制，即法律不授权，政府无职权。另外，法治建设的关键在于规范权力运行，这种刀刃向内的改革必然存在阻力。法治的最核心要素在于防止统治者的任意性，因此法治对改革的影响自然十分深刻，在法治建设中塑造的框架一定程度上会使改革的步伐变缓，部分官员因为顾及法律追责而变得畏首畏尾，甚至出现“改革的法治陷阱”这种说法。现在的审批制度可以看作由计划经济转向市场经济过程中演变出来的过渡产物，改革的关键是向市场放权、向社会放权。部门利益中暗含着这样一种逻辑：权力部门化，部门利益化，利益个人化，个人利益团体化，最终导致公共

① 《深圳紧握发展密码建设法治城市示范》，《法制日报》，2019年10月31日。

利益的受损。

3. 与当前面临的新使命相比，高端法治人才相对匮乏

法学是应用学科，法学知识应源于实践、服务实践，接受实践检验，并在实践中不断丰富和发展。但长期以来，我国传统法学教育相对比较注重借鉴域外经验，比较关注从概念体系出发进行逻辑推演，忽视了法学教育对法律实践的有效回应。另外，传统法学教育偏重课堂知识讲授，缺乏充分运用知识解决实践问题的教学环节，缺乏法学研究成果及时转化为教学内容的机制与渠道，导致知识教育与实践教育脱节，法学人才的理论知识与法学应用的实践脱节。另外，随着新一轮科技革命的兴起，新科技快速迭代升级，颠覆性技术创新不断涌现，推动经济和社会发展变革，时代呼唤复合型卓越法治人才，法学学科和其他学科交叉融合面临新的巨大挑战。法治示范城市建设需要一支不仅能满足区域治理所需，还能通晓国外法治实践经验和国际法律规则、善于处理涉外法律事务的人才队伍，目前深圳这类人才队伍还不够壮大。

(三)先行示范区法治建设的思考和展望

法治城市示范，对深圳提出了社会主义法治建设的更高要求。在法治中国建设中，深圳要继续保持领跑姿态，大力弘扬社会主义法治精神，为推动法治中国建设深入迈进提供“深圳样本”。

1. 充分发挥法治的引领、规范、保障作用

先行示范区法治建设要充分发挥法治的引领、规范、保障作用，把法治思维和法治方式贯穿先行示范区建设的各方面、全过程，为实现“五个率先”的重点任务提供坚强的保障。①

第一，为率先建设体现高质量发展要求的现代化经济体系提供法治保障。针对市场在资本、人才、技术、土地等要素配置中的基础性作用仍未得到充分发挥等突出问题，进一步推进新兴领域立法，对基因编辑、无人机等留有监管空白的新兴领域，率先进行立法探索，规范产业发展，保护产业创新；实行最严格的知识产权保护，完善知识产权案件管辖和审判机制，鼓励和保护科技创新；构建以法治为核心的公平竞争市场环境，促进资本、人才、技术、土地等要素合理流动和高效聚集；加强粤港澳大湾区司法合作和法学交流，推动建立粤港澳法治

---

① 《建设中国特色社会主义先行示范区深圳政法在行动》，《法制日报》，2019 年 10 月 29 日。

领域协调机制，建立国际法律服务和纠纷解决中心。

第二，在营造彰显公平正义的民主法治环境上先行示范。深圳在保障人民群众有序参与政治、参与社会事务方面仍存在不足，与让人民群众在每一个司法案件中感受到公平正义的要求还有差距。要进一步扩大公民有序参与政治的途径，探索非户籍人口就地参与基层选举、社区治理。畅通人民群众监督社会事务的渠道，让人民群众成为法治建设的知情者、参与者、监督者、受益者。完善产权平等保护制度，依法有效保护各种所有制经济组织和公民财产权，实现所有市场主体权利平等、机会平等、规则平等。要全面深化司法体制综合配套改革，进一步提升执法司法质效，全面提升执法司法公信力。加快推进法治政府建设，营造国际一流法治化营商环境。完善行政执法标准化体系，推动行政执法全流程标准化作业。

第三，为率先塑造展现社会主义文化繁荣兴盛的现代城市文明提供法治保障。深圳早在2012年就以立法形式对文明行为进行鼓励和促进，对不文明行为进行惩处。塑造现代城市文明，离不开打造现代法治文明，离不开法治的涵养。要让法治成为重要价值取向，让守法者受益，让违法者寸步难行。用法治刚性培育塑造文明公民，把文明的软性要求变成硬性规则。以法为"鞭"，惩戒不文明行为；以法为"盾"，保护文明行为；以法为"灯"，鼓励文明行为。

第四，为率先形成共建共治共享共同富裕的民生发展格局提供法治保障。深圳的民生社会事业发展与经济发展不相匹配，优质的教育、医疗资源短缺，离"幼有善育、学有优教、劳有厚得、病有良医、老有颐养、住有宜居、弱有众扶"的要求还有不小差距。要以民生为核心，加强重点领域民生法治建设，让全体深圳人共享改革发展成果。完善劳动就业法律制度，适应就业创业和"互联网＋"发展的需要，对劳动法和劳动合同法进行变通。加强社会保障法治，特别要提高对低收入人群的保障水平，加大对生活困难群众的救助力度。健全特区教育法律制度体系，优化教育资源配置，促进教育公平。

第五，为率先打造人与自然和谐共生的美丽中国典范提供法治保障。深圳先后制定环境保护条例、饮用水源保护条例等法规，率先试点环境污染强制责任保险和碳排放交易，环境的各项指标均在全国靠前。但是，仍然存在个别城中村环境脏乱差、水体污染没有得到根治、洋垃圾走私等影响美丽深圳的问题。

要推进生态环境执法改革，以零容忍态度震慑环境违法行为。构建以绿色发展为导向的生态文明评价考核体系。完善环境信用评价、信息强制性披露等生态环境保护政策，实施违法企业黑名单制度。健全环境公益诉讼制度，强化生态环境损害责任追究和损害赔偿。加强社会监督，健全投诉举报反馈机制。

2. 将法治政府建设作为重点任务和主体工程

建设法治政府是法治中国建设事业的重要组成部分，也是行政体制改革的重要目标。党的十九大提出，到 2035 年基本建成法治国家、法治政府和法治社会，深圳在法治政府建设示范上应当实现率先突破。

一是加强制度改革与供给，为推动全市经济社会高质量发展做好法治保障。在转变城市发展方式、提高城市治理能力、加强生态文明建设和环境保护等方面，积极发挥立法的引领、推动和保障作用。围绕民生和经济社会发展的现实问题，推动相关政府立法加强规范和管理。创新立法新方式，探索与其他兄弟城市聚焦互联网产业、大数据保护等开展联合立法，为粤港澳大湾区启动合作立法模式探索经验。二是深化行政审批改革并加强监管和服务，让政府职能履行更到位。继续抓好建设项目审批制度改革，促进建设项目审批提速提效，全面清理规范各类涉企许可事项，进一步减少不必要的行政审批中介服务事项，全面清理各类无谓证明，大力减少环节手续，切实利企便民。三是完善重大行政决策制定工作，有效防范和化解行政决策法律风险。进一步规范决策启动前的论证和风险评估、听取意见后的处理和反馈、执行后的纠错和调整等工作程序，有效保障政府法律顾问全程参与、深入介入涉及经济社会发展的重大项目，为行政决策的合法性以及决策目标的实现路径建言献策，为政府引导基金等新经济业态的形成、发展与壮大把好法制审核关。四是提高自我监督和接受外部监督力度，规范行政机关依法行使权力，提高行政执法效能。行政机关应当自觉接受行政检察监督，及时纠正违法行政行为，推进执法检查规范化建设，完善法定检查事项随机抽查机制，发挥特邀执法监督员的社会监督作用，优化监督方式，丰富监督内容，有力提升行政执法水平。①

3. 强化先行示范区建设的法治人才保障

习近平总书记指出，“人才是第一资源”，“办好中国的事情，关键在党，关键

① 参考《深圳市人民政府 2018 年法治政府建设工作报告》。

在人，关键在人才”，深圳先行示范区的法治建设需要强有力的法治人才保障。法治是一套制度体系，最终都要靠人来实施。因此，法治人力资源对于法治运转和法治形成具有重要意义，可以通过人才引进、人才培养、人才历练等形式，建成一支政治过硬、业务纯熟、作风优良的法治队伍。一是政治过硬。要求法治队伍必须“忠于党、忠于国家、忠于人民、忠于法律”。一方面，党领导人民通过法律治理国家，忠于党就必定要求忠于国家、忠于人民、忠于法律；另一方面，法律由党领导人民制定，忠于法律本身就意味着忠于党、忠于国家和忠于人民。二是业务纯熟。法治业务能力是办理法律业务的能力，它直接决定个人的法治水平。因此，要推进法治队伍正规化、专业化、职业化，不断创新法治人才培养机制，培养造就熟悉和坚持中国特色社会主义法治体系的法治人才和后备力量。三是作风优良。良好的作风是获得人民群众信任、尊重的前提。没有优良的作风，就会丧失人民群众的信任和尊重。为此，必须强化法治队伍的作风建设。对于在作风方面存在突出问题的法治人员，要坚决清除出法治队伍，绝不姑息；对于作风优良的法治人员，要大力表彰，保障其待遇。①

参考文献

[1]江必新：《全民推进依法治国战略研究》，人民法院出版社、商务印书馆 2017 年版。

[2]秦强：《良法善治——新时代中国特色社会主义法治建设读本》，人民日报出版社 2018 年版。

[3]罗思、李朝晖：《深圳法治发展报告(2019)》，社会科学文献出版社 2019 年版。

[4]李林、莫纪宏：《全面依法治国　建设法治中国》，中国社会科学院出版社 2019 年版。

① 《形成有力的法治保障体系》，《广西日报》，2015 年 12 月 9 日。

第十章　文化自信与深圳的文化实践

概　要:从1979年3月建市算起,深圳至今刚刚走过40余年时间,作为一座在稻田和山岭上建起来的城市,深圳几乎没有什么文化积累和文化基础。然而,深圳历届的领导者都把发展文化作为深圳发展事务中的重要事项来发展:在20世纪90年代中期以前,深圳通过加大地方财政投资的方式,建设重点文化设施,弥补文化薄弱短板;20世纪90年代中期,深圳开始有意识地寻求自身的文化身份;2003年,深圳在国内城市中率先提出并确立"文化立市"战略,使得深圳文化的发展再上台阶;2011年,深圳市提出"文化强市"战略,使得深圳文化发展驶入一条加速发展的快车道;2016年,深圳又制订了《深圳文化创新发展2020(实施方案)》,要针对全市文化改革发展中存在的问题和薄弱环节,采取扎实有效的举措,全力推动文化创新发展。可以说,深圳在发展过程中一直在践行着习近平总书记建设新时代中国特色社会主义的新思想:能够认识到文化对于城市的重要意义,哪怕在最为艰难的情况下也给予了文化应有的重视,在文化发展上总是不断追求新的高远目标,而且有着一直敢为人先的精神。可以说,在发展文化上,深圳的路径是清晰可见的:保持对文化的重视度;坚持城市公共文化服务体系与文化产业的齐头并进;尽快补足文化建设的短板;在文化产业发展上,则需要紧盯重点产业,如数字文化产业、设计产业、时尚产业及物质文化产业等优长产业。

一、文化,民族强盛的内在力量和根本支撑

习近平总书记就文化的话题或在文化领域做出过很多经典论述。他曾说:"一个国家、一个民族的强盛,总是以文化兴盛为支撑的,中华民族伟大复兴需要以中华文化发展繁荣为条件。"在他看来,文化兴盛不是一个民族强盛的表

征，而是一个民族强盛的内在力量和根本支撑。

因此，文化在发展的菜单上往往不会是排在最前面的选项。不是排在最前面的选项，并不意味着文化不重要，相反，正说明文化至关重要：只要有可能，就应该给予文化应有的关切和重视；只要有可能，就应该把发展文化作为发展中的一项重要任务来对待，深圳的实践正是如此。此外，其他许多领域的发展还是要指向文化发展的主题上来，文化才是中华民族复兴的根本之所在，没有文化的繁荣和发展，民族复兴只不过是一句空谈罢了。从这个意义而言，对文化的重要性怎么高估都不为过。

二、从“文化立市”到“文化强市”，不断追求高远

（一）背景

深圳，因经济特区而兴，可以说是一座在稻田和山岭上建起来的城市，原本没有城市基础和文化积累。[①] 1979 年 3 月 5 日，深圳正式设市。1980 年 8 月 26 日，随着《广东省经济特区条例》的颁布，作为中国第一个经济特区的深圳经济特区诞生了，从此揭开了从经济发展到全面建设的篇章。

深圳经济特区设立之初，可谓是筚路蓝缕，艰苦创业。建设经济特区，中央并不拨款，全市仅有 3 000 万元的贷款额。1980 年，全市仅有的大众传播媒介是一个有线广播站。当年 11 月 15 日，深圳市委常委会就做出决定：由深圳市委宣传部负责筹办一张市委机关报，开办费用只有区区 3 000 元。1981 年 6 月 6 日，《深圳特区报》试刊第一期就在香港文汇报社出世了。经历了 5 期试刊，1982 年 5 月 24 日，《深圳特区报》正式创刊，只经过了十几年的时间，《深圳特区报》就成为全国非常有影响力的报纸，广告收入进入全国报纸前五行列。2002 年，深圳报业集团成为全国第 6 家报业集团。[②] 同样是在非常艰难的背景下，深圳市委市政府加大地方财政投资文化建设的比例，进行文化建设。

（二）主要做法及效果

1. 在 20 世纪 90 年代中期以前，深圳通过加大地方财政投资的方式，建设重点文化设施，弥补文化薄弱短板

---

① 庄向阳、张云波、李祎：《深圳创新话语的进路》，《深圳信息职业技术学院学报》，2019 年第 5 期。

② 李伟彦：《回忆〈深圳特区报〉初创的日子》，《征与尘》，海天出版社 2012 年版，第 3—8 页。

早在 1982 年 11 月 30 日，深圳市发布《深圳经济特区社会经济发展规划大纲》，提出："在建设高度物质文明的同时，努力建设高度的社会主义精神文明。"[①]这表明不能因为重视经济的发展，而忽视文化的发展。在早期文化设施的建设中，深圳市的一个非常之举是：从 1982 年起，连续 3 年把地方财政收入的 1/3 用于文化建设。1983 年，深圳市委市政府决定建设 8 项重点文化设施，包括深圳图书馆、博物馆、大剧院、电视台、体育馆、深圳大学、新闻中心、科学馆，总投资达 7 亿元，而 1985 年深圳市国内生产总值也仅为 33.244 5 亿元，财政收入仅为 8.889 4 亿元，当年的投入比令人咋舌。[②]

2.20 世纪 90 年代中期，深圳开始有意识地寻求自身的文化身份

经历了十几年的发展和积累，深圳站到了一个新的历史节点上。到 1995 年，深圳人提出了"二次创业"的口号。所谓"二次创业"，在经济上是要提升发展质量，提升城市的核心竞争力；在文化上则是要寻找自身的文化身份，确立城市的文化品格和文化个性。

深圳提出建设"现代文化名城"的目标。1995 年 3 月 13 日至 15 日，深圳市召开全市文化工作会议。会议回顾了深圳建市 15 年来走过的历程，讨论了《深圳市 1995－2010 年文化发展规划》，提出了深圳文化的发展目标：围绕建设多功能、现代化的国际性城市这一目标，使深圳发展成为我国中外文化交流的窗口、文化商品的交易市场、现代文化产品的生产基地、文化精品和优秀文化人才荟萃的中心，努力把深圳建设成为现代文化名城。[③]

以深圳商报《文化广场》周刊为代表，媒体及民间开展了热烈而深入的文化讨论。《文化广场》周刊创设于 1995 年 9 月 3 日，以"凝聚文化目光，表达文化关怀"为宗旨，着力报道本土文化新闻的同时，还将关注本土文化的人士聚集于一处，汇成一股文化建设力量，使得"文化广场"成为人们对深圳文化的发声之地。1995 年 9 月 10 日，创刊后的第二期《文化广场》周刊就推出了《深圳人谈深圳文化》的专栏，邀请到时任市委宣传部副部长刘学强、深圳市文化局副局长董

① 深圳市史志办公室：《中国经济特区的精神文明建设（深圳卷）》，中共党史出版社 2003 年版，第 54 页。

② 王为理：《从边缘走向中心：深圳文化产业发展研究》，人民出版社 2007 年版，第 5－7 页。

③ 中共深圳市委宣传部、深圳市文化局：《深圳市 1995－2010 年文化发展规划（讨论稿）》，《深圳文化十五年》，海天出版社 1995 年版，第 434 页。

小明、深圳大学教授胡经之等就深圳文化发表已见。1995 年 11 月 11 日、12 日，为深圳经济特区设立 15 周年而拍摄的电视专题片《走向新世纪》在深圳电视台播放，11 月 19 日的《文化广场》便刊出了《电视专题片：如何走向新世纪》的座谈会实录。1995 年 10 月 22 日起，《文化广场》在首版推出《广场人语》栏目，以“大家的园地，共同的声音”为原则，希望大家就深圳文化的建设和发展评头论足、说长道短，给出自己的批评及建议。在几年时间里，《文化广场》把几乎所有关注深圳文化发展的人士都网罗到一起，请他们就深圳文化发出自己的声音，其中有不少名字后来被深圳人耳熟能详，如先后担任深圳市委宣传部部长的王京生、李小甘，深圳市委党校副校长刘申宁，后来担任深圳市社科院院长的乐正，深圳市出版集团董事长尹昌龙，海天出版社总编辑聂雄前，以及建筑学者贺承军、蛇口育才中学教师严凌君等。

除本土人士外，《文化广场》还把目光投向国内文化名家。20 世纪 90 年代中期，余秋雨凭着《文化苦旅》等作品的畅销而炙手可热。1995 年 12 月 3 日、10 日，《文化广场》接连两期推出余秋雨专访《寻找大格局中的文化方位》、《塑造新时代的文化角色》；1996 年 6 月 20 日，《文化广场》刊登了余秋雨在受聘出任深圳市特区文化研究中心名誉主任仪式上的即席演讲《深圳应有的文化态度》；1997 年 8 月 14 日，又刊出余秋雨的谈话录《大空间中的深圳文化》。在 20 世纪 90 年代中期，余秋雨正值事业和影响力的巅峰，他的发声当时对深圳文化而言显得非常宝贵和重要，使得深圳发展文化的努力为外界所知。

阅读文化成为深圳发展文化的着力点，率先在国内城市中设立“读书月”。深圳作为一个年轻的城市，缺少积累和文化积淀，但深圳人有着高涨的读书热情。从 1991 年起，深圳连续 28 年人均购书居全国各城市之首。深圳迄今最为重要的文化活动仍然当推“深圳读书月”，从 2000 年创立至 2019 年已历 20 届。尽管《文化广场》不是“深圳读书月”的直接倡立者，但仍然是其重要推手之一。“深圳读书月”的设立直接来自深圳市政协委员、时任深圳图书馆馆长刘楚才的提案，但其实早在 1996 年 10 月 31 日，《文化广场》就刊登了读者胡舒杰的文章《深圳人呼唤“读书节”》，该文建议将每年的 11 月 8 日设为深圳的“读书节”。而自创刊之日起，《文化广场》就在仅有的 3 个版面中辟出一个“读书人”版，这本身即是对阅读文化的提倡。主编胡洪侠也曾指出：“《文化广场》是以书为核心的思想文化周刊。”[①]这清晰地表明了《文化广场》与书籍和阅读的关系。2003年《文化广场》复刊后，8个版面中有4个版面留给了“深圳商报书评”。在其带动下，同城的《深圳特区报》、《晶报》、《深圳晚报》都推出了版面相当的书评周刊，蔚为壮观，引人关注。在2000年以前，《文化广场》周刊已经清晰地表明了对图书及阅读的重视，2003年以后对图书及阅读的重视得到进一步强化。譬如2004年11月6日推出的“第5届深圳读书月特辑”刊登了一组题为《潜藏在深圳的藏书家》的报道，讲述了5位深圳藏书家刘申宁、文白兄、余昌民、包子、邯郸的故事，既引人阅读，又能起到推动藏书的社会作用。

每年的读书月，《文化广场》都会给予最大篇幅的报道。这种报道不仅使得读者增进了对“深圳读书月”的了解，也带动了其他报纸对图书及阅读的关注。2014年11月，时任深圳市委宣传部部长王京生就表示：“在报道上，当时有文化追求的是《文化广场》。在《文化广场》之后整个报业集团都行动起来，但是最先发挥作用的是《文化广场》。”[②]

在文化产业上，形成了以印刷业、平面设计及文化旅游等行业为代表的初步优势。深圳的文化产业并非“十项全能型”，短板很多，但也优点突出。在2000年以前，文化旅游、印刷业及平面设计等少数代表性行业带有城市特点及经济发展的烙印。以印刷业为例，深圳在设立经济特区之前本无印刷业，随着以港商为代表的外资在深圳设立印刷企业而起步，由于引进了世界先进的设备和工艺，迅速站到了国内印刷业的高端水平上，成为中国高端印刷的中心。平面设计方面，又是因为印刷业的发展，使得国内平面设计领域的人才聚集深圳，带动整个产业的发展。

深圳的文化旅游业也是从空白处起步。就地理条件而言，深圳虽然临海，有着天然的海洋旅游资源，但是相比其他沿海城市，并没有突出优势。1995年，香港中国旅行社在深圳投资兴办华侨城公司。华侨城公司总经理马志民从在荷兰看到的一个“微缩城市建设成就”项目出发，提出创意，要建设一个中国历代著名建筑的微缩园区项目，让游客“一日看尽千年华夏”。1987年动工建设的“锦绣中华”景区成为中国第一家主题公园。“锦绣中华”1989年10月开业，

---

① 胡洪侠：《人海深处，游动着一只只“书虫”》，《深圳商报》，2004年11月6日。

② 谢晨星：《深圳读书月来源于可尊敬的市场》，《深圳商报》，2014年11月18日。

1亿元投资当年就全部收回。随后，华侨城公司又兴建了“中华文化民俗村”、“世界之窗”、“欢乐世界”等景区，成为享誉全国的旅游品牌。

3. 2003年，深圳在国内城市中率先提出并确立“文化立市”战略，且逐步实施，使得深圳文化的发展再上台阶

2003年1月2日，深圳市委三届六次全会提出，深圳“要确立‘文化立市’战略”。提出“文化立市”作为一种发展战略，表明了深圳发展文化的又一个节点。2004年3月，深圳市召开实施“文化立市”战略工作会议，提出努力把深圳建设成为高品位文化城市。随后，深圳文化迈上了一个新的发展台阶。

一是举办“中国(深圳)国际文化产业博览会”(以下简称“文博会”)。2004年11月18日至22日，首届文博会在深圳开幕。首届文博会由中宣部(国家新闻出版署、国家电影局)、国家文化部、商务部、广播电影电视总局、中国国际贸易促进委员会及广东省人民政府、深圳市人民政府等共同主办，深圳文博会因而得以成为中国唯一一个国家级、国际化、综合性的文化产业博览交易会。首届文博会有700多家企业参展，其中包括来自海外50多个国家和地区的102家企业，被评为2004年中国文化十件大事之一。因此，首届文博会自然也就成为深圳文化发展史上的一个重要转折点。第二届文博会于2006年5月18日至21日在深圳会展中心举行，此后固定在每年5月中旬举办。

二是获联合国教科文组织授予“设计之都”称号，成为中国首个加入全球创意城市网络的城市。平面设计，是深圳文化产业中发展较早也较为突出的领域。1992年4月，“平面设计在中国92展”在深圳亮相，这是中国大陆第一个平面设计专业大展，在国内外产生了广泛的影响，成为平面设计在中国开始兴起的标志性展览，促进了中国平面设计的蓬勃发展。有人说，“平面设计在中国”的开展，相当于“一次现代设计的启蒙运动”，宣告了平面设计作为一门专业的门类从深圳发轫。

2004年3月，深圳市委市政府召开实施“文化立市”战略工作会议，会议报告提出：“要大胆增创深圳的文化特色，努力打造‘图书馆之城’、‘钢琴之城’和‘设计之都’。”[①]虽然深圳确立了这样的目标，但是没有具体的时间表，直到

---

① 黄丽满：《大力实施“文化立市”战略，努力把深圳建设成为高品位文化城市——在深圳市实施“文化立市”战略工作会议上的讲话》，《深圳特区报》，2004年3月3日。

2006 年 12 月 20 日，《深圳商报》的“文化广场”版刊登了一篇题为《深圳：全球第三个“设计之都”?》的报道，直接推动了深圳申报“设计之都”。

《深圳：全球第三个“设计之都”?》提出，阿根廷布宜诺斯艾利斯、德国柏林已率先成为联合国教科文组织授予的“设计之都”，那么，有着相当设计产业基础的深圳能否成为第三个“设计之都”? 之所以有这样一篇文章，时任《深圳商报》编委、《文化广场》负责人胡洪侠接受笔者访问时称，加拿大蒙特利尔市是一座以设计引导城市经济发展的城市，2006 年 5 月被联合国教科文组织授予“设计之都”称号。到当年底启动“创意十二月”报道，胡洪侠便安排记者李宁写一篇文章，介绍联合国教科文组织“设计之都”称号究竟是怎么回事，以及深圳能否尽快成为“设计之都”。胡洪侠表示，这篇报道其实有一个明显的错误，当时已经有布宜诺斯艾利斯、柏林以及蒙特利尔三个“设计之都”了，报道时却把蒙特利尔疏忽了。不过，即使有着这样明显的错误，也无碍于这篇报道成为深圳 2008 年成功申报“设计之都”的先声。

《深圳：全球第三个“设计之都”?》见报后，胡洪侠很快就接到深圳市委宣传部的通知：就申报“设计之都”进行调研，包括“设计之都”究竟是怎么一回事、申报“设计之都”需要怎样的条件，以及深圳能否成为中国第一个“设计之都”。随后《文化广场》编辑部迅速行动起来，并了解到上海已经有意向要申报“设计之都”，只是因为一些特殊原因，这件事被暂时搁置了。收到调研报告后，时任深圳市委常委、宣传部部长王京生很快做出指示，由《文化广场》编辑部负责申报事宜。《文化广场》编辑部成立了一个创意中心，专门负责深圳申报“设计之都”事宜。至此，报纸编辑部的传统角色已经被打破了，但是在城市文化的发展和建设过程中，这种打破又有着相当的合理性和价值。经过两年的努力，2008 年 11 月 21 日深圳正式获准加入全球创意城市网络，成为“设计之都”，也成为中国第一个加入全球创意城市网络的城市。

三是“深圳十大观念”评选。深圳广为人知，不仅仅因为是经济特区，有着经济的高速发展，有着高科技产业的成功，深圳这座城市的领导者们仍希望，这座城市哪怕年轻也能为中国社会的发展和进步贡献某种精神价值。到 2010 年 8 月 20 日，深圳经济特区建立 30 周年之际，深圳举办了“深圳最有影响力的十大观念”评选活动。这次活动由《深圳商报》、《晶报》及深圳新闻网三家新闻单位联合承办。

活动于 2010 年 7 月中旬启动，主办方开通报网联动征集，最后从市民和网友的推荐中选出 103 条观念。经过两轮投票，先选出 30 条，最后选出 10 条“深圳观念”，包括“时间就是金钱，效率就是生命”、“来了就是深圳人”、“鼓励创新，宽容失败”等深圳人耳熟能详的话语，这就是著名的“深圳十大观念”。这些观念本来只是停留在深圳人的印象里，活在深圳人的工作和生活中，但也如风如空气般的不知不觉，经过一轮轮的评选，经过深圳及国内众多媒体的不断报道，“深圳十大观念”终于声名远播，影响远远超出了深圳。在文化和观念上，深圳不仅是一个学习者和吸收者，也是提高者和输出者。

4. 2011 年，深圳提出“文化强市”战略，使得深圳文化发展驶入一条加速发展的快车道

进入新世纪的第二个 10 年，深圳文化各项事业及产业都有了突飞猛进的发展，从而站到了一个新的起点上。在此背景下，深圳制定了《深圳文化创意产业振兴发展规划(2011—2015 年)》及其配套政策，瞄准了新的发展目标：文化创意产业年均增长 25%。深圳在全国各大城市中率先提出将文化创意产业定位为重点和优先发展的战略性新兴产业，为了实现这一目标，每年投入 5 亿元设立文化创意产业发展专项资金。

在这一时期，深圳尤其加大了公共文化设施与公共文化服务体系建设的投资力度，尤以公共图书馆体系的建设最为突出。除了市、区级图书馆，深圳市还将图书馆建设到社区，建设了 650 个公共图书馆和 295 个自助图书馆，平均每 1.5 万人就拥有一个基层图书馆服务点，在国际城市中遥遥领先。全市有 5 座超大型书城、42 家连锁书吧、130 多家民营书店，城市“十分钟文化圈”基本形成，为市民提供复合式、一站式的阅读文化生活。超过 70%的深圳居民对城市公共阅读资源和环境比较满意或非常满意，基本满意以上者超过 97%。覆盖全市各个街区的公共图书馆网络体系，让阅读活动深入城市的各个角落。正是由于深圳在阅读文化建设上的突出成就，联合国教科文组织于 2013 年 10 月 21 日授予深圳“全球全民阅读典范城市”称号，这无疑是对深圳十几年来坚持不懈推动全民阅读的肯定。

5. 2016 年，深圳制订了《深圳文化创新发展 2020(实施方案)》，在更高的层

面上推动文化创新发展

2016 年,深圳制订了《深圳文化创新发展 2020(实施方案)》。这一实施方案立足于打基础、补短板、谋长远,增强城市文化综合实力,建设与现代化、国际化创新型城市相匹配的文化强市。方案描绘了深圳未来 5 年文化创新发展的蓝图,提出了 130 多项具体任务,并逐项明确分工。正是基于这一方案,深圳从 2019 年起动工建设"新时代十大文化设施",包括深圳创意设计馆、深圳美术馆新馆、深圳科学技术馆,以及深圳歌剧院、深圳改革开放展览馆、深圳音乐学院等。当然,深圳人早已不会停留在硬件建设上,与此同时,深圳的精神内涵建设站在了更高的层面上,曾经长于吸收的深圳也正在释放着精神上的文化力量。

(三)践行新思想的启示

1. 深圳这座城市的领导者们能够认识到文化对于城市的重要意义,哪怕在最为艰难的情况下也给予了文化应有的重视

深圳几乎是从一片空白开始文化建设和发展的,没有文化基础可言。城市设立之初,深圳市委市政府在经济非常紧张的情况下,仍然决定创办《深圳特区报》,兴建八大文化设施,迅速填补了城市的空白。当然,深圳城市的领导者对文化的理解绝不限于物质领域,同时对精神领域也有着深刻的理解。深圳能够在建市不到 30 年的时间里成为联合国教科文组织授予的"设计之都",本身即是一次非常了不起的超越。这些与深圳领导者们对文化的重视密不可分,哪怕其他一些地方相对忽视文化的时候,深圳仍能够认识到文化对城市发展的重要价值。

2. 深圳虽然文化起点不高,但是如同经济领域一样,深圳在文化发展上总是不断追求新的高远目标

有着引人注目的发展速度,这应该归因于深圳在文化发展上总是不断追求新的高远目标。在进入 21 世纪之后没几年,深圳在全国城市中率先提出"文化立市"的口号。2016 年,深圳又制订了《深圳文化创新发展 2020(实施方案)》,提出"认准一个目标,实施一套方案,构建五大体系",全面推进 153 项重点任务。正是由于深圳总是不满足于已经取得的成绩,总是瞄准前方的高远目标,深圳文化建设才会不断地发展和进步。

3. 在文化领域与经济、科技领域一样,深圳总是有着一种"敢为天下先"的

追求和精神

“敢为天下先”，是著名的“深圳十大观念”之一。深圳能够迅速发展，成为“中国特色社会主义先行示范区”，与深圳人敢为人先的精神密不可分。2004年，深圳率先主办了中国国际文化产业博览会，此后，全国其他地区才开始举办文博会，但在规模和影响力上仍然比不了深圳文博会。申报“设计之都”，仍然是深圳的一次大胆之举。据直接参与申报工作的胡洪侠回忆，从深圳市委宣传部接过申报“设计之都”的任务时，连申报程序都不清楚，直接去拜访了联合国教科文组织的相关负责人，介绍深圳这座城市，表达申报意愿，在其指点之下，回国才开始按程序申报。深圳的最初举动略显“莽撞”，但正是这份“莽撞”代表了深圳的一种敢闯敢试的精神。

三、目标“全球标杆城市”，文化不会缺席

（一）努力方向

深圳文化的发展目标，其实近两年来党中央、国务院已经给予了清晰的规划。

2019年2月20日，中共中央、国务院印发《粤港澳大湾区发展规划纲要》，给深圳这座城市赋予了新的定位：“发挥作为经济特区、全国性经济中心城市和国家创新型城市的引领作用，加快建成现代化、国际化城市，努力成为具有世界影响力的创新创意之都。”具体而言，其一，要“塑造湾区人文精神”。内容包括“坚定文化自信，共同推进中华优秀传统文化传承发展，发挥粤港澳地域相近、文脉相亲的优势，联合开展跨界重大文化遗产保护，合作举办各类文化遗产展览、展演活动，保护、宣传、利用好湾区内的文物古迹、世界文化遗产和非物质文化遗产，支持弘扬以粤剧、龙舟、武术、醒狮等为代表的岭南文化，彰显独特文化魅力。增强大湾区文化软实力，进一步提升居民文化素养与社会文明程度，共同塑造和丰富湾区人文精神内涵”等。其二，要“共同推动文化繁荣发展”。内容包括“完善大湾区内公共文化服务体系和文化创意产业体系，培育文化人才，打造文化精品，繁荣文化市场，丰富居民文化生活。推进大湾区新闻出版广播影视产业发展；加强国家音乐产业基地建设，推动音乐产业发展。加强大湾区艺术院团、演艺学校及文博机构交流，支持博物馆合作策展，便利艺术院团在大

湾区内跨境演出。……汇聚创意人才，巩固创意之都地位。支持深圳引进世界高端创意设计资源，大力发展时尚文化产业”等。[①]

2019年8月9日，中共中央、国务院印发《中共中央　国务院关于支持深圳建设中国特色社会主义先行示范区的意见》，规划了深圳未来几十年的发展目标：到2025年，“文化软实力大幅提升”，“建成现代化、国际化创新型城市”；到2035年，“建成具有全球影响力的创新创业创意之都”；到本世纪中叶，“成为竞争力、创新力、影响力卓著的全球标杆城市”。[②]

对于如何建设、在文化领域有哪些具体目标，这份意见也有具体的表述。其一，在城市精神文明建设方面，要“加快建设区域文化中心城市和彰显国家文化软实力的现代文明之城”，具体措施包括：“推进公共文化服务创新发展，率先建成普惠性、高质量、可持续的城市公共文化服务体系”；“规划建设一批重大公共文化设施，鼓励国家级博物馆在深圳设立分馆”；“鼓励深圳与香港、澳门联合举办多种形式的文化艺术活动，开展跨界重大文化遗产保护”；等等。其二，在文化产业方面，要“发展更具竞争力的文化产业和旅游业”，具体措施包括：“大力发展数字文化产业和创意文化产业，加强粤港澳数字创意产业合作”；“建设创新创意设计学院，引进世界高端创意设计资源，设立面向全球的创意设计大奖，打造一批国际性的中国文化品牌”；“用好香港、澳门会展资源和行业优势，组织举办大型文创展览”；“推动文化和旅游融合发展，丰富中外文化交流内容”；等等。

综合《粤港澳大湾区发展规划纲要》与《中共中央　国务院关于支持深圳建设中国特色社会主义先行示范区的意见》，中共中央、国务院其实已经给深圳规划了未来一定时间的努力方向：一是继续提升、完善城市公共文化服务体系；二是继续建设重要公共文化设施，举办更多样化的各种文化展演活动；三是重点发展的产业集中在数字文化产业、设计产业、时尚产业等方面；四是从设计产业出发，需要做一系列工作，包括建设创新创意设计学院、设立创意设计大奖、打造中国文化品牌。

---

① 中共中央、国务院：《粤港澳大湾区发展规划纲要》，人民出版社2019年版。

② 中共中央、国务院：《中共中央　国务院关于支持深圳建设中国特色社会主义先行示范区的意见》，人民出版社2019年版。

(二)路径

方向已经明确,深圳在文化建设及文化创意产业发展上的路径其实是较为明晰的。我们认为,未来的路径至少包括以下这些方面:

1. 深圳应该继续保持文化在城市发展中的地位,保持对于文化的重视度

在过去的40多年里,深圳一直将文化作为城市发展的重要议题来看待。从特区建立之初,深圳市委市政府一直就是这么做的,而后来的历届市委市政府都延续了这一传统。正是有了历届市委市政府的重视,深圳文化发展才被赋能,使得深圳能够迅速赶上,成为一座在文化建设和文化产业上也能够比肩国内各大城市的现代城市。

2. 坚持城市公共文化服务体系与文化产业的齐头并进,并不忽视任何单一方面

其一,公共文化设施和服务体系是一座城市文化的基础。公共文化设施不仅为市民从事文化活动和文化发展提供了场所和可能,也由此建立起一座城市的精神根基,没有这样的根基,一座城市恐怕无法成为现代的、文明的城市。而公共文化服务体系则是责任型政府题中应有之义,在这方面,深圳一直走在前列,尽可能提供各种服务,最有代表性的是深圳公共图书馆体系的建设。

其二,文化产业不仅是城市经济发展的一个重要领域,同时也能为城市公共文化服务体系的建设提供有力支撑。

3. 深圳的文化建设需尽快补足短板

深圳文化建设的成绩有目共睹,与此同时也应该认识到,深圳在文化发展和建设上还有着不少的短板。比如,城市的文化土壤需要慢慢积累,不宜操之过急。再如,深圳的文化人才积蓄还不够多,文化消费市场也不够大,市民的文化消费习惯有待培养,一些领域的文化生产能力还有相当的欠缺……以上种种,都需要一段较长的时间才能够完成。对此,深圳应有相当的耐心,外界也不必抱着过高的期待。在文化土壤的积累上,政府仍然有可为之处。譬如,对于高雅演出市场的培育,深圳市自2008年起试行过高雅艺术票价补贴政策,但是政策在试行之后并未延续,深圳高雅艺术演出票价仍然昂贵,明显高于近邻香港。

4. 在文化产业发展上,则需要紧盯重点产业,如数字文化产业、设计产业、

时尚产业及物质文化产业等优长产业

在文化的框架里，文化产业总是不可忽略的重要一翼。建市40多年来，深圳在文化产业上虽然取得了长足的发展，但仍然无法出任“全能型”选手，需要重点突出，立足自身优势和长项，立足现有的文化特点，让优势产业的优势更加突出。具体而言，需要重点发展的有数字文化产业、设计产业、时尚产业及物质文化产业等优长产业。

以物质文化产业中的瓷器业为例。在人们的印象里，景德镇、唐山是中国瓷器业的中心，在这一领域深圳并无任何优势可言。然而，永丰源公司作为深圳本土的公司，却创造性地挖掘了深圳独特的优势，在深圳可以最为便利地组合来自全世界的资源、来自国内各地的技术工人、来自欧洲的设计师，以及来自新西兰的高岭土、来自英国的骨炭、来自日本的釉料，生产出了可比肩国际瓷业顶尖企业的产品，从而使得永丰源公司成为中国瓷器行业的代表性企业。永丰源公司的成功，可以为深圳物质文化产业的多个行业带来启示。

(三)政策建议

1. 加大力度集聚及积累文化人才，夯实城市文化基础

归根结底，文化是人的事业，当人们说起文化的积淀时，所指的其实是人的积淀。深圳在人才积累上缺乏先天的优势，文化人才的积累并不像科技人才的积累那么直截了当、立竿见影，正因如此，深圳在此领域仍然有很多工作可做。深圳已经把目标定位于区域性国际城市，那么，深圳就应以此为立足点，除国内文化人才以外，还要有意识地吸引东亚、东南亚及其他国际人才，当然，最便利的是吸引中国香港地区的文化人才，让他们在深圳找到更广泛意义上的舞台，能够较长时间在深圳停留、开展某种事业。

2. 完善文化消费补助政策，推动文化消费进一步普及

文化是需要滋养的，丰富的文化展演即是良好的滋养。2008年，深圳市政府就曾尝试推出观看高雅艺术补贴，但是并没有很好地延续下来，只有福田区、南山区做得较好，在深圳观看高雅艺术演出仍然是一件曲高和寡的事情。当然，相关政策如何制定、一项好的政策如何执行，都需要一个探索的过程。对于深圳这样的城市，这项工作已经有了引人注目的开端，未来还有更多的工作要做。

3. 兼顾城市文化与文化产业发展，在城市文化与文化产业之间建立更加良性的互动关系

城市文化与文化产业之间当然有着密切的关系：没有厚实的城市文化，文化产业便缺少了支撑；而有效发展的文化产业，也可以带动城市文化的发展。深圳不论是在提升城市文化还是在提升文化产业发展上都有很长的路要走，若能在城市文化与文化产业之间建立良好的互动，深圳在文化发展上无疑将会走得更好。

参考文献

[1]庄向阳、张云波、李祎：《深圳创新话语的进路》，《深圳信息职业技术学院学报》，2019年第5期。

[2]李伟彦：《回忆〈深圳特区报〉初创的日子》，《征与尘》，海天出版社2012年版。

[3]深圳市史志办公室：《中国经济特区的精神文明建设（深圳卷）》，中共党史出版社2003年版。

[4]王为理：《从边缘走向中心：深圳文化产业发展研究》，人民出版社2007年版。

[5]中共深圳市委宣传部、深圳市文化局：《深圳市1995－2010年文化发展规划（讨论稿）》，《深圳文化十五年》，海天出版社1995年版。

[6]胡洪侠：《人海深处，游动着一只只“书虫”》，《深圳商报》，2004年11月6日。

[7]谢晨星：《深圳读书月来源于可尊敬的市场》，《深圳商报》，2014年11月18日。

[8]黄丽满：《大力实施“文化立市”战略，努力把深圳建设成为高品位文化城市——在深圳市实施“文化立市”战略工作会议上的讲话》，《深圳特区报》，2004年3月3日。

[9]中共中央、国务院：《粤港澳大湾区发展规划纲要》，人民出版社2019年版。

[10]中共中央、国务院：《中共中央　国务院关于支持深圳建设中国特色社会主义先行示范区的意见》，人民出版社2019年版。

第十一章　习近平关于教育的论述与深圳实践
——以深圳基础教育为视角

概　要：习近平总书记有关教育公平和质量的论述有力指引着深圳教育的发展。本章节侧重论述深圳基础教育在公平有质量的发展方面取得的成果成效，同时基于深圳教育发展的现状和问题，提出如何加强党的建设和领导，如何推进高质量发展，如何补齐托幼教育、特殊教育和民办教育发展，以便更好地实现总书记提出的促进公平有质量的基础教育发展。

一、习近平关于公平有质量的教育发展理念概述

党的十八大以来，以习近平同志为核心的党中央高度重视教育事业在坚持和发展中国特色社会主义战略全局中的地位和作用，把教育摆在优先发展战略位置，全面加强党对教育工作的领导，提出了一系列新理念、新思想、新观点，系统回答了教育工作的方向性、根本性、全局性、战略性问题，形成了习近平总书记关于教育的重要论述，为做好新时代教育工作提供了根本遵循和行动指南。党的教育理论进入了一个丰收期，教育事业发展进入了一个加速期。正是教育理论的创新，指导和推动了教育事业的快速发展。习近平总书记关于教育的重要论述，是习近平新时代中国特色社会主义思想的重要组成部分，是中国特色社会主义教育理论发展的最新成果，形成了科学系统的新时代中国特色社会主义教育理论体系，开辟了马克思主义教育理论和实践发展的新境界。教育系统持续深入学习贯彻习近平总书记关于教育的重要论述，深刻领会其时代背景、科学体系、精神实质，深刻理解其政治意义、理论意义、实践意义，切实增强责任感、使命感，努力开创新时代教育改革发展新局面。

(一)习近平关于教育的公平有质量发展的论述概要

根据相关学者的梳理，近年来，习近平关于教育的论述涵盖了教育的众多

领域，包括如何坚持党对教育事业的全面领导、如何坚持把立德树人作为教育的根本任务、如何坚持优先发展教育事业、如何坚持社会主义办学方向、如何坚持扎根中国大地办教育、如何坚持以人民为中心发展教育、如何坚持深化教育改革创新、如何坚持把服务中华民族伟大复兴作为教育的重要使命、如何坚持把教师队伍建设作为基础工作、如何加快教育现代化、如何建设教育强国、如何办好人民满意的教育、如何推进教育公平、如何全面提高教育质量、如何培育和践行社会主义核心价值观、如何加强中华优秀传统文化教育，以及如何扩大教育对外开放 17 个方面。①

本章节主要侧重研究习近平有关如何推进教育公平和提高教育质量的论述。习近平指出，推进教育公平，是我国教育改革发展的重要任务。教育公平是社会公平的基础，要以教育公平促进社会公平正义。习近平总书记强调，要努力让每一个孩子享有受教育的机会，努力让 13 亿人民享有更好更公平的教育。② 习近平还指出，提高教育质量，是我国教育改革发展的核心任务。我们要以质量为本，把标准建立起来，把责任落实下去，把机制完善起来，推动教育事业进入提质增效的轨道。习近平总书记还深刻地指出，要深化教育改革，推进素质教育，创新教育方法，提高人才培养质量。③ 习近平的这些论述对深圳教育推进公平有质量的发展具有重要的指导意义。

（二）有关学者对教育公平和质量论述的研究

对习近平总书记的教育论述的研究，历来研究者众多。例如，有人依据共词分析及数据可视化的理论和方法，对 2012 年以来发表在 CSSCI 文献上的 462 篇习近平关于教育的重要论述研究论文的现状与研究热点之间的相互关系进行量化分析，结果发现：习近平关于教育的重要论述研究整体呈现出直线攀升的趋势；研究的热点主要集中在习近平关于教师队伍建设、青年工作、意识形态建设、高校党建、育人育才、高等教育和思想政治理论课七大领域的重要论

---

① 教育部课题组：《深入学习习近平关于教育的重要论述》，人民教育出版社 2019 年版。

② 习近平：《习近平主席在联合国"教育第一"全球倡议行动一周年纪念活动上发表视频贺词》，《人民日报》，2013 年 9 月 27 日。

③ 习近平：《习近平在中共中央政治局第九次集体学习时强调：敏锐把握世界科技创新发展趋势切实把创新驱动发展战略实施好》，《人民日报》，2013 年 10 月 2 日。

述。①

具体来说，有学者研究认为，习近平总书记对教育提出了许多新思想、新观点、新要求，其中最为提纲挈领的是强调要围绕“培养什么人、怎样培养人、为谁培养人”这一根本问题推进教育改革，从而提高我国教育发展水平。② 深入学习习近平总书记关于教育的重要论述，必须深刻理解其理论渊源、内容结构、品格特征和价值属性所包含的“四个统一”，即继承性与创新性的统一、系统性与科学性的统一、理论性与实践性的统一、阶级性与人民性的统一。③ 有学者从人学研究的“人类”、“人性”、“人本”、“人伦”四个不同维度去观照，这四个维度反映了关于人的生存和发展问题的基本思考视角，而习近平总书记坚持“以人民为中心”的治国理念，其有关教育的重要论述中渗透着深刻的人学向度。人类命运共同体的构建、立德树人教育价值观的认知、办好人民满意教育的路径、正确看待教育中的师生关系四个方面，均体现了习近平总书记教育论述中“人学”的四维视角。④

(三)公平有质量的教育发展趋势研究

随着我国教育改革的深入发展，关于教育公平和教育质量的研究已成为当前教育理论与实践的中心问题和热点问题。习近平总书记关于教育公平有质量的论述直接为我国教育发展指明了实践方向，这个论述符合我国乃至世界教育政策发展演变的价值取向。

例如，有学人勾勒了改革开放以来义务教育发展战略变迁的地图，探寻义务教育未来发展的战略方向，认为从公平与效率的视角来看，改革开放以来，我国义务教育发展战略经历了从注重效率的重点化战略到注重公平的均衡化战略再到兼顾公平与效率的特色化战略的流变。随着义务教育均衡发展的基本实现，经济社会发展对多样化、个性化人才的需求不断加大，教育管理体制改革和自主权不断下放，以及现代科学技术的发展，特色化发展将是今后我国义务

---

① 李慧玲：《习近平关于教育的重要论述研究的共词可视化分析——以 2012 年以来 462 篇 CSSCI 研究文献为样本》，《重庆第二师范学院学报》，2020 年第 1 期，第 79—84、128 页。

② 蔡晓微、钟冬娴、聂锋：《培养人的根本问题——习近平教育思想研究》，《中国农村教育》，2019 年第 35 期，第 3—4 页。

③ 谈传生：《习近平关于教育重要论述彰显的“四个统一”》，《长沙理工大学学报(社会科学版)》，2020 年第 1 期，第 42—46 页。

④ 赵振杰：《习近平关于教育的重要论述研究》，《教育评论》，2019 年第 10 期，第 87—92 页。

教育改革和发展的重要战略方向。①

还有人认为,以实现教育公平作为促进教育质量的根本与底线,以提升教育效益作为衡量教育质量的重要参照,以公平和效率两个维度相互协调促进,应该成为教育质量的基本意蕴和本质所在。在实际的教育活动中,构建以学生与教师共同体为中心的教育公平机制、以短期教学效果与长期教育目标协调联动的教育效益增长机制、以政府为主导以及社会性机构共同参与为补充的教育质量评价机制,是当前提高我国教育质量的重要突破口和必然选择。② 实际上,公平与效率是衡量一个社会发展水平的两个重要指标。效率决定一个社会的发展程度,公平决定一个社会的稳定程度,两者是辩证统一的。在新的历史条件下,处理好两者关系的原则是:坚持"公平优先,兼顾效率"。而这一原则是由社会主义的内在要求、新时代的目标和历史任务、社会主要矛盾的变化,以及收入分配差距的严峻性等因素决定的。③

还有人从我国新时代社会主要矛盾角度观察,认为我国社会主要矛盾发生了变化,这个主要矛盾在教育领域的具体表现是:人民日益增长的对高质量教育的需要与教育质量不平衡、不充分的发展之间的矛盾。对此,作者提出,应通过发展"更加公平、更有质量的教育"加以解决。发展更加公平、更有质量的教育,是实现美好生活需要的重要动力,是阻断贫穷代际传递的助推器,是推动社会阶层流动的催化剂。④

习近平说,教育公平是社会公平的重要方面,义务教育公平又是实现教育公平的关键一环。马克思虽没有论述教育公平问题的专门著作,但在马克思的相关理论著述中,曾多次谈到教育公平问题,形成了丰富的关于儿童公共、免费教育的教育公平思想。⑤ 我国教育公共政策也有了明显转向,教育公平已经成

---

① 范涌峰、宋乃庆:《从重点化到特色化:改革开放 40 年义务教育的战略走向——公平与效率的视角》,《中国教育学刊》,2018 年第 11 期,第 8—13 页。

② 杨淑瑶、位涛:《论公平与效率相互促进的教育质量观》,《教学与管理》,2018 年第 33 期,第 4—6 页。

③ 丁春福、陈彦超:《新时代:公平与效率关系解析及政策选择》,《黑龙江社会科学》,2018 年第 4 期,第 132—135 页。

④ 唐淑艳:《让教育更加公平更有质量》,《人民论坛》,2019 年第 20 期,第 92—93 页。

⑤ 黑尧贞:《马克思教育公平观视域下我国义务教育公平发展的基本路径研究》,西南大学硕士论文,2019 年。

为教育决策的基本尺度。在这一新的发展时期，教育公平发生了变化和转移，从原先外显的不均衡，转变为更深层的、隐性的教育差距，呈现出新的问题与特点，并涉及一些深层的理论问题。①

观点观念上的共识很重要，但是如何操作往往更加直入灵魂。如何实现教育公平一直是常谈常新、众说纷纭而又难以破解的复杂难题。再理解中国语境中的教育公平问题，就要回应"为什么实现教育公平那样难"。基于复杂理论的视角审视这一论题发现，从教育公平本身到教育公平内部再到教育公平外部三个层面去分析，可以窥见教育公平系统及其关涉的诸要素具有难以言明的复杂性。其中，教育公平关涉的概念、场域和实践模式限制教育公平的推进；教育公平关照的教育主体境遇与基础阻滞教育公平的落实；教育公平关联的社会主体理念与行动超越教育公平的阈限。教育公平问题的解决只有进行时而难有完成时，立足中国教育基础实现教育公平还需求索奋进。②

要公平有质量地发展教育，不仅仅是部分研究者的观点，一些研究学会或研究团体也在积极深入研究与推动。例如，中国社会学会教育社会学专业委员会2018年学术研讨会围绕着"社会学视域下公平而有质量的教育"进行了深入的探讨，对多个议题达成了情境性的共识：对教育公平和教育机会的理解，从传统的社会结构制约公平的单一决定论转向社会—历史—个体的多元互动视角；在学校生活微观实践中，学校、教师和知识正面临着权威、权力消解的"合法化"危机，充满了多种多样的冲突、矛盾、断裂、不确定性；对"数字化教育公平"的理解，要超越技术层面的工具理性，从"技术至上"观念回到"以人为本"的价值考量；对教育与阶层再生产的研究，要突破阶层二元对立的框架，回归教育生活史的传统，看见中国社会变迁的影响和文化互嵌的现实；对教育扶贫、老龄化和少子化社会、教育信息化等全球共通性、热点性难题的研究，要有国际视野，充分了解和借鉴国际经验，看到教育公平和教育质量问题在全球范围内的共性特

① 杨东平：《教育公平与效率、自由、优秀三者的矛盾》，《教育研究与评论（中学教育教学）》，2009年第3期，第79页。

② 赵冬冬：《为什么实现教育公平那样难——对于中国语境中教育公平问题的再理解》，《中国人民大学教育学刊》，2019年第3期，第108—123页。

征。① 2018 年基础教育学区化集团化办学城市论坛以“为了公平而有质量的教育”为主题在上海召开，来自上海、杭州、北京、成都、广州、深圳、合肥蜀山的教育行政领导、专家学者和学区集团负责人参会，聚焦学区化集团化办学的本质特征、外部支持与内在机制创新展开研讨。与会学者认为，学区化集团化办学的本质是指向优质均衡的学校关系重构，走向紧密、多样和开放是其发展方向。打破校际壁垒，离不开政府职能的转变、动态培育和外部评价创新；形成向心合力，需要学区集团在文化与机制上的创新；课程共建共享，需要结合学区集团类型特点，因地制宜；教师交流与发展，需要机制和模式的大胆创新。②

就国外而言，一个突出的例子是芬兰教育的公平有质量的成效和影响力。有研究者认为，21 世纪以来，芬兰在国际学生学业测试项目（简称“PISA”）上的排名一直居高不下，而且不同学校之间、同一学校内部的不同学生个体之间的差异很小，这不仅仅彰显了芬兰基础教育的成功，更是凸显了基础教育注重质量与公平的特质。世界上许多国家的官员、校长、教师、学者等教育利益相关者纷纷探索芬兰基础教育的奇迹。③

总之，随着教育改革的有序推进和持续深入，“公平而有质量”的教育已逐渐成为教育发展的价值追求、核心内容和行动自觉。世界各国为发展“公平而有质量”的教育所进行的规划设计、本体认知和路径选择等，对我国加快推进教育现代化、建设教育强国、办好人民满意的教育具有一定的借鉴意义。④ 在政策层面，为落实习近平总书记有关公平有质量的教育发展理念，2019 年 7 月，中共中央、国务院印发了《关于深化教育教学改革全面提高义务教育质量的意见》，明确提出义务教育应该向“公平而有质量”这个方向迈进。⑤

---

① 安超、王旭东：《迈向全面而科学的教育公平观——“社会学视域下公平而有质量的教育”学术研讨会综述》，《教育学术月刊》，2019 年第 6 期，第 25—31 页。

② 冯明、张萌：《为了公平而有质量的教育——2018 年基础教育学区化集团化办学城市论坛会议综述》，《上海教育科研》，2019 年第 10 期，第 92—95 页。

③ 雷乾乾：《解读芬兰基础教育的传奇：质量、公平与效率——评〈芬兰基础教育〉》，《当代教育科学》，2018 年第 9 期，第 98 页。

④ 王敬杰、熊书来：《以“公平而有质量”为核心的全球教育改革探寻及启示》，《基础教育参考》，2019 年第 22 期，第 8—9 页。

⑤ 祝乃娟：《义务教育应该向“公平而有质量”这个方向迈进》，《21 世纪经济报道》，2019 年 7 月 10 日。

二、深圳基础教育公平有质量发展的成效

公平是人类社会永恒的话题，而教育公平是一个现代社会的奠基石，高质量发展也是深圳基础教育多年来不懈追求的目标。纵观近年来深圳基础教育发展之路，大致可以从教育公平三个层次上观察深圳基础教育高质量发展的若干举措与成效。

（一）确保孩子入学机会相对公平的举措与成效

深圳依据一句“来了，就是深圳人”的口号，在短短的 40 年间，从一个 20 万人口不到的小城镇发展为 2 000 万人口的一线大城市。深圳是国内最具宽容性的移民城市，学生的入学门槛为国内各大城市最低，各学段的学位缺口巨大。为此，深圳市从三个方面确保孩子入学机会相对公平。

一是市委市政府将学位建设列入政府民生实事和重点工程强力推进，学位供给增长迅速。“十三五”期间，全市规划新改扩建公办中小学 185 所，新增公办中小学学位 23.8 万个以上，较“十二五”时期建成学位数增加 89%；到 2022 年，通过新改扩建 146 所公办学校，增加学位 21 万个。此外，特殊教育方面，加大特殊学校建设力度，除了市级以外，各区均建设至少 1 所特殊教育学校，残疾儿童义务教育入学率达 95%以上，推进融合教育，完善随班就读支持政策。

二是建立起公共财政投入民办教育的长效机制。城市教育费附加的 15% 专项扶持民办教育。2012 年在全国率先实施民办义务教育阶段学位补贴、教师长期从教津贴、优质规范办学奖励 3 项普惠政策，2014 年实施民办学校教师继续教育补贴、民办学校设施设备建设专项扶持政策，几项扶持政策已累计投入 45 亿元，每年惠及 10 万名学生、2.2 万名教师和 193 所民办学校。财政对小学每生每年资助 7 000 元，初中每生每年资助 9 000 元，目前正在制定民办高中阶段学校和学生的奖补政策。

三是注重程序公平。2013 年起，全市实施义务教育阶段公办学校积分入学，任何户籍或非户籍学位申请人，均按照统一标准接受学位申请评分，做到积分标准公开、积分结果公开、学位安排公开。目前，全市义务教育阶段学位的 70%以上，其中公办学位的 55%提供给了非深户学生。深化招生考试评价制度改革，优质高中招生名额直接分配到初中学校的比例不低于 50%。

（二）促进孩子受教育过程相对公平的举措与成效

受教育过程的相对公平，要求教育资源均衡化配置和教育均衡发展。深圳市原有特区内外之分，教育发展水平差异大，为推进特区教育一体化，深圳采取了多项切实有效的措施。

一是增量学位的均衡配置。2007－2009年，原特区外96所村小标准化改造工作顺利完成，市、区财政共投入8.6亿元，新建学位3.4万个，办学条件达到或超过规范化学校标准；2013年起，制定全市统一的中小学生均拨款标准和开办费标准，实行全市统一的中小学设备设施配置标准，义务教育均衡水平达到新的高度；2014－2017年，投资近100亿元，新改扩建130所中小学校，新建学位主要位于原特区外。

二是均衡师资配置。2014年，出台《中小学校长教师轮岗交流工作的指导意见》，启动中小学校长教师轮岗交流，初步实现校长、教师资源在全市范围的均衡配置。目前已有15％的校长（副校长）和12％的教师实现了区际、校际交流。

三是帮扶薄弱学校。2010年起，开展"百校扶百校"行动，组织全市101所优质学校对原特区外101所相对薄弱学校进行多轮"一对一"帮扶，缩小办学水平差距。通过对这101所相对薄弱学校的管理水平、教育教学质量和教师专业素养的帮扶，其办学水平明显提升。

四是实施原特区外地区义务教育学校质量提升工程。从2011年开始，开展优质普通高中部分招生名额直接分配到初中学校改革试点，有效缓解了择校矛盾。同时，通过集团化办学的模式，推进优质资源共享。此外，加快推进"全国义务教育优质均衡发展区"创建工作等措施的落实，促进办学资源均衡配置和优质资源共建共享。

（三）注重教育效果或者结果相对公平的举措与成效

深圳市提出"成就每一位学生"的教育理念，就是要让所有入学的孩子都享有相对高质量的教育服务，获得最好的健康成长。为了促进教育高质量发展，深圳于2019年7月9日发布《关于进一步深化改革促进学前教育普惠优质发展的意见》，9月出台《关于推进教育高质量发展的意见》，在立德树人、高标准办好学前教育、促进义务教育优质均衡发展、高质量普及高中教育、打造世界一流职业教育高地、加快发展特殊教育、建设世界级学习型城市等 18 个方面提出 40 项举措，实现幼有善育、学有优教，打造与城市地位相匹配、中国一流、世界先进的现代教育。教育效果的公平也意味着每一个独特的学生都能得到适合自己最好的发展，这要求我们的教育适应各具差异化特征的学生，能够满足学生的个性需求，促进学生的特色发展。深圳非常注重统筹推进学校优质特色发展。

一是不断加强师资建设。打造教师专业成长平台，建立名师名校长工作室、教育科研专家工作室 200 多个，实施教师海外培训计划、校长能力提升工程、骨干教师培训计划，师资强教效益显著。在全国率先开展“年度教师”评选，树立深圳教师优秀形象。

二是增加学生依据自己兴趣特长选择课程的机会。深化中小学课程改革，开发各类精品课程 1 000 多门。高考成绩多年稳居全省前列，学生在各类全国性大赛中获奖数量居各省市前列。

三是促进优质数字教育资源共建共享。未来一段时间，深圳将进一步推进“互联网＋教育”服务创新，开展数字教材和配套资源建设，建设 100 门数字化中小学“好课程”、1 000 堂示范课例、10 000 个优秀教学案例。

四是拓展国际化教育特色。实施《深圳市推进教育国际化行动计划（2012－2020 年）》，努力构建全方位、多层次、宽领域的教育开放合作新格局。缔结深港、深澳姊妹学校 220 所。全市中小学累计聘请外籍教师近 2 000 名。南山区、宝安区成为全国教育国际化试验区。

（四）深圳基础教育高质量发展取得一定成效

深圳基础教育规模与上海、北京、广州接近。近年来，深圳市教育教学质量稳步提升。首先，高考成绩居全国全省前列。截至 2019 年，普通中小学 757 所，在校学生 154.64 万人。全市省级普通高中比例 85％，公办义务教育学校 100％达到省级规范化标准。教师队伍整体呈年轻化、学历高、职称高等特点。其次，学生体质发展较好。145 万中小学生参加国家学生体质测试，合格率分别达到 95.14％、94.71％，超过全国平均合格率 3 个百分点。最后，学生素质较高。深圳市 2019 年承办全国首届中小学班级合唱节展示、广东省中小学美育改革成果交流等活动，1 036 名师生作为演出主体参加央视春晚深圳分会场演出，艺术教育已成为城市名片。

目前，深圳已经出台了《深圳市教育高质量发展指导意见》和《深圳市高中教育高质量发展方案（2019－2025年）》。在此基础上，为落实中央支持深圳建设中国特色社会主义先行示范区的要求，深圳直面“双区”驱动的机遇与挑战，正在集中力量研制《深圳教育先行示范区行动方案（2020－2025年）》暨2035年发展纲要，系统谋划2020年至2025年，乃至2035年深圳教育先行示范的思路、目标与举措，为今后一个时期深圳教育改革与发展明确路径。我们坚信，未来深圳的教育公平而有质量地发展一定能做得更好。

三、当前深圳发展公平有质量的基础教育现状与存在的问题

（一）深圳基础教育现状

根据深圳教育统计数据，截至2019年9月，全市各级各类学校（含幼儿园）2 550所，在校生（含在园幼儿）219.2万人，教职工20.5万人。基础教育规模与上海、北京、广州接近。普通中小学739所，在校生147.5万人（高中87所，在校生13.1万人；初中308所，在校生31.7万人；小学344所，在校生102.8万人）。中职学校25所（公办15所、民办10所），在校生7.6万人。民办中小学253所，在校生53.2万人，教职工3.6万人。幼儿园1 771所，其中民办园1 699所，占95.9%。在园幼儿52.4万人，其中非深户籍31.7万人，占60.5%。2014－2018年，全市财政教育投入累计2 387亿元，年均投入477亿元。

关于学位建设，深圳是全国最大的移民城市，人口增速快且结构倒挂，非本市户籍人口义务教育入学门槛在全国大城市中为最低。深圳70%以上的义务教育学位和55%以上的公办义务教育学位提供给非本市户籍学生，比例全国最高。根据深圳市教育局2019年工作总结，新改扩建中小学校28所，新增公办中小学学位5.2万个，超额完成年度计划任务的60%。“十三五”前4年累计新改扩建133所公办中小学，新增公办中小学学位19.3万个，完成“十三五”总任务的81%。向252所民办义务教育学校购买学位，学位补贴惠及45.7万民办义务教育学校学生。[①]

---

① 深圳市教育局：深圳市教育局2019年工作总结，http://szeb.sz.gov.cn/xxgk/flzy/ghjh/gzjhzj/202003/t20200305_19040284.htm，2020年3月8日。

此外，深圳为促进教育公平发展做出了诸多努力。截至 2019 年，一是大班额化解成效显著，全部消除超大班额（65 人以上）现象，全市义务教育学校均按国家规定班额招生，标准班额比例达到 97％以上；二是全市 705 所学校为 50.2 万名学生提供校内午餐午休服务，占义务教育阶段学校数的 96％，超额完成年度 90％的任务目标；三是义务教育“四点半”活动资助经费由每生每年 350 元提升到 1 000 元，为学生课外实践活动提供更多选择，得到师生家长广泛好评；四是特殊教育资源不断扩大，全市已建成 8 所特殊教育学校，实名登记残疾儿童少年义务教育入学率达到 95％以上，同比大幅提升 15 个百分点；五是为 35.8 万人次困难学生发放资助资金约 5.6 亿元。[①]

（二）深圳基础教育面临的挑战

第一，学位紧、班额大。深圳人口增长迅速、基础教育质量好、就读门槛相对低，是学位紧张的三个主要原因，随着“全面二孩”政策和异地高考政策的全面实施，学位需求更加旺盛。全市小学平均班额接近 50 人，超过国家规定的 45 人，远高于广州的 40 人、上海的 39 人和北京的 35 人，深圳生均拥有教育资源量与北京、上海等城市相比差距较大。

第二，质量提升任务重，区域发展不均衡。优质学位资源不足，满足市民“上好学”的要求压力大。在创新型人才培养和国际化、选择性教育资源供给等方面，还存在较大不足。优质学校主要位于南山、福田、罗湖等原特区内区域，原特区外尤其是龙华、坪山、光明、大鹏等后发地区特别缺少优质学校。

第三，教师配置标准低，优秀人才引进难。目前，深圳中小学校教师配置为国家基本标准，生师比明显高于北京、上海。教师工资待遇缺乏优势，城市房价高企，优秀教师引进难度大，教育领军人才引进困难，高层次人才主要依靠存量。

第四，职业教育人才培养体系不健全。职业教育人才培养存在“断头路”现象，缺少本科及以上层次的职业教育（中职升高职不足 30％，高职升本科不足 1％）。产教融合政策环境不健全。企业参与举办职业教育、培养技能人才的主动性和积极性不高。

---

① 深圳市教育局：深圳市教育局 2019 年工作总结，http://szeb.sz.gov.cn/xxgk/flzy/ghjh/gzjhzj/202003/t20200305_19040284.htm，2020 年 3 月 8 日。

第五，民办教育比例高、优质少。民办学校整体办学水平较低。深圳社会资本活跃，社会力量办学积极性高，办学体制多元化特点鲜明。截至 2019 年，有民办中小学 253 所，在校生 53.2 万人，教职工 3.6 万人。民办中小学占 38%，属基础教育的“半壁江山”，民办幼儿园占 96%，是学前教育的“主力部队”，这两项比例在全国大城市中均为最高。民办教育在深圳承担了很重要的学位供给任务，但优质、品牌民办学校比例低，还不能很好满足市民对选择性、特色化教育的需求。民办学校教师待遇低，保障不健全。民办学校教师月平均工资仅为同类公办学校在编教师的 1/3－1/2，民办教师队伍不稳定、流失率高。民办学校校长整体水平不高，优秀校长较少，民办学校校长更多是把校长作为职业而不是事业来做，办学管理的理念和能力有待提升。

此外，学前教育仍然是教育体系中的薄弱环节，是民生领域的短板，还存在许多亟待解决的问题：一是未来 3－5 年学位压力将剧增，急需大力扩充资源。近 5 年幼儿园数量和在园幼儿年均增幅近 10%，每年约新增幼儿园近 100 所。“十二五”期间，全市幼儿园建设完成率不到 1/3，且主要是依托厂房、综合楼等设施的改造园。未来 3－5 年是生育高峰，到 2021 年全市约需新增幼儿园学位 18.5 万个。二是整体办学条件和水平有待提升。民办园比例（96%）、改造园比例（近 60%）和未达到市一级标准的幼儿园比例（56%）过高，现有公办园不同程度地存在体制机制障碍，学前教育监管治理体制机制有待健全。三是办学结构不合理，行业吸引力不足，优质发展后劲不足。四是政府投入规模较小，学前教育成本分担机制有待健全。五是保教队伍待遇、整体素质仍然偏低，流动性、流失率较高，全市幼儿园专任教师中专科及以上学历仅占 54%，距广东省要求的 70%达标率还差 16 个百分点。

（三）与发达国家差距及发展短板

我国经济已由高速增长阶段转向高质量发展阶段，教育也面临着从教育大国迈向教育强国的挑战，也在向高质量发展阶段迈进。2019 年，深圳生产总值突破 2.6 万亿元，同比增长 7%左右，经济总量居亚洲前五，对教育发展提出了新要求。

深圳小学入学率已经达到 100%，居世界前列，与美国、英国、德国等高收入国家接近，这说明深圳义务教育普及程度已经稳居世界前列。但是，有些指标还存在较大差距。例如义务教育阶段班级规模数据，深圳小学和初中平均班级规模超过 45 人，几乎高于全部其他发达国家和城市，事实上也远高于 OECD 成员国的小学平均班级规模（21 人）、初中平均班级规模（23 人）。班级规模数据可以反映学生享受教育资源的丰富度和充足度，班级规模数据的差距说明，深圳义务教育虽然在规模上达到了较高水平，但在教育充分程度及内涵质量上还存在差距。与此相对应的就是在教育投入方面远低于其他发达国家和城市。这些差距意味着，在公平和质量方面，深圳基础教育还有很长的路要走。

四、深圳基础教育公平有质量发展的政策建议

如何贯彻落实习近平总书记有关教育公平有质量发展的论述，“仁者见仁，智者见智”，答案可能有很多。就深圳的基础教育现实情况而言，本章侧重从切实发挥党组织的领导作用、实施教育高质量发展战略、补齐托幼教育服务和特殊教育服务，以及实施民办教育质量提升工程等方面提出若干建议，促进深圳基础教育公平有质量地发展。

（一）发挥党组织对教育的领导作用

一是健全党对教育工作全面领导的体制机制，建立市、区两级党的教育工作领导小组议事制度。二是加强分类指导，出台加强中小学党建工作的实施意见。三是推进支部标准化、规范化建设，选优配强党组织书记，推行中小学党支部书记与行政负责人“一肩挑”，加大对高知识群体、优秀青年教师的党员发展力度，加强民办学校和中外合作办学机构党组织建设。四是落实意识形态工作责任制，抓好德育和思想政治工作，将群团组织建设纳入党建工作总格局。五是加强教育系统党风廉政建设。

（二）实施基础教育高质量发展战略

习近平总书记在十九大报告中首次提出“高质量发展”，表明中国经济由高速增长阶段转向高质量发展阶段。中国特色社会主义进入新时代，推动高质量发展是适应我国社会主要矛盾变化和全面建设社会主义现代化国家的必然要求，也是人民美好生活向往的需要。深圳教育发展水平整体上进入世界中上行列，正处在迈向高质量发展、走向全面实现教育现代化的新阶段。实现教育高质量发展，既是广大市民对优质教育的强烈需要，是全面实现教育现代化的内

在要求，也是深圳新时代担当新使命的重要支撑和战略引领。为此，应该以深圳市委市政府出台的《关于推进教育高质量发展的意见》为指针，促进深圳基础教育高质量发展。

一是要加大投入力度，落实学位供给任务。强化各区义务教育管理主体责任，加强公办学校建设，克服土地落实难的问题，确保到 2022 年新改扩建 146 所公办学校，增加学位 21 万个。各区应以辖区内实际居住人口为基数，提前 6 年预判学位需求，提前 3 年规划学位建设，提前 1 年落实学位供给。切实保障外来人员随迁子女平等接受义务教育。加快编制高中未来 5 年布局和建设规划。探索普通高中建设和管理新模式，充分激发各区办好高中教育的积极性。通过现有高中挖潜、新改扩建和重点建设“高中城”等多渠道推进高中学校建设，到 2022 年完成新改扩建 30 所公办普通高中，新增学位 6 万个。适度加大职高学位供给。因地制宜新建一批小规模、高质量的精品高中。

二是要着力建设优质特色高中。加强政策配套，“十四五”期间打造国内领先的卓越高中、特色高中、民办品牌高中各 10 所。在招生、师资等方面，支持高起点新建人文、科技、艺术、体育等特色高中。整体优化中职学校专业设置。

三是要促进办学资源均衡配置和优质资源共享。动态调整师资、经费、设施设备等办学条件标准。探索大学区建设，探索“优质校＋新校或民校”等形式的集团办学。限期消除大班额，实施原特区外地区义务教育学校质量提升工程，加快推进“全国义务教育优质均衡发展区”创建工作。

（三）加快发展特殊教育

特殊教育的发展，关系到处境不佳儿童的受教育权益。深圳有条件实现优质、均衡、全覆盖的残疾儿童义务教育，残疾儿童入学率达到百分之百；甚至到未来，深圳可以建成完善的、高质量的从学前到高等教育的特殊教育体系，成为全国典范；到本世纪中叶，深圳残疾人融合发展终身服务体系将实现良性运转，深圳残疾人教育服务水平达到世界先进。为此，建议目前：

一是要统一规划布局特殊教育学校，积极筹划组建深圳市特殊教育集团。建议加大财政投入，高标准、高质量加快推进各区特殊教育学校、市第二所特殊教育学校建设，谋划各区特殊教育学校、元平特殊教育学校、市第二所特殊教育学校的布局安排、错位发展。在整体谋划布局的基础上，应以深圳市元平特殊学校为总部，推动深圳市元平特殊学校与深圳市第二所特殊学校建立紧密型的教育集团，与深圳市各区特殊学校建立松散型的教育联盟，形成资源共享、课程共用、业务交流的集团化办学模式。

二是要一方面加强资源教室的建设力度，强化资源教师的培养力度，为普通学校的特殊儿童提供充足的教学空间与优质的师资力量，提高正向融合教育的质量；另一方面加紧探索融合教育新模式，让普通孩子与元平特殊学校的听视障孩子反向融合，发挥小班化教学优势，辐射深圳市元平特殊学校开展融合教育的经验，引领普通学校开展融合教育。如此正向与反向融合相结合，推动特殊教育与普通教育融合发展。

三是要深入探索特殊教育职业教育发展路径。深圳元平特殊教育学校建校 28 年，一直勇立特殊教育改革发展潮头，被誉为“中国特殊教育的一面旗帜”。应全力支持元平特殊学校探索特殊职业教育，打造四通八达、多元互通、立体分布、功能综合的特殊学生职业教育“枢纽综合体”新模式，推动特殊教育纵向高质量发展。

四是要强化深圳市特殊教育指导中心的专职指导功能，制定深圳特殊教育标准。继续支持深圳市特殊教育指导中心挂牌依托深圳元平特殊学校，强化专业研究与专业指导职能，引领全市特殊教育学校发展，带动全市特殊教育发展。

（四）促进 0—3 岁托幼教育发展

幼儿 3 岁前的发育发展状况在很大程度上影响后来的发展。为此，深圳市政府根据《国务院办公厅关于促进 3 岁以下婴幼儿照护服务发展的指导意见》（国办发〔2019〕15 号）要求，认真落实《中共中央　国务院关于支持深圳建设中国特色社会主义先行示范区的意见》中“幼有善育”战略部署，结合深圳市实际，制定了《深圳市促进 3 岁以下婴幼儿照护服务发展实施方案（2020—2025 年）》，按照“家庭为主、托育补充，政策引导、普惠优先，安全健康、科学规范，属地管理、分类指导”的原则，提出目标：到 2020 年，各区（新区）至少建成 1 家具有示范效应的普惠性托育机构，开展“托幼一体化”试点工作；到 2022 年，每个街道至少建成 1 家具有示范效应的普惠性托育机构和 1 家“托幼一体化”示范幼儿园；到 2025 年，每个社区至少建成 1 家普惠性托育机构，“托幼一体化”幼儿园占 50%以上，每千人口托位数 4 个，婴幼儿家庭接受科学育儿指导率达 95%，婴幼儿健康管理率达95%。全市上下应该从支持政策、强化指导，以及托育机构开设、管理规范和服务队伍建设等方面发力，促进3岁以下婴幼儿照护服务发展。

一是强化对家庭婴幼儿照护的支持和指导。全面落实休假政策，鼓励用人单位在特定时期制定弹性、灵活的工作时间，为婴幼儿照护创造便利条件。支持脱产照护婴幼儿的父母重返工作岗位，并为其提供信息服务、就业指导和职业技能培训。完善家庭科学育儿指导服务网络建设，组建市、区两级儿童早期发展科学育儿指导专业团队，利用社区家庭发展服务中心、社区党群服务中心、妇儿之家、托育机构等平台，提高家庭科学育儿能力。营造适宜环境，在全市加快推进公共场所无障碍设施及母婴室建设、工作场所“爱心妈妈小屋”建设，为婴幼儿出行、哺乳等提供便利条件，营造友好的婴幼儿照护社会环境。各级医疗保健机构切实做好公共卫生服务、妇幼保健服务工作。建立和完善婴幼儿健康服务信息平台，实现婴幼儿健康的动态管理。

二是鼓励发展多种形式的托育机构。将托育机构布局纳入相关规划，加强托育机构和设施施工质量监督管理。老城区和已建成居住区有需求但无婴幼儿照护服务设施的，要限期通过购置、置换、租赁等方式建设。推进“托幼一体化”工作，教育部门与卫生健康部门要合作研究制订“托幼一体化”工作方案，积极发挥幼儿园专业资源优势，通过改建、扩建方式在现有幼儿园内开设托班，招收2—3岁幼儿。鼓励职工适龄子女达到30人及以上的用人单位建设相应规模的托育机构，为本单位职工提供福利性婴幼儿照护服务，有条件的还可向附近居民开放。发挥国企引领作用，开展国企办托育机构的试点工作。

三是建立健全托育机构管理制度规范。按照属地管理原则，举办非营利性托育机构的，在机构编制部门注册登记或经业务主管单位同意后，在民政部门注册登记；举办营利性托育机构的，在市场监管部门注册登记，托育机构经核准登记后，应当及时向所在区卫生健康行政部门备案。登记机关应当及时将有关机构登记信息推送至卫生健康行政部门。鼓励成立托育服务行业协会，制定科学合理的行业标准规范。建立健全托育机构质量评估制度，探索将托育机构及其工作人员信用信息纳入市公共信用信息管理系统，实行操行记录“黑名单”登记监管制度，依法依规实行守信激励和失信惩戒。要认真贯彻保育为主、保教结合的工作方针，鼓励托育机构与社康机构合作，建立卫生保健协作机制。要加强督促托育机构落实安全管理主体责任，建立健全安全防护措施和检查制度，按标准配备安保人员和物防、技防设施。

四是加强婴幼儿照护服务队伍建设。高等院校和职业院校（含技工院校）要根据需求开设婴幼儿照护相关专业，合理确定招生规模、课程设置和教学内容，加快培养婴幼儿照护相关专业人才。市区有关部门要将婴幼儿照护服务从业人员作为急需紧缺人员纳入培训规划，并依法保障从业人员合法权益。

（五）实施民办教育质量提升工程

民办教育在深圳承担了很重要的学位供给任务，但优质、品牌民办学校比例低，还不能很好满足市民对选择性、特色化教育的需求。实施民办教育质量提升工程，提高民办教育质量，是全市落实习近平总书记关于公平有质量的教育发展的必然举措。

一是要切实加强民办学校党的建设，加强民办学校思想政治教育工作，将做好思想政治教育和德育工作作为民办学校党组织的首要政治责任。

二是要尽快研制深圳市民办学校分类管理实施细则，落实分类管理制度，对民办学校（含其他民办教育机构）实行非营利性和营利性分类管理。拓宽社会资源进入教育领域渠道，鼓励社会组织或个人以捐赠、出资、投资、合作等多种形式举办民办学校。推广政府和社会资本合作（PPP）模式，鼓励社会资本参与教育基础设施建设和运营管理。健全学校退出机制，捐资举办的民办学校终止时，清偿后剩余财产统筹用于教育等社会事业。

三是要完善财政扶持政策，市、区两级财政应安排扶持民办教育发展资金并纳入年度预算。落实税费优惠等激励政策，民办学校按照国家有关规定享受相关税收优惠政策。实行差别化用地政策，民办学校建设用地按科教用地管理。落实办学自主权，实施高等学历教育和中等职业学历教育的民办学校，可按照有关规定设置和调整专业、制订教学计划和人才培养方案。

四是要加快推进民办学校的现代学校制度建设。监督完善学校法人治理，督促民办学校要依法制定章程，按照章程管理学校，党的建设和社会主义核心价值观有关内容应纳入章程。规范学校收费行为，民办学校收费实行市场调节价。

五是要启动实施新一轮民办学校帮扶政策，提高民办学校教育教学质量。加强师资队伍建设，将民办学校教师队伍建设纳入深圳教师队伍建设整体规划。扩大教育交流与合作，建立民办学校与公办学校、企事业单位、科研机构的交流互助机制。

六是要建立健全部门协调机制，建立市级民办教育联席会议制度。健全监督管理机制，按照“谁审批、谁监管”的原则，加大民办教育监督管理力度。发挥行业组织作用，积极培育民办教育行业组织。

参考文献

[1]教育部课题组:《深入学习习近平关于教育的重要论述》，人民教育出版社 2019 年版。

[2]习近平:《习近平主席在联合国“教育第一”全球倡议行动一周年纪念活动上发表视频贺词》，《人民日报》，2013 年 9 月 27 日。

[3]习近平:《习近平在中共中央政治局第九次集体学习时强调:敏锐把握世界科技创新发展趋势　切实把创新驱动发展战略实施好》，《人民日报》，2013 年 10 月 2 日。

[4]李慧玲:《习近平关于教育的重要论述研究的共词可视化分析——以 2012 年以来 462 篇 CSSCI 研究文献为样本》，《重庆第二师范学院学报》，2020 年第 1 期，第 79—84、128 页。

[5]蔡晓微、钟冬娴、聂锋:《培养人的根本问题——习近平教育思想研究》，《中国农村教育》，2019 年第 35 期，第 3—4 页。

[6]谈传生:《习近平关于教育重要论述彰显的“四个统一”》，《长沙理工大学学报(社会科学版)》，2020 年第 1 期，第 42—46 页。

[7]赵振杰:《习近平关于教育的重要论述研究》，《教育评论》，2019 年第 10 期，第 87—92 页。

[8]祝乃娟:《义务教育应该向“公平而有质量”这个方向迈进》，《21 世纪经济报道》，2019 年 7 月 10 日。

[9]杨淑瑶、位涛:《论公平与效率相互促进的教育质量观》，《教学与管理》，2018 年第 33 期，第 4—6 页。

[10]范涌峰、宋乃庆:《从重点化到特色化:改革开放 40 年义务教育的战略走向——公平与效率的视角》，《中国教育学刊》，2018 年第 11 期，第 8—13 页。

[11]雷乾乾:《解读芬兰基础教育的传奇:质量、公平与效率——评〈芬兰基础教育〉》，

《当代教育科学》,2018 年第 9 期,第 98 页。

[12]丁春福、陈彦超:《新时代:公平与效率关系解析及政策选择》,《黑龙江社会科学》,2018 年第 4 期,第 132—135 页。

[13]唐淑艳:《让教育更加公平更有质量》,《人民论坛》,2019 年第 20 期,第 92—93 页。

[14]安超、王旭东:《迈向全面而科学的教育公平观——"社会学视域下公平而有质量的教育"学术研讨会综述》,《教育学术月刊》,2019 年第 6 期,第 25—31 页。

[15]黑尧贞:《马克思教育公平观视域下我国义务教育公平发展的基本路径研究》,西南大学硕士论文,2019 年。

[16]赵冬冬:《为什么实现教育公平那样难——对于中国语境中教育公平问题的再理解》,《中国人民大学教育学刊》,2019 年第 3 期,第 108—123 页。

[17]杨东平:《教育公平与效率、自由、优秀三者的矛盾》,《教育研究与评论(中学教育教学)》,2009 年第 3 期,第 79 页。

[18]王敬杰、熊书来:《以"公平而有质量"为核心的全球教育改革探寻及启示》,《基础教育参考》,2019 年第 22 期,第 8—9 页。

[19]冯明、张萌:《为了公平而有质量的教育——2018 年基础教育学区化集团化办学城市论坛会议综述》,《上海教育科研》,2019 年第 10 期,第 92—95 页。

第十二章　深圳在粤港澳大湾区建设中的角色

概　要： 解读《粤港澳大湾区发展规划纲要》，不难发现，深圳在粤港澳大湾区建设中被明确赋予了三重身份：在空间概念上，深圳是一个极点城市；在经济概念上，深圳是一个中心城市；在创新概念上，深圳是一个引擎城市。深圳在粤港澳大湾区建设中之所以能扮演如此重要的角色，理由有三：从国家战略看，它来自《粤港澳大湾区发展规划纲要》的顶层设计；从发展现状看，深圳扮演的重要角色完全符合深圳的实际情况；从历史发展看，深圳扮演的角色与深圳发展的时间逻辑保持了高度的一致性。而为了完成深圳未来极点城市、中心城市和引擎城市三个城市的目标，深圳需要建成创新中心、金融中心、交通中心和文化中心共四个中心。

随着《深化粤港澳合作　推进大湾区建设框架协议》(2017 年)的签署和《粤港澳大湾区发展规划纲要》(2019 年)的印发，粤港澳大湾区建设已从历时 20 多年的“民间倡议—顶层设计”进入全面实施阶段。首先，粤港澳大湾区是一个空间概念，是横跨广东、香港和澳门的总面积 5.6 万平方公里、总常住人口达 6 659 万的广大区域，主要由“9＋2”城市群构成。“2”是指香港和澳门 2 个特别行政区，“9”是指广州、深圳、珠海、佛山、中山、东莞、惠州、江门、肇庆共 9 座位于广东省的城市。其次，粤港澳大湾区是一个经济概念，即粤港澳大湾区可以视为一个 GDP 总量超过 1.34 万亿美元的经济体，而大湾区的建设就是为了使之成为合作更加紧密、经济活力世界最强的区域。再次，粤港澳大湾区是一个创新概念，“深圳—香港”已成为创新指数仅次于日本“东京—横滨”的全球第二大集群区域，将在未来中国创新型区域建设中居于引领地位。最后，粤港澳大湾区也是一个文化概念，即它是一个以粤语作为共同的本土语言、以广东客家文化作为共同传统的地区，也是位居南方沿海的我国目前开放程度最高的地区。

作为粤港澳大湾区内“9＋2”城和广东“9”城之一的深圳，目前已超过香港以2.422万亿元GDP总量名列大湾区第一城，无论是在作为“民间倡议”的学界讨论还是在作为“顶层设计”的国家粤港澳大湾区规划中，都扮演着不可或缺的重要角色。而2019年8月18日发布的《中共中央　国务院关于支持深圳建设中国特色社会主义先行示范区的意见》，赋予深圳经济特区更为深远的政治内涵和更为重大的历史使命，拓展了深圳在粤港澳大湾区中中国特色社会主义先行示范区角色的意义。深圳在未来要扮演好《粤港澳大湾区发展规划纲要》中规定的角色，更要按照习近平总书记所寄望的“朝着建设中国特色社会主义先行示范区的方向前行，努力创建社会主义现代化强国的城市范例”。[①]

一、深圳的三重定位

深圳在粤港澳大湾区中的定位(Positioning)，就是要回答深圳是什么(What)的问题，当然也是要回答深圳不是什么的问题。解读《粤港澳大湾区发展规划纲要》不难发现，深圳在粤港澳大湾区建设中被明确赋予了三重身份：在空间概念上，深圳是一个极点城市；在经济概念上，深圳是一个中心城市；在创新概念上，深圳是一个引擎城市。

(一)极点城市

在空间意义上，深圳是粤港澳大湾区的一个极点城市。但深圳并不是单独构成一个极点，而是和香港强强联合，以双城的方式构成“深圳—香港”极点，是粤港澳大湾区三个极点之一。[②]

如前所述，粤港澳大湾区首先是一个空间概念：一方面，这个空间从属于更大的宏观空间，是作为腹地的“珠江—西江”经济带的一部分，也是跨广东、广西和贵州三省区的国家战略的一部分，不仅要在未来带动中国中南、西南地区的发展，而且还要将影响辐射到东南亚、南亚一带；另一方面，在粤港澳大湾区总

---

① 《中共中央　国务院关于支持深圳建设中国特色社会主义先行示范区的意见》，人民出版社2019年版，第2页。

② 《粤港澳大湾区发展规划纲要》，人民出版社2019年版，第11页。

面积 5.6 万平方公里的广大区域之内，空间分布并非是均衡的，而是呈现“极点带动，轴带支撑”的特点。

首先，如图 12.1 所示，粤港澳大湾区整体是由包括“深圳—香港”在内的三个极点带动的。极点原本是一个几何学概念，在一般意义上泛指一个系统内不能超过的界限，在具体意义上则指极坐标系统中角坐标的顶点或球体上一个圆轴的两端之一，具有顶端、极致、核心等含义。粤港澳大湾区的三个极点并非由单体城市构成，而是由三对强强联合的城市构成各自独立又相互联通联动的“双城”极点。其中，“香港—深圳”是粤港澳大湾区东南部极点，主要带动的周边城市包括东莞和惠州；“广州—佛山”是粤港澳大湾区北部极点，主要带动的周边城市是肇庆；“澳门—珠海”是粤港澳大湾区西南部极点，主要带动的周边城市包括中山和江门。三极点六城市构成粤港澳大湾区鼎立的三足，而相比“广州—佛山”和“澳门—珠海”这两个极点或两对“双城”，“香港—深圳”堪称极点中的极点、双城中的双城。而同与自己强强联合的城市香港相比，极点城市深圳有自己的特点，且已经在 2018 年超越香港成为粤港澳大湾区经济总量第一城。

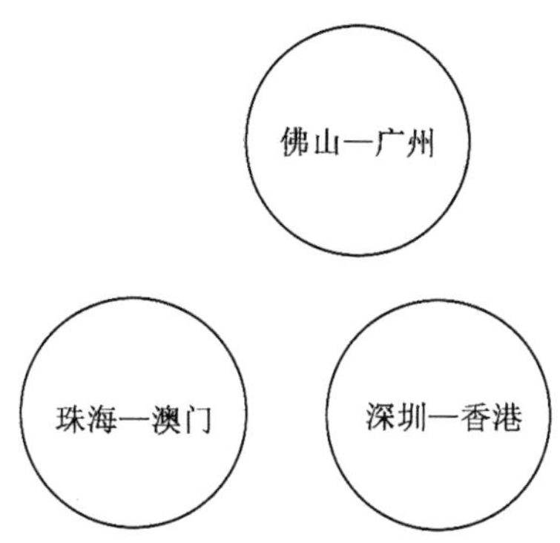

图 12.1　粤港澳大湾区三个极点

其次，如图 12.2 所示，粤港澳大湾区整体上由三极点六城市连接成的轴带支撑。在港珠澳大桥建成之前，只有两个极点中的四个城市在陆地上自然相连，分别是香港、深圳（包括东莞）、广州和佛山。其中，香港、深圳（包括东莞）、广州连成一条由北向南的直线，形成粤港澳大湾区的黄金中轴线，而深圳恰好居于这根黄金中轴线的中点位置上。港珠澳大桥建成之后，由港珠澳大桥将另一极点上的两个城市澳门和珠海也连接起来，珠海、澳门、香港、深圳（包括东莞）、广州和佛山通过港珠澳大桥连成一个半环形轴带，而深圳仍然居于这个半环形轴带的中点位置上。轴带支撑的基础设施主要是交通网络，不仅包括高速铁路和城际铁路，也包括以高等级公路为主体的快速交通网络；不仅包括在水路上相连的港口群，也包括在空路上相连的机场群。正是由于港珠澳大桥的连通作用，三极点六城市才连成一个环线，而未来以深圳作为核心和起点的“深圳—中山”通道和“深圳—茂名”铁路的建成将使深圳成为极点间和轴带上的中心枢纽。

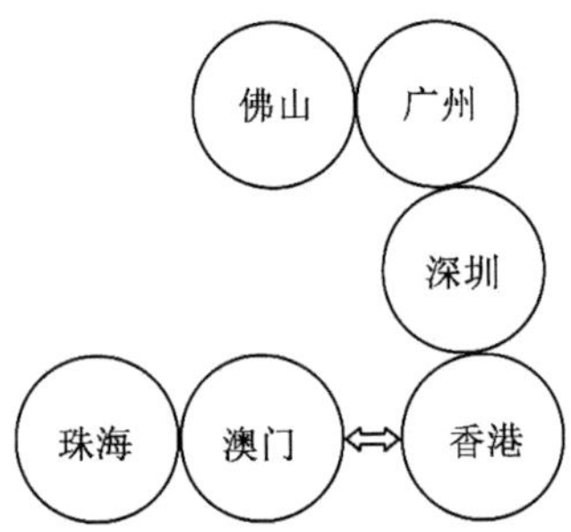

图 12.2　粤港澳大湾区轴带

（二）中心城市

在经济意义上，深圳是粤港澳大湾区的一个中心城市。与极点城市的双城模式不同，深圳作为粤港澳大湾区的一个中心城市是以城市单体来定义的。另外，深圳作为粤港澳大湾区的一个中心城市至少可以从两层意义上来理解：其一，从全国看，深圳是全国性的经济中心城市；其二，从粤港澳大湾区看，深圳以其全国性经济中心的地位成为大湾区中心城市，与广州、香港和澳门一起共同构成未来粤港澳大湾区四个中心。①

虽然在 2010 年 2 月由住建部发布的《全国城镇体系规划（2010－2020 年）》中，深圳未能名列五大国家中心城市，在这一国家级城市定位中与北京、天津、上海、广州、重庆存在距离，但在同年由深圳市政府制定、国务院批复的《深圳市城市总体规划（2010－2020 年）》第一章第五条关于城市性质的说明中，深圳市

① 《粤港澳大湾区发展规划纲要》，人民出版社 2019 年版，第 12 页。

有了特别明确的城市定位—— 一为经济特区，一为国际化城市，一为全国性经济中心城市。从城市职能看，深圳具体又有城市定位：(1)试验区。其职能是国家综合配套改革的试验。(2)示范区。其职能包括自主创新和循环经济科学发展模式两个方面的实践。(3)服务基地。为香港地区的繁荣稳定提供国家支持。(4)国际中心。在"一国两制"框架下与香港共同发展，包括金融、贸易和航运三个方面。(5)产业基地。主要包括国家高新技术和文化两个方面。(6)交通枢纽。包括水、陆、空三个方面。(7)边境口岸。深圳仍将是"一国两制"框架下通往香港特别行政区的边境城市。(8)旅游城市。深圳是国际著名滨海旅游城市。到 2017 年，深圳以 2.24 万亿元的 GDP 总量超越广州位列广东省第一、全国第三，形成京沪深北、东、南三足鼎立之势。到 2018 年，深圳又以 2.422 万亿元的 GDP 总量超越香港位列粤港澳大湾区第一。深圳已从区域性经济中心城市上升为名副其实的全国性经济中心城市。

在《粤港澳大湾区发展规划纲要》中，确立了四个中心城市，分别是深圳、香港、澳门和广州(如图 12.3 所示)。其中，香港作为中心城市定位为国际金融、航运、贸易中心，国际资产管理中心以及风险管理中心；澳门作为中心城市定位为世界旅游休闲中心；广州作为中心城市定位为国际商贸中心和科技教育文化中心，也是五大国家中心城市之一；而深圳延续了之前的城市定位，作为经济特区，定位为全国性经济中心，是国家创新型城市，其目标是建成有国际影响力的创新创意之都。[①]

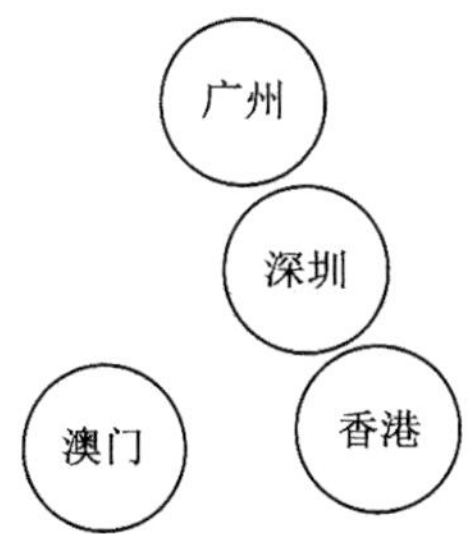

图 12.3　粤港澳大湾区中心城市

与世界上已建成的湾区城市群只设一个中心城市不同，粤港澳大湾区设有

---

① 《粤港澳大湾区发展规划纲要》，人民出版社 2019 年版，第 12—13 页。

四个中心城市，形成多中心格局。但随着大湾区建设的发展，有可能形成中心城市中的核心城市，深圳因其地处中间、水陆相连的地理位置，移民群集、包容性强的文化特征，以及富含科技、体制灵活的城市内涵，最有可能脱颖而出。

（三）引擎城市

在创新概念上，深圳是一个引擎城市。深圳特区设立之初，就包含了引擎城市之意。作为中国改革开放的排头兵，深圳具有与生俱来的探索、试错、示范、引领等特质。今天，深圳作为改革开放成功的城市典范，不仅成为粤港澳大湾区中心城市，也成为全国性经济中心城市和中国特色社会主义创新型城市示范区；不仅是区域发展的发动机，也是国家发展的发动机，甚至在未来还可能成为世界发展的发动机。

引擎本来就是极点城市和中心城市的题中之义。极点在被提出时就被赋予了区域带动含义，即极点是三对“双城”强强联合，以驱动周边城市，如图 12.4 所示。

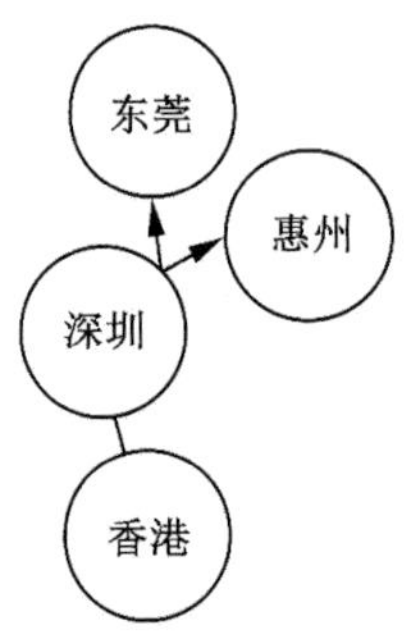

图 12.4 “深圳—香港”驱动周边

深圳作为极点城市与香港强强联合构成双城极点，以其自身的发展动力带动周边的两个节点城市东莞和惠州。可以理解为深圳是“深圳—香港”双引擎之一，在微观区域上与香港相互驱动，并以此带动东莞和惠州，形成四城联动发展格局。中心城市既有微观意义，也有中观意义，是指深圳在中国南部区域内的经济引擎作用。如前所述，深圳也是“珠江—西江”经济带的中心。深圳不仅是粤港澳大湾区经济总量第一城，而且也是中国南方经济总量第一城，在广东、广西、贵州三省区无疑也是中心重镇。最后，深圳的经济总量在全国仅次于上海和北京，位列第三，京沪深已由此形成北、东、南三足鼎立格局，共同构成中国经济的“三驾马车”，是中国能量最大的三个经济发动机。

与中国南方另一传统的中心城市广州更强调客家文化、挖掘侨乡概念不同，深圳作为引擎城市是以科技制度创新、融合全国各地移民文化为其特征，是创新概念上的引擎城市。特别是在增加了“深圳作为建设中国特色社会主义先行示范区”这一新的政治内涵后，其城市建设目标又包括在未来成为综合性国家科学中心，是粤港澳大湾区的国际科技创新中心。深圳拟建设的重大创新载体将主要集中在5G、人工智能、网络空间科学与技术、生命信息与生物医药等方面，在深圳的未来规划中，还包括国际科技信息中心和一个全新机制的医学科学院。深圳发展的短期目标是到2025年建成现代化、国际化创新型城市，中期目标是到2035年成为全国典范并建成具有全球影响力的创新创业创意之都，长期目标则是到本世纪中叶成为竞争力、创新力、影响力卓著的全球标杆城市。因此，深圳不仅要以国家创新型城市发挥在国内城市中的引领作用，而且还要加快建成现代化、国际化城市，旨在努力成为世界之都——一个具有全球影响力的创新创意之都。深圳的引擎城市概念是一个不断发展的概念，是一个从地域到全国，然后从全国再到全世界的动力源概念。

二、深圳的三大理由

深圳的三大理由，就是要回答深圳为什么(Why)或者何以可能拥有上述在粤港澳大湾区建设中三重角色定位的问题。同样，解读《粤港澳大湾区发展规划纲要》，深圳在粤港澳大湾区建设中的三重角色，首先是国家战略的一部分，而在国家战略中之所以委深圳以重任，是根据深圳的发展现状作出的符合实际情况的“顶层设计”。而深圳的发展现状，又是深圳人在国家政策引导下持续奋发图强的历史演进结果，并在历史和现状形成的未来发展方向上与顶层设计的逻辑保持了高度的一致性。因循这样的历史发展，深圳形成了自己独特的城市格局和体制机制，这种城市格局和体制机制也完全支持这样的发展逻辑。

(一)国家战略

1979年，时任广东省委第一书记的习仲勋向中央递交的在广东设立出口特区的报告得到邓小平同志的支持。改革开放的总设计师邓小平在南海边画了一个圈，才有了“几乎一夜崛起”的中国南方第一城深圳。所以，深圳经济特区从一开始就是国家战略顶层设计的产物。41 年后的今天,以习近平同志为核心的党中央开启新征程、谱写新史诗,在南海边画了一个更大的圈——粤港澳大湾区,对于圈中城市深圳来说,无疑是一次更大的历史机遇。

与"深圳经济特区"的设立一样,"粤港澳大湾区"的构想经历了从地方政府规划到国家战略的过程,不同的是,地方政府规划依据来自学术界的设想,即"粤港澳大湾区"构想经历了"学术界—地方政府规划—国家战略"的过程。其中,最早的"粤港澳大湾区"雏形由物理学家、时任香港科技大学校长的吴家玮教授于 1994 年提出,主要对标旧金山湾区,建设以深圳、香港为核心的深港湾区。2014 年,深圳市政府在工作报告中首次提出了"打造湾区经济"的政府规划。次年 3 月,国家发展改革委、外交部、商务部三部委联合发布了《推动共建丝绸之路经济带和 21 世纪海上丝绸之路的愿景与行动》,"深化与港澳台合作,打造粤港澳大湾区"的构想首次出现在国家战略中。

从表 12.1 可知,"粤港澳大湾区"缘起 1994 年,由民间学术界提出,由地方政府采纳,历经 20 年时间,开始进入国家战略,由国家主席习近平亲自主持,先后由国务院相关部委、中共中央、国务院、全国人大、中央政治局常委会等顶层领导机构进行"顶层设计",先后在《中华人民共和国国民经济和社会发展第十三个五年规划纲要》(2016 年)、《关于深化泛珠三角区域合作的指导意见》(2016 年)、《深化粤港澳合作 推进大湾区建设框架协议》(2017 年)、《粤港澳大湾区发展规划纲要》(2018 年)、《中共中央 国务院关于建立更加有效的区域协调发展新机制的意见》(2018 年)、《粤港澳大湾区发展规划纲要》(2019 年)以及《中共中央 国务院关于支持深圳建设中国特色社会主义先行示范区的意见》(2019 年)等一系列文件中对深圳的城市定位和未来发展方向进行了全面规划。

表 12.1 粤港澳大湾区构想推进时间表

年份	构想内容	构想来源
1994	对标旧金山湾区,打造深港湾区	吴家玮
2005	对标东京湾区,打造南沙湾区	广州市政府
2014	打造湾区经济	深圳市政府

续表

年份	构想内容	构想来源
2015	深化与港澳台合作，打造粤港澳大湾区	国家发展改革委、外交部、商务部
2016	推动粤港澳大湾区和跨省区重大合作平台建设	中共中央
2016	广州、深圳携手港澳，共同打造粤港澳大湾区，建设世界级城市群	国务院
2017	推动内地与港澳深化合作，研究制定粤港澳大湾区城市群发展规划	全国人大
2017	《深化粤港澳合作　推进大湾区建设框架协议》	习近平主席、林郑月娥长官、崔世安长官、何立峰主任、马兴瑞省长
2018	《粤港澳大湾区发展规划纲要》	中央政治局常委会议
2018	以香港、澳门、广州、深圳为中心引领粤港澳大湾区建设，带动“珠江—西江”经济带创新绿色发展	中共中央、国务院
2019	《粤港澳大湾区发展规划纲要》	中共中央、国务院
2019	建设中国特色社会主义先行示范区	中共中央、国务院

（二）发展现状

兴办经济特区 40 年，深圳取得了巨大的成就，已成为我国改革开放的重要窗口。今天，深圳的发展现状获中共中央和国务院的肯定，被誉为“一座充满魅力、动力、活力、创新力的国际化创新型城市”。①

2019 年 11 月 12 日，《全球城市竞争力报告 2019－2020：跨入城市的世界 300 年变局》发布，这是一份来自中国社科院的研究报告，是中国社科院的财经战略研究院与联合国人居署的合作研究项目。在本次报告中，深圳在全球 1 006 个城市的经济竞争力测评排位中位居全球第四、中国第一，见表 12.2。

① 《中共中央　国务院关于支持深圳建设中国特色社会主义先行示范区的意见》，人民出版社 2019 年版，第 1 页。

表 12.2　　全球城市经济竞争力二十强(2019—2020 年)[①]

城　市	国家(地区)	排　名
纽约	美国	1
伦敦	英国	2
新加坡	新加坡	3
深圳	中国	4
圣何塞	美国	5
东京	日本	6
旧金山	美国	7
慕尼黑	德国	8
洛杉矶	美国	9
上海	中国	10
达拉斯—佛尔沃斯堡	美国	11
休斯敦	美国	12
香港	中国	13
都柏林	爱尔兰	14
首尔	韩国	15
波士顿	美国	16
北京	中国	17
广州	中国	18
迈阿密	美国	19
芝加哥	美国	20

相比 2018 年的排名第五(见表 12.3),深圳超越了洛杉矶这个国际性大都市,又上升了 1 名。

① 中国社科院的财经战略研究院:《全球城市竞争力报告 2019—2020:跨入城市的世界 300 年变局》,http://gucp.cssn.cn/sy_111018/qqcsjzlpm/201911/t20191117_5040473.shtml。

表 12.3　　全球城市经济竞争力二十强(2018—2019 年)①

城　市	国家(地区)	排　名
纽约	美国	1
洛杉矶	美国	2
新加坡	新加坡	3
伦敦	英国	4
深圳	中国	5
圣何塞	美国	6
慕尼黑	德国	7
旧金山	美国	8
东京	日本	9
休斯敦	美国	10
香港	中国	11
达拉斯	美国	12
上海	中国	13
广州	中国	14
首尔	韩国	15
都柏林	爱尔兰	16
迈阿密	美国	17
波士顿	美国	18
北京	中国	19
法兰克福	德国	20

同时发布的 2019 年全球城市可持续竞争力排名中,深圳首次进入二十强榜单,位列全球城市第十九名、中国城市第二名(仅次于位列全球第七的香港),见表 12.4。

① 中国社科院的财经战略研究院:《全球城市竞争力报告 2018—2019:跨入城市的世界 300 年变局》,http://gucp.cssn.cn/sy_111018/qqcsjzlpm/201901/t20190109_4808627.shtml。

表 12.4 全球城市可持续竞争力二十强(2019—2020 年)[①]

城　市	国家(地区)	排　名
新加坡	新加坡	1
东京	日本	2
纽约	美国	3
伦敦	英国	4
旧金山	美国	5
巴黎	法国	6
香港	中国	7
大阪	日本	8
洛杉矶	美国	9
芝加哥	美国	10
巴塞罗那	西班牙	11
莫斯科	俄罗斯	12
斯德哥尔摩	瑞典	13
首尔	韩国	14
慕尼黑	德国	15
斯图加特	德国	16
波士顿	美国	17
马德里	西班牙	18
深圳	中国	19
法兰克福	德国	20

相比 2018 年的排名第四十八，深圳超越北京等城市上升 29 名，见表 12.5。

① 中国社科院的财经战略研究院:《全球城市竞争力报告 2019—2020:跨入城市的世界 300 年变局》,http://gucp.cssn.cn/sy_111018/qqcsjzlpm/201911/t20191117_5040473.shtml。

表 12.5　　全球城市可持续竞争力二十强(2018—2019 年)①

城　市	国家(地区)	排　名
纽约	美国	1
东京	日本	2
伦敦	英国	3
新加坡	新加坡	4
洛杉矶	美国	5
香港	中国	6
波士顿	美国	7
西雅图	美国	8
休斯敦	美国	9
多伦多	加拿大	10
大阪	日本	11
悉尼	澳大利亚	12
旧金山	美国	13
首尔	韩国	14
巴黎	法国	15
芝加哥	美国	16
阿姆斯特丹	荷兰	17
温哥华	加拿大	18
圣何塞	美国	19
亚特兰大	美国	20

根据 2018 年末的统计，深圳常住人口 1 302.66 万人，实现 GDP 总量 2.422 万亿元人民币，同比增长 7.6%，位列粤港澳大湾区第一名，人均 GDP 近人民币 20 万元，仅次于澳门和香港，位列粤港澳大湾区第三名。深圳现在有着多个不同但相互支持的城市定位，包括中国特色社会主义先行示范区、全国经济中心、国家科技创新中心、区域金融中心、商贸物流中心等，其优势主要集中

① 中国社科院的财经战略研究院：《全球城市竞争力报告 2018—2019：跨入城市的世界 300 年变局》，http://gucp.cssn.cn/sy_111018/qqcsjzlpm/201901/t20190109_4808627.shtml。

在高新技术产业、金融服务、创意文化、外贸出口、海洋运输等多个领域。今天的深圳是一个兼具开放性、包容性、创新性的新兴移民城市，有着“最具经济活力城市”和“最具创新力城市”等美誉。

表 12.6　　**深圳经济特区发展现状**

2018 年 GDP	24 221.98 亿元	大湾区第一，全国第三
2018 年人均 GDP	189 568 元	大湾区第三，仅次于澳门、香港
常住人口	1 302.66 万人	大湾区第二，仅次于广州
土地面积	1 996.85 平方公里	较珠海、香港、澳门大
普通高等院校	13 所	深圳大学、南方科技大学为“双非”大学中的佼佼者
国家级实验室创新载体	103 个	仅次于广州
城市定位	中国特色社会主义先行示范区、全国经济中心、国家科技创新中心、区域金融中心、商贸物流中心	国家战略 顶层设计
2018 年专利申请量	22.86 万件	全国第一
2018 年专利授权量	14.02 万件	全国第一
第一产业占比	0.1%	
第二产业占比	41.1%	
第三产业占比	58.8%	
主要发展动力	互联网、通信、智能硬件、金融	
大型企业总部	华为、腾讯、比亚迪、欧菲光等	
城市美誉	最具经济活力城市、最具创新力城市、最受农民工欢迎城市	

（三）历史演进

深圳经济特区的构想最早可追溯到 1978 年。1978 年 4 月，由中共中央和国务院派出的一支港澳考察团前往香港和澳门考察经济，回京后向党中央和国务院呈交了《港澳经济考察报告》，初步提出了“借鉴香港和澳门的经验，在广东的宝安和珠海两地建出口基地”的设想。1979 年 2 月，当时的广东省委书记吴南生在考察汕头后，也在一份提交给广东省委的报告中提出了“在汕头划出一块特殊区域发展外资经济”的设想。

吴南生的报告得到了时任广东省委第一书记习仲勋的支持，并在 1979 年 3

月3日召开的广东省委常委会议上讨论通过。同年4月，习仲勋赴京参加中央工作会议时，其向中央提出的“在广东建出口基地和发展外资经济”的建议得到邓小平的支持，并亲自把原报告中的“贸易合作区”更名为“特区”。1979年7月15日，决定在深圳、珠海、汕头和厦门试办“出口特区”的50号文件由中共中央和国务院颁布。“出口特区”在广东省规划和筹建时，又经广东省特区建设负责人吴南生建议更名为“经济特区”。1980年8月，全国人大常委会正式颁布《广东省经济特区条例》，决定成立深圳“经济特区”，深圳“经济特区”建设自此正式拉开了序幕。

深圳“经济特区”的建设得到邓小平的高度重视和支持，邓小平于1984年和1992年两度视察深圳，并发表重要讲话，为深圳“经济特区”点赞加油。1984年1月，年仅5岁、GDP年增长高达100%(相比1979年已增长了10倍)的深圳“经济特区”，迎来了年逾八旬的邓小平的第一次视察。邓小平为深圳亲笔题写了“深圳的发展和经验证明，我们建立经济特区的政策是正确的”，对深圳“经济特区”建设给予了充分肯定，在讲话中更是提出了“贫穷不是社会主义”的著名论断。

1992年1月，刚满13岁、GDP年增长高达38%(相比1979年已增长了88倍)的深圳“经济特区”，又迎来了88岁高龄的邓小平的第二次视察。在初具规模的深圳“经济特区”参观皇岗口岸、登上50层高的深圳国贸大厦、考察深圳先科公司、浏览深圳华侨城微缩景区和巡视蛇口工业区后，邓小平提出了“计划经济不等于社会主义，市场经济不等于资本主义”的著名论断，再次为深圳“经济特区”点赞加油。

从1979年撤宝安县建深圳市，迄今整整41年。41岁的深圳，刚跨入不惑之年，日渐成熟。从当初的“宝安有三宝：苍蝇、蚊子、沙井蚝”的不知名小渔村，发展成为有着罗湖、福田、南山、盐田4个区的深圳经济特区，又发展成为今天拥有“2个主中心+5个副中心”的中国南方第一城。今天的“2个主中心+5个副中心”格局中，2个城市主中心指的是“福田—罗湖中心”和“前海中心”，5个城市副中心指的是龙华、光明、龙岗大运、坪山和盐田。未来粤港澳大湾区的第一城深圳，将升级为“2城市核心+2城市中心”的大格局。其中，“2城市核心”指的是“大前海城市新核心”和“南山福田罗湖全域核心”，“2城市中心”指的是由龙岗中心城和坪山组成的“东部中心”以及由大空港和沙井组成的“西部中心”。

1979 年建市之初，深圳 GDP 仅为 1.98 亿元，人均 GDP 仅 606 元。香港 GDP 为 1 490.64 亿元，是深圳的 700 多倍，人均 GDP 达 30 238 元，是深圳的 50 倍。经过 40 年的飞速发展，深圳创造了年均增长率 22%的奇迹。到 2018 年，深圳的 GDP 达到 24 221.98 亿元，首次超过了同年香港的 24 000.98 亿元，见表 12.7。

表 12.7　　深圳历年 GDP(1987—2018 年)[①]

年　份	GDP(亿元)	同比增长(%)
1987	56	34.23
1988	87	55.60
1989	116	32.97
1990	172	48.43
1991	237	37.86
1992	317	34.08
1993	449	41.59
1994	615	41.33
1995	796	32.60
1996	950	24.47
1997	1 297	23.76
1998	1 534	18.35
1999	1 804	17.52
2000	2 187	21.23
2001	2 482	13.49
2002	2 969	19.66
2003	3 586	20.74

① 数据来源：好金贵财经网，https://www.haojingui.com/gdp/5139.html，并参照中研网，http://finance.chinairn.com/News/2020/01/14/170347542.html。作者对 2003 年和 2004 年的数据进行了修正。

续表

年　份	GDP(亿元)	同比增长(%)
2004	4 282	19.41
2005	4 926	15.62
2006	5 813	17.43
2007	6 801	16.99
2008	7 786	14.48
2009	8 201	5.32
2010	9 581	15.97
2011	11 502	20.93
2012	12 950	12.59
2013	14 500	11.97
2014	16 002	8.8
2015	17 500	8.9
2016	19 492	9.0
2017	22 286	8.8
2018	24 222	7.5

在大力发展经济的同时，深圳经济特区高度重视教育事业，先后在 1983 年和 2012 年建立深圳大学和南方科技大学两所大学，在 1993 年和 2002 年建立深圳职业技术学院和深圳信息职业技术学院两所职业技术学院。目前，深圳有普通高等学校共 13 所，在校大学生人数已达 10.38 万人。虽然深圳大学和南方科技大学目前还是“双非”大学，但实力不可小觑，未来前景不可估量。2019 年 8 月 15 日公布的软科世界大学学术排名中，几乎与特区同龄的深圳大学仅次于中山大学和华南理工大学，位列广东省高校中的第 3 位、中国内地大学中的第 33 名。南方科技大学则是一所仅有 8 年校龄、根据世界一流理工科大学的学科设置和办学模式创办的新创大学，其宗旨除了以成为世界一流大学作为发展目标外，还包括“面向国家和珠三角地区战略性新兴产业发展的重大需求”，是囊括了理、工、医、人文、社科、管理等多学科的综合性大学。

2019 年 8 月，中共中央、国务院在最新发布的《中共中央　国务院关于支持深圳建设中国特色社会主义先行示范区的意见》中，明确了深圳未来中短期发展方向，即5年内（到2025年）要"建成现代化、国际化创新型城市"，15年内（到2035年）要"成为我国建设社会主义现代化强国的城市范例"，30年内（到本世纪中叶）要"成为竞争力、创新力、影响力卓著的全球标杆城市"。[①]

三、深圳的四大建设

深圳的四大建设，就是要回答如何（How）做才能实现在粤港澳大湾区建设中三重角色预期的问题。为了完成深圳未来极点城市、中心城市和引擎城市三个城市的目标，深圳需要建成创新中心、金融中心、交通中心和文化中心共四个中心。

（一）创新中心

习近平总书记曾指出："科技是国之利器，国家赖之以强，企业赖之以赢，人民生活赖之以好。"[②]把它运用到城市发展上，就是"科技是城之利器，城市赖之以强，企业赖之以赢，市民生活赖之以好"，而这些正是深圳经济特区发展的真实历史写照，也是未来要保持并升级发展的方向。

同样，习近平总书记关于科技创新强国的论述也可以用到科技创新强市上。即一个城市如何才能成为创新型城市？如何依赖科技创新强市？这就要使城市成为全国乃至全世界的"主要科学中心和创新高地"，使城市"拥有一批世界一流的科研机构、研究型大学、创新型企业，能够持续涌现一批重大原创性科学成果"。[③]

在粤港澳大湾区的11城中，深圳和香港都是以科技创新为其城市特色的。而在广东9城中，深圳是唯一一个以创新为其特色的城市。从设立经济特区、撤宝安县建深圳市那一天起，深圳就是中国改革开放、标新立异的代名词。深圳虽然在全国领创新之先，从国际上看却还是从模仿开始的。至少在相当长的

---

① 《中共中央　国务院关于支持深圳建设中国特色社会主义先行示范区的意见》，人民出版社2019年版，第3—4页。

② 习近平：《建设世界科技强国》，《习近平谈治国理政》（第二卷），外文出版社2017年版，第267页。

③ 习近平：《建设世界科技强国》，《习近平谈治国理政》（第二卷），外文出版社2017年版，第270页。

时间里，香港都曾是深圳仿效的对象。另外，与所有起步阶段的发展中城市一样，深圳的初始发展也依赖低端代工和低端商业贸易。与其他同样依赖低端代工和低端商业贸易的城市不同的是，近 20 年来，深圳开始升级转型为科技创新型城市。深圳吸引了一批科技创新型企业在鹏城扎根落户，这些企业包括腾讯、华为、大疆、中兴和比亚迪等，它们都是在深圳成长为具有国际竞争力的高新技术企业巨人的。

毫无疑问，深圳的创新驱动发展战略初见成效，已成功升级为科技创新型城市，只是时间还很短，尚在发展阶段。若以拥有世界一流的科研机构、研究型大学作为指标，深圳离全国乃至世界级科学中心和创新高地尚有一段距离，即使已成气候的创新型企业，在数量和品质上也还有待进一步提升。粤港澳大湾区要建设国际科技创新中心的目标，无疑给深圳提供了二次升级为高质量科技创新型城市的重大机遇。深圳的下一个目标是要建成国际科技和产业创新中心，通过进一步实施创新驱动发展战略，从发展阶段的科技创新型城市升级为全国乃至全世界的“主要科学中心和创新高地”，升级为拥有现代化经济体制机制且高质量发展的高地。

首先，要建设世界一流的科研机构。为此，深圳一方面正积极参与多项综合性国家重大科学平台的创建，另一方面全力打造地区性科技创新平台，这些平台包括深港科技创新合作区、西丽湖国际科教城、光明科学城等。

其次，要建设一流的研究型大学。目前深圳只有两所大学，建校时间都不长。深圳大学几乎和深圳经济特区同龄，建于 1983 年，校龄 37 岁。南方科技大学建于 2012 年，校龄仅 8 岁。两所大学目前都还是“双非”大学，按主流的标准尚难跻身国内一流大学之列。但两所大学都完成了跨越式发展，且以服务深圳的科技创新转型为己任。特别是南方科技大学，具备一般大学所不具备的体制优势。深圳要建设一流的研究型大学，仍然要以这两所大学为基础，同时加强合作办学，让世界各地的一流大学能在深圳办分校，走一条非常规、跨越式的高等教育发展之路。

最后，要建设一流的企业创新中心。深圳已经在规划建设中的共有 10 个制造业创新中心，主要涉及 5G、集成电路、海洋工程装备、新型显示、新能源汽车、机器人、石墨烯、增材制造、航空航天装备、精准医疗等新兴高科技产业领域。

(二)金融中心

以1990年12月1日开始营业的深圳证券交易所为标志和核心，深圳无疑是中国最重要的两个金融中心之一，与以上海证券交易所为标志和核心的上海组成中国的资本市场双璧。经国务院批准设立、受中国证监会监督管理的深圳证券交易所，是全国性证券交易场所，经过近30年的发展，不仅为深圳本地的优秀企业上市和融资做出了贡献，而且也为全国各地的优秀企业上市和融资做出了贡献。在深圳证券交易所上市的企业累计已达2 000多家，真正实现了以证券融资服务于实体经济。深圳要成为世界金融中心，首要任务就是将深圳证券交易所建设成为世界一流的证券交易所，要在行业水准、行业规范、法律法规、服务水平等方面向国际一流的交易所迈进。这正是《粤港澳大湾区发展规划纲要》中对深圳提出的要求，即“支持深圳依规发展以深圳证券交易所为核心的资本市场，加快推进金融开放创新”。① 而在中共中央和国务院关于建设先行示范区的意见中，则更明确地提出了深圳证券交易所未来要重点研究创业板的“发行上市、再融资和并购重组”问题，用创业板更好地服务实体经济。②

但粤港澳大湾区对深圳未来金融发展的要求，已不仅是发展以深圳证券交易所为标志和核心的资本市场这么简单，而是要在此基础上与香港、广州、澳门联手，共同“建设国际金融枢纽”。③

共同“建设国际金融枢纽”，并不是各城市整齐划一，而是首先要形成错位发展、优势互补，然后，各城市在错位发展的基础上寻求互联互通的协同发展，整合资源，最后形成一个整体性的国际金融枢纽。

从错位发展看，深圳要做的是大力发展自己的“特色金融产业”。如果说香港和广州的“特色金融产业”被定义为绿色金融，澳门的“特色金融产业”被定义为租赁金融，那么深圳的“特色金融产业”则被定义为保险金融，与香港、广州以及澳门相互错位发展，深圳的目标是要建成一个保险创新发展试验区。④

---

① 《粤港澳大湾区发展规划纲要》，人民出版社2019年版，第28页。

② 《中共中央　国务院关于支持深圳建设中国特色社会主义先行示范区的意见》，人民出版社2019年版，第5页。

③ 《粤港澳大湾区发展规划纲要》，人民出版社2019年版，第27页。

④ 《粤港澳大湾区发展规划纲要》，人民出版社2019年版，第28页。

从协同发展看，深圳要做的是“有序推进金融市场互联互通”。深圳与香港互联互通，主要是使两地以证券交易所核心业务形成相互学习、相互促进、相互认证的机制，扩大深港之间人民币跨境使用规模与范围，完善“深港通”和“债券通”。深圳与澳门互联互通，主要是在特色金融产业方面形成对接与合作，同样需要扩大深澳之间人民币跨境使用规模与范围，完善“债券通”。[①]

（三）交通中心

以“加快基础设施互联互通”为内在需求，以向外形成开放通道为外在需求，粤港澳大湾区要在未来“构建现代化的综合交通运输体系”。[②] 这同样也是粤港澳大湾区中每一个单体城市在未来的发展任务，深圳尤其如此。深圳地处大湾区东岸的中部，不仅连通香港和内地，也连通海路和陆路，是枢纽中的枢纽。因此，深圳在未来要建设成为大湾区的交通中心，也面临着内部联通和外部联通两个方面的基础设施建设。

首先，深圳的陆路交通运输体系建设。智能化是交通运输业态发展的新方向，也是实现内部联通和对外联通的重要手段。深圳交通运输智能化的核心是正在建设中的一体化智慧交通运输管控平台，该平台能接入全市监控视频，实时监测和发布主要的公路、地铁、机场、口岸、隧道等动态交通人流信息，真正实现用实时动态图像全面感知呈现，以达到全局掌控、应急联动、风险可控的智能化目标。在此基础上，再与其他城市的智慧交通运输管控平台进行互联，就能实现城市间乃至整个大湾区的交通运输实时监测。

在实现和保持市内通勤高效通畅的前提下，深圳还要促进和满足“长距离、高频率”的城市间通勤需求。深圳计划中的深港莞惠“1 小时通勤圈”以及深莞惠河汕“2 小时交通圈”正是对这一未来态势的一个政府规划，拟建设的有 1 100 公里轨道网、3 000 多公里公交网以及 1 000 公里自行车道网，以实现深圳通过轨道网直达大湾区各城市。

其次，深圳的海路交通运输体系建设。作为珠三角港口城市，集装箱吞吐量位居国内第三、全球第四的深圳，首先要与同为珠三角港口城市的香港和广州形成错位发展，实现优势互补，在此基础上完成港口和航道设施建设的全面

① 《粤港澳大湾区发展规划纲要》，人民出版社 2019 年版，第 28—29 页。

② 《粤港澳大湾区发展规划纲要》，人民出版社 2019 年版，第 19 页。

优化升级，并进一步完善与陆路的互联互通。

最后，深圳的空路交通运输体系建设。目前深圳宝安机场一年的旅客吞吐量在 5 000 万人次左右，是内地增幅最大的机场。随着不断增加国际客运通航城市，深圳宝安机场急需改建和扩建，以增强其吞吐旅客和货物的能力。在此基础上，还要进一步加强与香港国际机场、澳门国际机场、广州白云机场、珠海金湾机场以及新建的大湾区机场的相互联通，以形成世界级的机场群。

（四）文化中心

人文湾区是粤港澳大湾区的建设目标之一，人文深圳当然也是题中之义。作为先行示范区，深圳文化建设任务可谓不轻，不仅要成为城市文明先行者，而且还要成为城市文明的典范。深圳城市文化的内涵中，第一要义是社会主义核心价值观。[①] 社会主义核心价值观在深圳城市文化中也不能是抽象的，而是要融入深圳城市发展的各个方面和每一个细节，使深圳城市文化既是区域性的，又是全国性的。区域性是指它既能体现深圳城市的独特性，又能弘扬粤港澳大湾区的人文精神，同时还能彰显以社会主义核心价值观为内涵的国家文化软实力。

长期以来，“深圳经济迅猛，文化薄弱”，甚至深圳是“文化荒漠”的说法不绝于耳。这些说法至少都有待商榷，这里不仅包含对深圳“从天而降”的误解，也包含对文化概念的教条理解。首先，深圳并非“从天而降”的无根之城，而是由宝安县蜕变而来，而宝安是广东境内一片地域，也是长期浸润在传统客家文化中的一块土地。其次，并非只有传统文化才是文化，也并非只有符号化的文化才是文化，文化深植于人们的日常生活中，凡有人处，皆有文化。

深圳文化在广东地区具有特殊性：一方面，它在地域上是客家文化区域的一部分，原住民文化就是客家文化；另一方面，深圳是一个移民城市，共有来自全国各地的 55 个少数民族的人生活在此，移民文化构成深圳文化最具特色的一个部分。因此，以广东客家文化为传统和底蕴的移民文化，应该是深圳的文化特色。这个定位，既区别于广州相对比较纯粹和保守的客家文化传统特色，也区别于香港以广东客家文化为传统和底蕴的西化文化。居于传统广州和西

---

① 《中共中央　国务院关于支持深圳建设中国特色社会主义先行示范区的意见》，人民出版社 2019 年版，第 3 页。

化香港之间，深圳文化不仅获得了自己的独特身份，也获得了连接内地文化和香港文化、面向全国乃至世界的独特身份。

中共中央和国务院给深圳文化作出的“开放多元，兼收并蓄”的定位是准确的，符合深圳发展实际情况，同时也是一种鞭策，即深圳未来更需要在这个定位上浓墨重彩，形成鲜明的城市文化特色。另外，“敢闯敢试、敢为人先、埋头苦干”的特区精神也是深圳文化不可或缺的内涵。①

在过去，深圳市政府非常重视利用现有公共文化设施为市民提供公共文化服务，也形成了一批有影响力的优秀文化品牌，但离国际性大都市的标准尚存在很大的距离。因此，深圳未来的文化建设，一方面，要更好地利用现有的公共文化设施，实施文化品牌战略，打造一批有影响力且可持续的文化艺术活动。这些文化艺术活动中的相当一部分，要寻求与香港、澳门地区联合举办，在不断开放的文化艺术活动中，去寻找与香港、澳门同宗同源的最大公约数。另一方面，要建设一大批以国际性大都市作为标准的高水平、高质量的城市公共文化设施，同时将这些拟建的城市公共文化设施与深圳的公共文化服务战略整合起来，形成相互支持的、整体性的深圳城市文化发展战略。

2018 年底，深圳市委审议通过的《深圳市加快推进重大文体设施建设规划》可以看作建设深圳文化基础设施的重大举措，包括“十大特色文化街区”和“新十大文化设施”两个重大文体项目。

“十大特色文化街区”的基本要求包括“都市风情、文化内涵、产业特色、市场需求”四个方面，拟建设的十个特色文化街区包括大鹏所城、南头古城、大芬油画村、观澜版画基地、甘坑客家小镇、大浪时尚创意小镇、大万世居、蛇口海上世界、华侨城创意文化街区和华强北科技时尚街区。“十大特色文化街区”涵盖了明清历史文化遗迹、文化艺术小镇、客家文化古村、文化创意空间、海滨时尚走廊、科技时尚街区等各具特色的不同方面。

“新十大文化设施”对标的是国际一流大都市，拟建造的是能代表深圳未来国际性大都市形象的地标性设施。“新十大文化设施”包括深圳改革开放展览馆、深圳歌剧院、深圳科学技术馆、深圳自然博物馆、深圳创意设计馆、深圳美术

---

① 《中共中央　国务院关于支持深圳建设中国特色社会主义先行示范区的意见》，人民出版社 2019 年版，第 8 页。

馆新馆、深圳海洋博物馆、中国国家博物馆·深圳馆、深圳创新创意设计学院和深圳音乐学院。

参考文献

[1]《中共中央　国务院关于支持深圳建设中国特色社会主义先行示范区的意见》,人民出版社 2019 年版。

[2]《粤港澳大湾区发展规划纲要》,人民出版社 2019 年版。

[3]习近平:《习近平谈治国理政》(第一卷),外文出版社 2014 年版。

[4]习近平:《习近平谈治国理政》(第二卷),外文出版社 2017 年版。

[5]中国社科院的财经战略研究院:《全球城市竞争力报告 2019—2020:跨入城市的世界 300 年变局》,http://gucp. cssn. cn/sy_111018/qqcsjzlpm/201911/t20191117_5040473. shtml。

第十三章　深圳的未来会更加美好

概　要:改革开放以来,深圳城市的国民经济和社会发展取得了举世瞩目的成就,从原先的一个边陲小县城迅速发展成为一个综合实力雄厚的国际化大都市。党的十八大以来,深圳继续保持快速且有质量的发展。随着党中央粤港澳大湾区战略和支持深圳建设中国特色社会主义先行示范区战略的颁布,深圳在"双区"战略的驱动下必定会有一个更加美好的未来。当然,要把宏伟的蓝图变为现实,需要深圳继续发扬特区精神,要继续保持"特别能改革,特别能开放,特别能创新"的干劲,再一次把握住难得的历史机遇,勇于并善于应对各种挑战,真抓实干。深圳在过去40年的改革开放中创造了辉煌,人们期待也相信未来的40年,深圳一定会创造更大的辉煌,深圳的未来一定会更加美好。

改革开放成就了深圳,使它从一个落后的边陲小镇成长为一个在国际上有影响力的现代化国际大都市。中国的改革开放没有完成时,只有进行时,改革开放必将继续成就深圳。

党的十八大以来,深圳认真贯彻落实习近平新时代中国特色社会主义思想,全面深化改革开放,经济建设、政治建设、文化建设、社会建设、生态文明建设等各方面取得了新的显著成绩,为未来的进一步发展奠定了更加坚实的基础。2019年8月,中共中央、国务院发布《中共中央　国务院关于支持深圳建设中国特色社会主义先行示范区的意见》,赋予深圳新的重大使命。过去的40年,深圳在人们的印象中主要是以经济特区的身份出现,从现在起,这一身份就要有所改变了,中国特色社会主义先行示范区的形象将更多地成为人们对深圳的思维意象。当然,这一意象的具体内容需要不断地丰满充实起来,我们完全有理由也完全有信心深圳会再一次紧紧把握住历史机遇,正确应对各种挑战,不负众望，如期建成中国特色社会主义先行示范区，深圳的未来一定会更加美好。

一、党的十八大以来深圳城市发展的重大成就及其经验

党的十八大提出全面建成小康社会和全面深化改革开放，十八届三中全会又通过了《中共中央关于全面深化改革若干重大问题的决定》，提出让市场在资源配置中起决定性作用并更好地发挥政府的作用。十八届五中全会坚持以人民为中心的发展思想，提出了创新、协调、绿色、开放、共享的新发展理念。党的十九大指出，中国特色社会主义进入新时代，我国社会的主要矛盾已经转化为人民日益增长的美好生活需要与不平衡、不充分的发展之间的矛盾。这一判断，进一步为我国今后社会发展指明了前进的方向。

深圳市委市政府紧扣党中央的系列指示精神，深入贯彻落实党的各项指示要求，全面深化改革开放，使深圳在过去 8 年中经济社会发展各方面取得全面进步，为建设中国特色社会主义先行示范区打下了良好的基础。

(一)党的十八大以来的成就

2019 年 1 月 1 日至 4 月 30 日，深圳市进行第四次全国经济普查，这次普查的标准时点为 2018 年 12 月 31 日，普查的时期资料为 2018 年度。这次普查充分运用了现代信息技术手段，普查全过程公开透明，全面摸清了深圳市第二产业和第三产业家底，如实反映深圳市经济社会发展现状。广东省统计局依据深圳市第四次全国经济普查资料公布，统一核算修订后的深圳 2018 年地区生产总值为 25 266.08 亿元。其中，第一产业增加值 22.61 亿元，第二产业增加值 9 995.87 亿元，第三产业增加值 15 247.60 亿元。三次产业的比重为 0.1∶39.6∶60.3。

另外，从深圳市统计局获悉，经初步核算，2019 年深圳地区生产总值为 26 927.09 亿元(以广东省统计局按第四次经济普查数据修订的 2018 年地区生产总值为基数)，按可比价计算，比上年增长 6.7%。其中，第一产业增加值 25.20 亿元，增长 5.2%；第二产业增加值 10 495.84 亿元，增长 4.9%；第三产业增加值 16 406.06 亿元，增长 8.1%。三次产业结构由 2018 年的 0.1∶39.6∶60.3 调整为 2019 年的 0.1∶39.0∶60.9。

从上述数据来看，深圳最近两年的经济社会发展保持平稳的增长态势，第三产业的比重继续增长，整个地区经济继续保持高质量发展。这反映出自党的十八大以来，深圳在习近平新时代中国特色社会主义思想指导下，坚持以人民为中心的发展思想，贯彻落实新发展理念，国民经济和社会发展保持良好势头，不断取得新的成绩。

总结归纳党的十八大以来深圳取得良好成绩的原因，我们认为，深圳在深化经济体制、社会体制重要领域改革中的举措尤其值得人们重视。

首先，深圳在深化经济体制重要领域改革方面有以下一些行动①：

深圳在金融、税制、资源性产品定价等领域进行深度市场化改革并取得突破。在深度工业化方面，深圳为实现产业转型，不仅用好“无形之手”，同时挥动“有形之手”，抢先布局，着力构建以“高、新、软、优”为特征的现代产业体系，进一步增强产业核心竞争力。2016 年 1 月，深圳市政府印发《〈中国制造 2025〉深圳行动计划》，深圳要努力建成国内制造业的先锋城市、国际知名的高端制造业城市。在深度国际化方面，深圳加快推进前海深港合作，积极参与“一带一路”建设。在创新高端化方面，深圳将从以模仿创新和集成创新为主要方式转变为以原始创新和源头创新为主要模式，使深圳能够在世界科技创新中占据一席之地，为此，深圳深化科技创新体制改革，加大力度引进高端技术人才，大力培育高端研发机构，借鉴国际标准以提升特区技术标准。

其次，深圳在深化社会体制重要领域改革方面主要有以下行动：

在深度城市化方面，推进城市更新，促进土地资源循环利用，推进产业结构调整升级；推进城市治理，着力创新社会治理方式，提升智慧城管建设水平，改进深圳城市环境品质，加快建设现代化、国际化的城市环境。在服务均等化方面，大力推进社保均等化、住房均等化、医疗均等化和教育均等化。在高度法治化方面，大力健全特区法规体系，推进司法体制创新，推进执法体系创新，创下诸多“全国之最”和“全国第一”。

上述许多方面的深化改革结出了丰硕的成果：第一，深圳初步完成全面深化改革创新的顶层设计，重点领域改革取得重要的阶段性成果。深圳已经从政

① 陶一桃、魏建漳等著：《深圳改革创新之路（1978－2018）》，中国社会科学出版社 2018 年版，第 38－48 页。

策导向走向制度导向，建立健全社会经济发展的体制机制成为经济特区新时代发展的重要内容。第二，深圳适应经济发展新常态，有效应对经济下行压力，经济实力显著增强。从2012年到2018年，全市地区生产总值年均增长率为9.3%，经济结构由以第二、第三产业为主导转变为以第三产业为主导，结构更优、质量更好。第三，实施创新驱动，着力转型发展，初步实现经济动能转换和经济结构转型升级。深圳将创新作为城市发展主导战略，率先提出并积极构建综合创新生态体系，推动创新从“跟跑”向“并跑”、“领跑”转变，科技进步高效率超过60%，初步实现创新成为深圳经济发展的主要动能。第四，统筹特区内外发展，城市一体化建设取得重大成就，城市现代化、国际化水平凸显。自2010年7月深圳经济特区范围扩大到全市以来，深圳历年不断加大原特区外建设力度，加大政策、资源倾斜力度，提升原特区外城市建设软硬件水平，2020年基本实现特区一体化。深圳在整体推进城市现代化和国际化方面也取得了重大成绩。

（二）取得成就的经验

深圳为什么能取得这么骄人的成就？当然，这离不开党的正确领导。但我们就深圳本身来说，深圳的成功的确还有它本身的独特之处。这个独特之处，我们认为就在于深圳“特别能改革，特别能开放，特别能创新”。深圳本身就是改革开放的产物，从某种意义上对中国人来说，深圳就是改革开放的代名词。深圳一直是改革的“试验田”、开放的“窗口”，承担为改革开放先行探索的使命。它那“杀出一条血路”的勇气和“摸着石头过河”的智慧，为全国改革开放和现代化建设积累了宝贵经验，为探索中国特色社会主义道路做出了重大贡献。它那强烈的创新精神使得深圳不断引领全面深化改革、全面扩大开放，这种创新精神还使得实施创新驱动发展战略具有天然的优势。总之，改革、开放、创新是深圳过去不断取得胜利的重要经验，也必将成为未来建设社会主义先行示范区的重要法宝。

二、社会主义先行示范区的战略定位及其重大意义

2019年8月，中共中央、国务院发布《中共中央　国务院关于支持深圳建设中国特色社会主义先行示范区的意见》。对深圳而言，这是党中央赋予的新使

命，是深圳作为中国率先建成国家创新型城市的新目标、新定位；对国家而言，通过在深圳建设中国特色社会主义先行示范区，发挥先行者的优势和示范引领作用，可以避免走弯路，从而加快实现社会主义现代化强国的进程。先行示范区既要先行，又要示范。示范的意思是可复制、可推广。因此，与当年特区试验田的作用不一样：先行先试重在“敢闯敢干”，而先行示范则体现更高的标准，甚至是国际标准；先行先试只要符合深圳的实际就行，而先行示范既要符合深圳的实际，又要将有关经验制度化、法制化，使其具有普遍的价值，适合全国学习、推广。[①]

（一）战略定位

《中共中央　国务院关于支持深圳建设中国特色社会主义先行示范区的意见》对深圳未来的发展提出了五大战略定位。这五大战略定位及其要求分别如下[②]：

（1）高质量发展高地。深化供给侧结构性改革，实施创新驱动发展战略，建设现代化经济体系，在构建高质量发展的体制机制上走在全国前列。

（2）法治城市示范。全面提升法治建设水平，用法治规范政府和市场边界，营造稳定公平透明、可预期的国际一流法治化营商环境。

（3）城市文明典范。践行社会主义核心价值观，构建高水平的公共文化服务体系和现代文化产业体系，成为新时代举旗帜、聚民心、育新人、兴文化、展形象的引领者。

（4）民生幸福标杆。构建优质均衡的公共服务体系，建成全覆盖、可持续的社会保障体系，实现幼有善育、学有优教、劳有厚得、病有良医、老有颐养、住有宜居、弱有众扶。

（5）可持续发展先锋。牢固树立和践行“绿水青山就是金山银山”的理念，打造安全高效的生产空间、舒适宜居的生活空间、碧水蓝天的生态空间，在美丽湾区建设中走在前列，为落实联合国 2030 年可持续发展议程提供中国经验。

针对上述五大战略定位，《中共中央　国务院关于支持深圳建设中国特色

---

① 王小广：《中国特色社会主义先行示范区怎么干》，《瞭望》，2019 年 8 月 3 日。

② 《中共中央　国务院关于支持深圳建设中国特色社会主义先行示范区的意见》，人民出版社 2019 年版，第 3 页。

社会主义先行示范区的意见》要求深圳实现五个“率先”，即“率先建设体现高质量发展要求的现代化经济体系”、“率先营造彰显公平正义的民主法治环境”、“率先塑造展现社会主义文化繁荣兴盛的现代城市文明”、“率先形成共建共治共享共同富裕的民生发展格局”、“率先打造人与自然和谐共生的美丽中国典范”。这五个“率先”详细描绘了深圳未来建设中国特色社会主义先行示范区的宏伟蓝图。

（二）重大意义

党和国家支持深圳建设中国特色社会主义先行示范区具有非常重大的意义。对这种重大意义，《中共中央　国务院关于支持深圳建设中国特色社会主义先行示范区的意见》明确指出主要体现在三个方面：首先，它有利于在更高起点、更高层次、更高目标上推进改革开放，形成全面深化改革、全面扩大开放新格局；其次，它有利于更好实施粤港澳大湾区战略，丰富“一国两制”事业发展新实践；最后，它有利于率先探索全面建设社会主义现代化强国新路径，为实现中华民族伟大复兴的中国梦提供有力支撑。

三、抓住机遇，应对挑战，创造美好未来

党和国家对深圳赋予了伟大的使命，让其承担重大的担当。勇敢地承担起这种担当，坚决地完成这个使命，只要深圳继续发扬“特别能改革、特别能开放、特别能创新”的精神，对照《中共中央　国务院关于支持深圳建设中国特色社会主义先行示范区的意见》绘制的蓝图，心无旁骛，脚踏实地，真抓实干，深圳必定会创造出一个更加光明、美好的未来。

（一）抓住机遇，积极行动

2019 年 9 月 17 日，中共深圳市委六届十二次全会召开。全会的焦点就是：以习近平新时代中国特色社会主义思想为指导，深入学习贯彻习近平总书记关于广东、深圳工作的重要讲话和指示批示精神，学习贯彻《中共中央　国务院关于支持深圳建设中国特色社会主义先行示范区的意见》（以下简称《意见》），贯彻落实省委十二届七次全会部署，讨论并通过了《深圳市建设中国特色社会主义先行示范区的行动方案（2019－2025 年）》（以下简称《行动方案》）。《行动方案》把《意见》每一项任务逐一细化、分解、落实，充分衔接 2025 年“建成现代化、

国际化创新型城市”的第一阶段发展目标，对标全球最高、最好、最优，分阶段推动未来 6 年先行示范区各项重点工作。《行动方案》分为三个部分，共 127 项具体工作举措。其中，第一部分是全力推动一批重大政策、重大改革、重大任务落地实施。这部分提出了 7 项重大牵引性工作，包括全面深化前海改革开放、加快创建深圳综合性国家科学中心、加快建设深港科技创新合作区、实施综合授权改革试点、用足用好经济特区立法权、开展国际人才管理改革、创造条件推动注册制改革。第二部分聚焦富强、民主、文明、和谐、美丽，对照《意见》五个“率先”的任务部署，明确了 8 个方面的百余项具体工作举措。第三部分是保障措施，包括全面加强党的领导和党的建设、强化组织协调、加强政策保障、构建实施机制、鼓励全社会参与等。

全会强调，勇担建设中国特色社会主义先行示范区的伟大历史使命，必须深入领悟习近平总书记、党中央的战略意图，深刻领会建设中国特色社会主义先行示范区是党中央着眼于展现中国特色社会主义真理力量、彰显“四个自信”的重大战略；是着眼于在更高起点、更高层次、更高目标上推进改革开放，形成全面深化改革、全面扩大开放新格局的重大战略；是着眼于更好实施粤港澳大湾区战略、丰富“一国两制”事业发展新实践的重大战略；是着眼于率先探索全面建设社会主义现代化强国新路径、为实现中华民族伟大复兴的中国梦提供有力支撑的重大战略。全会号召，全市各级党组织和全体党员干部要扎扎实实扛起沉甸甸的主体责任，以“开局就是决战、起步就是冲刺”的精神状态以及“舍我其谁、当仁不让”的责任感和使命感，创造出无愧于党、无愧于人民、无愧于历史的新业绩，把建设先行示范区作为深圳一切工作的总牵引、总要求，围绕实现 2025 年第一阶段发展目标，奋力跑好先行示范区建设“第一程”。2019 年 11 月 26 日，广东省审议通过《关于支持深圳建设中国特色社会主义先行示范区的若干重大措施》，提出要举全省之力支持深圳建设中国特色社会主义先行示范区。人们可以相信，深圳市、广东省有如此的执行力、行动力，这就为顺利把中国特色社会主义先行示范区的蓝图最终变成现实提供了坚实可靠的保障。

（二）应对挑战，成就未来

当然，美好宏伟的蓝图绘就了，翔实的行动方案（第一程）也制订了，但是，在前进的道路上肯定不会一帆风顺，而是极有可能要面对许多严峻的挑战和困难，对此，我们也一定要预先有所准备，只有勇于并善于应对各种挑战，才能成就美好未来。根据相关研究对深圳过往 40 多年改革开放历程的观察，也根据我们对习近平新时代中国特色社会主义思想的学习感悟，可以预见，深圳在未来建设中国特色社会主义先行示范区的过程中肯定会遇到相当多的、各种各样的困难和问题，要接受同样相当多的、各种各样的挑战。本文这里挂一漏万，仅就其中的几个方面略作论述。

第一，在进一步推动经济建设的同时要更加注重社会建设。这里所说的社会建设，主要是指民生领域的建设，包括教育、医疗、住房、公共交通、文体设施等方面。“目前，从深圳社会现代化指标的状况来看，与英克尔斯等学者的标准相比，深圳基本上已经实现了较高的现代化水平，多数社会发展指标一度领先国内平均水平和其他城市。但是，通过社会现代化的国际对比来看，与美国、日本、新加坡及中国香港等发达国家和城市相比，部分领域仍然存在一定的差距，民生建设各领域的结构性矛盾比较突出，尚未完全满足深圳居民的民生期盼。”①比如，相关统计显示，近 8 年来，除 2014 年外，深圳每年的公办普通高中录取率均不到 50%，这意味着每年有一半的初中毕业学生上不了公办普通高中。对比其他一线城市，2018 年北京普通高中录取率为 85.7%，上海是 65%，广州是 69%，可见，深圳的差距还不小。再如，医疗卫生水平也是深圳的一个短板，深圳医学院学生少，高水平医院少，完全不匹配深圳作为一线大城市的地位。所以，深圳未来要努力补齐社会发展短板，提升社会发展水平，努力建设更高质量的民生幸福之城。

第二，积极推进行政体制改革，努力构建服务型政府。深圳过去几十年的改革开放历程中，创造了很多“全国第一”和“全国之最”，但它们大多只是属于行政行为而不属于行政体制改革。不仅如此，从行政体制改革领域来看，在过去的改革开放过程中，深圳有些时候并不比内地其他城市领先，有的地方还要向它们学习。比如，有研究者指出：“1993 年到 2001 年，深圳市政府没有大规模系统性的行政体制改革，仅有的第六次党政机构改革，是在中央统一部署下被动执行的。”“1993 年到 2001 年，除行政审批制度改革之外，深圳市其他的改革举措在全国的影响力明显减弱。甚至而言，这一时期国内政府管理当中影响力

① 陈少兵、谢志岿等：《深圳社会建设之路》，中国社会科学出版社 2018 年版，第 363 页。

显著的创新举措，如政务公开、行政审批、政府服务‘承诺制’、‘首问责任制’、‘一条龙’及‘窗口’式办公制度等均是其他地方实施之后，深圳才开始推行的。”[①]当中国加入世界贸易组织之后，深圳的行政改革是在激烈竞争的环境中所产生的危机的推动下开展的，这一阶段的两次大规模行政改革的最初动因是落实上级政府的部署。党的十八大以后，党中央加快推进行政体制改革、转变政府职能，强调简政放权、放管结合，建设服务型政府成为当前我国社会发展的必然趋势。随着中国特色社会主义进入新时代，我国经济发展处于新常态，社会也越来越信息化、全球化，民众权利意识不断增强，如何处理好政府与市场、社会的关系是包括深圳政府在内的各级政府要认真对待、认真思考的问题。十八届三中全会通过的《中共中央关于全面深化改革若干重大问题的决定》提出，我国全面深化改革的总目标是完善和发展中国特色社会主义制度，推进国家治理体系和治理能力现代化。必须更加注重改革的系统性、整体性、协同性，加快发展社会主义市场经济、民主政治、先进文化、和谐社会、生态文明，让一切劳动、知识、技术、管理、资本的活力竞相迸发，让一切创造社会财富的源泉充分涌流，让发展成果更多更公平惠及全体人民。然而，“深圳政府管理中存在的一个基本问题是，无论是政府自身的自我约束机制还是外在控制机制都还不完善，这使本来稀缺的政府资源不能保证运用目标的公共性和运行过程的科学性，其结果是腐败现象的日趋严重和决策失误时有发生，严重影响了政府的合法性和有效性”。[②] 党的十九届四中全会通过的《中共中央关于坚持和完善中国特色社会主义制度　推进国家治理体系和治理能力现代化若干重大问题的决定》指出：“当今世界正经历百年未有之大变局，我国正处于实现中华民族伟大复兴关键时期。顺应时代潮流，适应我国社会主要矛盾变化，统揽伟大斗争、伟大工程、伟大事业、伟大梦想，不断满足人民对美好生活新期待，战胜前进道路上的各种风险挑战，必须在坚持和完善中国特色社会主义制度、推进国家治理体系和治理能力现代化上下更大功夫。”因此，努力构建服务型政府是深圳面临的又一个重大的挑战。

---

① 陶一桃、魏建漳等著：《深圳改革创新之路（1978－2018）》，中国社会科学出版社 2018 年版，第 227、228 页。

② 陶一桃、魏建漳等著：《深圳改革创新之路（1978－2018）》，中国社会科学出版社 2018 年版，第 252 页。

第三,时刻反省、铭记我们走社会主义道路背后真正的、最终的价值诉求,并以这种价值诉求去评判、衡量深圳建设中国特色社会主义先行示范区的所有实践活动,这对深圳的所有人(包括深圳各级城市管理者和全体市民)来说是一个深层次的文化挑战问题。前文提到,《中共中央 国务院关于支持深圳建设中国特色社会主义先行示范区的意见》已明确地指出:建设中国特色社会主义先行示范区有利于在更高起点、更高层次、更高目标上推进改革开放,形成全面深化改革、全面扩大开放新格局;有利于更好实施粤港澳大湾区战略,丰富“一国两制”事业发展新实践;有利于率先探索全面建设社会主义现代化强国新路径,为实现中华民族伟大复兴的中国梦提供有力支撑。这里的三个“有利于”侧重于从具体实践层面来阐明建设社会主义先行示范区的意义,即有利于形成改革开放新格局,有利于丰富“一国两制”新实践,有利于探索强国新路径。但是,我们在思考建设社会主义先行示范区的最终价值意义时,一定不能停留于就事论事的层面,否则就会陷入见物不见人的泥坑,忘了我们搞社会主义建设的最终目的是为了使人民过上幸福的生活。习近平总书记多次强调,中国特色社会主义不是什么别的主义,它是与科学社会主义基本原理相符合的。科学社会主义作为马克思主义,它的最终目的是为了解放人,使人获得自由而全面的发展,使人过上幸福的生活。这是马克思主义学说的终极价值诉求。我们建设社会主义先行示范区,虽然有它实践层面的各种具体目标,但是,千万不能忘记社会主义的终极价值诉求。不仅如此,我们还应该以社会主义的终极价值诉求作为尺度去评判、衡量我们各种具体实践活动的价值意义。价值观的问题是文化的核心问题,习近平总书记讲,我们建设中国特色社会主义要坚定“四个自信”,其中,文化自信是更基础、更广泛、更深厚的自信。谈到发展,总书记又特别强调我们要坚持以人民为中心的发展思想,牢固树立创新、绿色、协调、开放、共享发展理念。我们通过学习感悟习近平新时代中国特色社会主义思想,能够深深地体认到,在建设社会主义先行示范区的过程中,应时刻从文化价值观层面反省我们的所作所为,看看它们是否有违社会主义核心价值观,是否符合马克思主义的人文精神,是否真正有利于促进人的自由全面发展。

第四,处理好以人民为中心与人民群众自己创造历史之间的关系。习近平总书记强调,我们要坚持以人民为中心的发展思想,以人民为中心是对共产党为人民服务的宗旨的坚持和发扬，共产党无论是过去的革命还是现在的改革开放，都丝毫不是为了自己的私利，都是为人民谋幸福，为民族谋复兴。作为革命党也好，作为执政党也好，提出自己的革命理论或发展思想，都只是从政党自身如何作为这个角度去考虑问题，但是，历史始终是人民群众自己创造的，政党的任何理论、思想只有符合人民创造历史的规律才能发挥出它的积极作用，而这种作用始终都不可能代替人民群众去创造历史。我们看到，关于支持深圳建设中国特色社会主义先行示范区，党和国家绘出了美丽蓝图，深圳市委和政府也积极行动，广东省也表态全力支持，但是，我们别忘了这些都只是执政者的作为，仅仅靠执政者是建设不了社会主义先行示范区的。既然历史是人民创造的，建设社会主义先行示范区的主体就应该是广大深圳人民群众，甚至也包括广东乃至全国人民群众。因此，深圳建设中国特色社会主义先行示范区这件事情就必须让广大人民群众了解，且不是一般知道而已，而是要使人民群众彻底明白其内涵，包括先行示范区到底是什么、为什么要建、如何建等方面。马克思说过，“理论一经掌握群众，就会变成物质力量”。过去，中国共产党为什么在那么艰苦的条件下最终赢得了革命的胜利，一个重要的原因就在于我们党对投身于革命的人进行了思想上的指引，让他们明白为什么要革命、如何革命，这样，革命群众就发挥出了巨大的革命能动性。深圳特区过去的改革开放历史也证明了这样的道理，全国各地来到深圳的人们都明白自己为什么来深圳，他们的愿望恰好契合了深圳的需要，所以，深圳能够快速发展起来。而现在，建设社会主义先行示范区是在更高标准、更高要求下的国家发展战略，战略的制定者自然有其深邃的战略意图和实施计划，但是，涉身其中的广大民众理解其内涵吗？或者理解多少呢？又或者当前深圳人口的意愿十分契合我们的战略需要吗？这些问题需要认真对待和认真思考。毫无疑问，这对我们建设社会主义先行示范区又是一个挑战。

第五，处理好人的逻辑与资本的逻辑的关系。科学社会主义思想是在批判资本主义社会的资本吃人的本质的基础上产生的。在资本主义社会，整个社会的运转是建立在资本逻辑处于主导地位的基础上的。由于资本逻辑的主导，劳动就变成了异化劳动，异化劳动又带来劳动产品的异化、人的本质的异化、人与人关系的异化等各种后果。马克思曾在他的《1844 年经济学哲学手稿》中对异化劳动进行了深入的剖析和批判。未来的理想社会应该要由劳动者共同掌握社会发展起来的生产力，应该是人的逻辑而不是资本的逻辑主导社会的运转，“代替那存在着阶级和阶级对立的资产阶级旧社会的，将是这样一个联合体，在那里，每个人的自由发展是一切人的自由发展的条件”。[①] 资本逻辑主导的社会如何转变成人的逻辑主导的社会？马克思穷其一生的精力研究资本的逻辑，写成了《资本论》，揭示了资本的秘密和资本主义必然要被社会主义代替的规律。“整个马克思学说的总问题，就是分析揭示资本占有劳动并控制社会的逻辑，由资本逻辑走向人的逻辑，以真正解决人的生存境遇和发展命运的问题。”[②]深圳特区当然不是资本主义社会而是社会主义社会，不仅如此，我们还要把深圳建设成为中国特色社会主义先行示范区，而我们也都知道，深圳经济结构中民营经济占有很大比重。有资料显示，“截至 2019 年 5 月，全市民营经济商事主体达 314.349 7 万家，在全市商事主体的占比高达 97.66%。其中，民营企业 195.345 9 万家，占全市企业总量的 96.29%。民营经济的作用日益显著。一季度，深圳实现地区生产总值 5 734.03 亿元，其中民营经济实现增加值 2 509.14 亿元，占同期深圳 GDP 的 43.76%。民营经济增加值同比增长 9.4%，高于全市 GDP 增速。同在一季度，深圳民营企业上缴税收 1 151 亿元，同比增长 7.6%，占全市企业上缴税收的 67.2%”。[③] 民营企业作为经济组织，它必然要以盈利为目的，在这里，资本逻辑的存在是一个铁的事实。因为我们有社会主义法律，有共产党执政，资本逻辑受到了限制而不可能主导社会的运转，但是，人们也不可忽视它的存在。事实上，它有时就以比较残酷的方式提醒人们它一直在我们身边存在，比如，大约 10 年前，深圳某企业连续发生十多起员工跳楼事件，其背后的深层原因难道不是资本逻辑在作怪吗？社会主义要坚持以人为本的原则，共产党要坚持以人民为中心的发展思想，人的逻辑应该成为我国社会发展、社会运转的底线逻辑，资本逻辑在一定范围内有它存在的合理性，但它应该要受制于人的逻辑。我国全面深化改革的重点仍然是在经济体制领域，我们的目标是要让市场在资源配置中起决定性作用，同时要更好地发挥政府的作

---

① 《马克思恩格斯选集》(第一卷)，人民出版社 2012 年版，第 422 页。

② 韩庆祥、黄相怀等：《历史不会终结》，中国人民大学出版社 2018 年版，第 2 页。

③ 周雨萌：《民企数量占全市企业 96%以上！民营经济成深圳高质量发展重要动力》，《深圳特区报》，https://www.iyiou.com/p/113626.html，2019 年 9 月 5 日。

用，主要的问题就是要处理好政府与市场的关系。处理好政府与市场的关系必然包含处理好人的逻辑与资本的逻辑的关系，深圳要建成中国特色社会主义先行示范区，如何处理好人的逻辑与资本的逻辑的关系是一个更严峻的理论和实践挑战。

总之，建设中国特色社会主义先行示范区不会一帆风顺，虽然道路是曲折的，但我们坚信前途是光明的，深圳一定能成功应对各种挑战，创造出更加美好的未来！

参考文献

[1]《中共中央　国务院关于支持深圳建设中国特色社会主义先行示范区的意见》，人民出版社 2019 年版。

[2]陶一桃、魏建漳等：《深圳改革创新之路(1978—2018)》，中国社会科学出版社 2018 年版。

[3]王小广：《中国特色社会主义先行示范区怎么干》，《瞭望》，2019 年 8 月。

[4]陈少兵、谢志岿等：《深圳社会建设之路》，中国社会科学出版社 2018 年版。

[5]《马克思恩格斯选集》(第一卷)，人民出版社 2012 年版。

[6]韩庆祥、黄相怀等：《历史不会终结》，中国人民大学出版社 2018 年版。

[7]周雨萌：《民企数量占全市企业 96%以上！民营经济成深圳高质量发展重要动力》，《深圳特区报》，2019 年 9 月 25 日。

后　记

2019 年 3 月，深圳信息职业技术学院马克思主义学院决定申报深圳市哲学社会科学规划重点课题“习近平新时代中国特色社会主义思想与深圳实践研究”，得到了教师们的积极响应和大力支持。非常幸运，我们从众多有力的竞争者中脱颖而出，最终申报获得成功。在接下来的课题研究和著作写作过程中，课题组的成员们一如既往，尽心尽力，付出了大量的时间和精力，在此致以深深的谢意。后来，马克思主义学院的钟利红老师、管理学院的庄向阳老师、深圳市教育科学研究院的李贤博士也热情加盟课题组，壮大了课题组的力量，对他们的加盟和辛勤付出在此一并致以诚挚的谢意。

本书是该课题的结项成果。本书由课题主持人、马克思主义学院院长夏晋祥教授负责确定全书的总体框架和具体章节及最后的定稿工作，课题组成员独立撰写完成各自承担的章节，陈忠宁博士承担了书稿的审阅和统稿工作。

各章节的撰写人员如下：第一章《绪论》，陈忠宁；第二章《深圳改革开放的历程及当前社会发展总体现状分析》，高丽敏；第三章《创新发展理念与深圳的创新发展》，张向阳；第四章《协调发展理念与深圳一体化建设》，钟利红；第五章《绿色发展理念与深圳的生态文明建设》，唐晶晶；第六章《开放发展理念及其在深圳的实践》，陈慧群；第七章《共享发展理念及其在深圳的实践》，张世华；第八章《全面从严治党与深圳党的建设》，包美霞；第九章《全面依法治国及其深圳实践》，张一鸣；第十章《文化自信与深圳的文化实践》，庄向阳；第十一章《习近平关于教育的论述与深圳实践——以深圳基础教育为视角》，李贤；第十二章《深圳在粤港澳大湾区建设中的角色》，刘秀峰；第十三章《深圳的未来会更加美好》，陈忠宁。

本书的写作还得到了深圳市委宣传部原副部长吴忠、深圳大学马克思主义学院院长傅鹤鸣、深圳大学马克思主义学院刘志山教授、深圳职业技术学院宣传部部长谭属春、深圳市特区文化研究中心主任黄士芳，以及深圳信息职业技术学院党委书记刘锦，党委副书记、纪委书记张武和党委组织部部长李云恒等人的大力支持和帮助，他们对本课题的研究提供了很多很好的指导和建议，在此向他们致以深深的谢意！

编 者

2021年1月